铁路职工岗位培训教材

驼峰调车长

铁路职工岗位培训教材编审委员会

中国铁道出版社

2011年·北京

内 容 简 介

本书按照驼峰调车长国家职业标准和职业技能培训规范编写，全书分为两部分：基本知识和职业技能。基本知识部分包括与驼峰调车长工作相关的基础知识和专业知识；职业技能部分包括了驼峰调车长的技能要求，共有15道作业技能题。

本书针对铁路职工岗位培训、职业技能鉴定进行编写，是各单位组织职工进行各级各类岗位培训、技能鉴定的必备用书，对各类职业学校师生也有重要的参考价值。

图书在版编目(CIP)数据

驼峰调车长/铁路职工岗位培训教材编审委员会编
北京:中国铁道出版社,2011.7
铁路职工岗位培训教材
ISBN 978-7-113-12956-9

Ⅰ.①驼…　Ⅱ.①铁…　Ⅲ.①驼峰调车作业—岗位培训—教材　Ⅳ.①U292.2

中国版本图书馆CIP数据核字(2011)第107499号

书　　名: 铁路职工岗位培训教材
驼峰调车长
作　　者: 铁路职工岗位培训教材编审委员会

责任编辑: 聂宏伟　　**电话:** 010-51873024
封面设计: 薛小卉
责任校对: 胡明锋
责任印制: 陆　宁

出版发行: 中国铁道出版社(100054,北京市西城区右安门西街8号)
网　　址: http://www.tdpress.com
印　　刷: 北京铭成印刷有限公司
版　　次: 2011年7月第1版　2011年7月第1次印刷
开　　本: 787 mm×1 092 mm　1/16　**印张:** 14.75　**字数:** 352千
印　　数: 1～3 000册
书　　号: ISBN 978-7-113-12956-9
定　　价: 35.00元

铁路职工岗位培训教材
编 审 委 员 会

前　　言

党的十六大以来，铁路事业蓬勃发展，大规模铁路建设全面展开，技术装备现代化实现重大跨越，尤其在高原铁路、机车车辆装备、客运专线、既有线提速和重载运输技术方面达到了世界先进水平。铁路职工队伍素质得到了相应提高，但距离铁路现代化发展的要求还有一定差距，铁路人才队伍建设和职工教育培训工作任重道远。

教材是劳动者终身教育和职业生涯发展的重要学习工具，教材建设是职业教育培训工作的重要组成部分，是提高教育培训质量的关键。加快铁路职工岗位培训教材建设，已成为加强和改进铁路职工教育培训工作的当务之急。为适应铁路现代化发展对技能人才队伍建设的需要，加快铁路职工岗位培训教材建设，铁道部决定按照铁道行业特有职业（工种）国家职业标准，结合铁路现代化发展的实际，组织开发铁路职工岗位培训教材。

本套教材由铁道部劳动和卫生司、运输局共同牵头组织，相关铁路局分工负责，集中各业务部门的专家和优秀工程技术人员编写及审定，多方合作，共同完成，涵盖了铁路运输（车务、客运、货运、装卸）、机务、车辆、工务、电务部门的77个铁路特有职业。教材坚持继承与创新相结合，充分体现了近几年来铁路新技术、新设备的大量运用及其发展趋势，特别是动车组系列教材填补了教材建设的空白，为动车组司机和机械师等铁路新职业员工提供了岗位培训教材；教材坚持科学性与规范性，依据铁道行业国家职业标准中的基本要求和工作要求编写，力争准确体现国家职业标准和有关作业标准、安全操作等规章、规范的要求；教材坚持实用可行的原则，重点突出实作技能、应急处理和新技术、新设备、新规章、新工艺等四新知识，对职业技能部分按照技能等级分层编写，便于现场职工的培训与自学。

本套教材适用于工人新职、转职（岗）、晋升的岗位资格性培训，也适用于各类岗位适应性培训，同时为职业技能鉴定提供参考。

《驼峰调车长》一书由哈尔滨铁路局负责主编，主编人员：苏志宏，参加编写人员：王光辉、周杰、姜风和、赵焕龙、辛刚，主要审定人员：余梦雄、刘毅、李勋、刘新东、李建中、杨春燕。本书在编写、审定过程中得到了有关单位的大力支持，在此一并表示感谢。

铁路职工岗位培训教材编审委员会

2009 年 8 月

目 录

基本知识

第一章 铁路运输设备 …… 3
第一节 铁路线路及站场设备 …… 3
第二节 信号设备 …… 25
第三节 机车车辆及电气化铁路行车设备 …… 31
第四节 驼 峰 …… 45
第二章 调车作业的相关知识 …… 73
第一节 行车组织的基本要求 …… 73
第二节 列车、货车技术作业过程 …… 77
第三节 车站作业计划 …… 83
第四节 编组列车 …… 86
第三章 驼峰调车作业 …… 93
第一节 调车工作概述 …… 93
第二节 调车作业基本规定 …… 98
第三节 驼峰调车作业程序和方法 …… 108
第四节 半自动化驼峰调车作业 …… 114
第五节 自动化驼峰调车作业 …… 122
第六节 编组站作业综合自动化 …… 148
第四章 调车作业安全 …… 161
第一节 调车作业人身安全 …… 161
第二节 特殊情况调车作业安全 …… 163
第三节 铁路交通事故 …… 166
第四节 调车事故分析 …… 173

职业技能

一、交 接 班 …… 179
二、观速、观距 …… 179
三、半自动化驼峰办理进路作业 …… 182
四、半自动化驼峰解散车列作业 …… 186

五、自动化驼峰储存调车作业计划 …… 188
六、自动化驼峰溜放作业的办理 …… 190
七、自动化驼峰调车进路的办理和解锁 …… 194
八、绘制驼峰平、纵断面示意图 …… 197
九、车站线路容车数的计算 …… 198
十、起复脱轨事故车辆 …… 199
十一、调车事故分析 …… 202
十二、驼峰改编能力计算 …… 203
十三、调车工作技术总结 …… 207
十四、编写调车专业岗位培训讲义 …… 209
十五、典型案例分析 …… 210
复习思考题答案 …… 215

基本知识

第一章　铁路运输设备

第一节　铁路线路及站场设备

一、铁路线路

铁路线路是机车车辆和列车运行的基础，是由路基、轨道和桥隧建筑物组成的专供机车车辆和列车运行使用的一个整体工程结构。

1. 铁路线路分类

铁路线路分为正线、站线、段管线、岔线及特别用途线。铁路线路如图 1-1 所示。

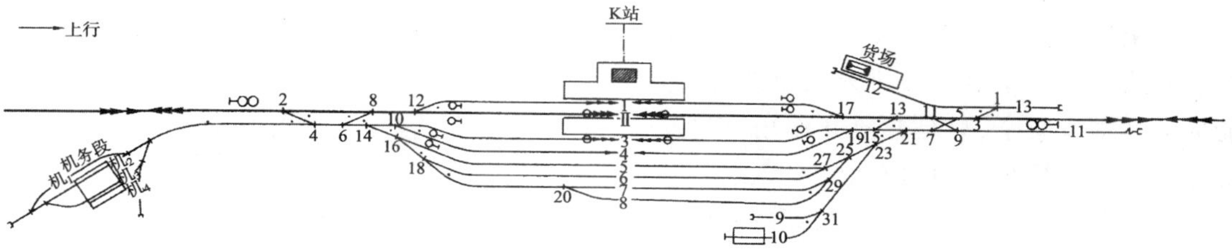

图 1-1　铁路线路示意图

Ⅱ—正线；1、3、4—到发线；5、6、7、8—调车线；9、10—站修线；11、13—牵出线；12—货物线；

机$_1$—机车走行线；机$_2$、机$_3$—整备线；机$_4$—卸油线。

(1)正线

正线是指连接车站并贯穿或直股伸入车站的线路。

正线可分为区间正线及站内正线。连接车站的部分为区间正线，贯穿或直股伸入车站的部分为站内正线。

(2)站线

站线是指到发线、调车线、牵出线、货物线及站内指定用途的其他线路。

①到发线是指供列车到达、出发使用的线路。

②调车线是指进行列车编组与解体作业使用的线路。

③牵出线是指设在调车场的一端或两端，并与到发线、调车线、货物线连接，专供车列解体、编组及转线等牵出使用的线路。

④货物线是指专供办理货物装卸车使用的线路。

⑤站内指定用途的其他线路，是指站内救援列车停留线、机车走行线、机待线、车辆站修线、轨道衡线、加冰线、换装线、货车洗刷线、驼峰迂回线等。

救援列车停留线是固定停放救援列车的线路，设在铁道部指定的车站，该线与正线或到发线贯通,使用时无须转线即可出动,并不得停放其他机车车辆。机车走行线是供机车出入段走行用的线路。机待线是供出段机车等待挂头或入段机车等待入段的线路。车辆站修线是供车辆部门在站内进行货车辅修和摘车轴检、临修的线路。轨道衡线设在大量装运散装堆装货物的车站,用以衡量货物装载量。加冰线是在加冰站专供加冰加盐的线路。货车洗刷线设在排空货车较多的编组站或大量办理牲畜、畜产品、水产鲜食品及危险货物的卸车站,专供货车洗刷、消毒的线路。此外,调车场应有专门停放装载爆炸品、压缩气体、液化气体车辆的线路,以利于安全。

(3)段管线

段管线是指机务、车辆、工务、电务、供电等段专用并由其管理的线路。如机车整备线,机车转头用的三角线、转盘线、卸油线以及机车车辆检修作业用的库线,工务、电务轨道车库线等。

(4)岔线

岔线是指在区间或站内与铁路接轨,通向路内外单位的专用线路。

(5)特别用途线

特别用途线是指安全线和避难线。

①安全线

安全线是指为防止机车车辆进入其他线路,与其他线路上的机车车辆发生冲突而设的尽头式线路。机车车辆因故进入安全线并不能保证其本身安全,只是起隔开作用,以保证邻线上其他机车车辆的安全。

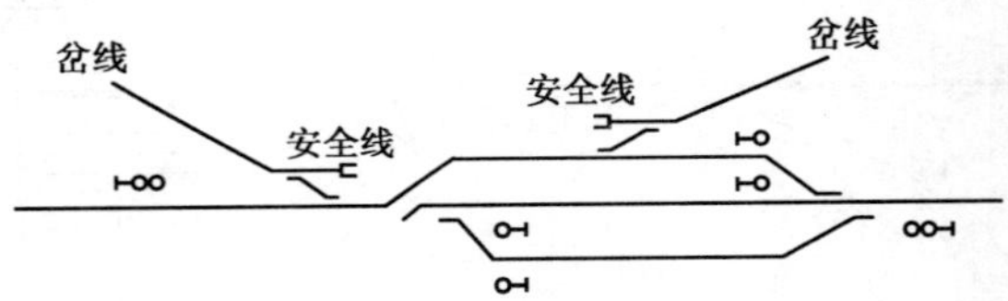

图 1-2 岔线与正线、到发线接轨

a. 岔线、段管线与正线、到发线接轨时,均应铺设安全线,如图 1-2 所示。岔线与站内到发线接轨,当站内有平行进路及隔开道岔并有联锁装置时,可不设安全线。

b. 在进站信号机外制动距离内进站方向为超过 6‰下坡道的车站,应在正线或到发线的接车方向末端设置安全线,如图1-3所示。

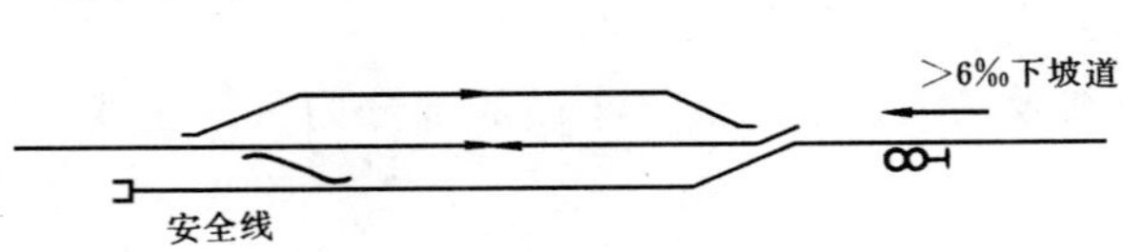

图 1-3 接车线末端设安全线

c. 合资铁路、地方铁路及专用铁道与国家铁路车站接轨,其接轨处或接车线末端应设隔开设备(设有平行进路并有联锁时除外)。

隔开设备主要指安全线、避难线、有联锁装置的平行进路及隔开道岔。

d. 安全线向车挡方向不应采用下坡道,其有效长度一般不小于 50 m。

② 避难线

为防止在长大下坡道上失去控制的列车发生冲突或颠覆,应根据线路情况,计算确定在区间或站内设置避难线。

铺设避难线的位置,应根据车站作业性质、当地的地形条件、区间通过能力及失控列车进入避难线的最大速度等因素综合考虑。如在区间有小半径曲线，当列车失去控制可能发生颠覆时，则应在该曲线前方设置避难线。但在区间设置避难线对通过能力会有很大影响，因此应结合车站布置一并考虑，可将避难线设在进站一端或接车线末端，如图 1-4 所示。应将避难线接车方向设为上坡，以缓解列车的前冲力。

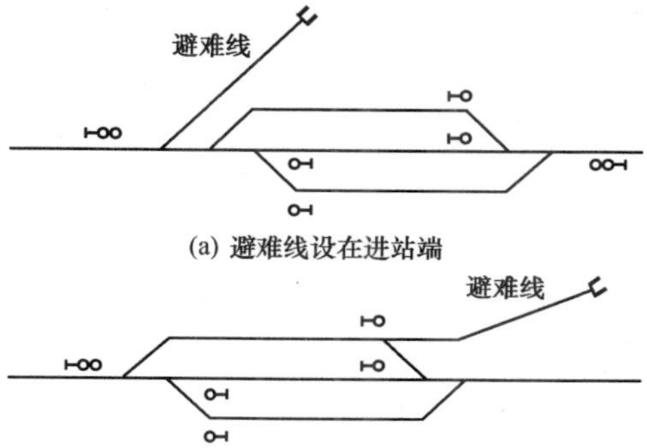

(a) 避难线设在进站端

(b) 避难线设在接车线末端

图 1-4　避难线设置示意图

2. 线间距

铁路线路无论在区间或站内，平行的两线路中心线间必须有一定的距离，两相邻线路中心线间的最小距离，称为线间距。线间距的大小应根据铁路限界、线路是否通行超限货物列车以及股道间装设的设备等情况，并考虑留有适当的余地来确定。线间距应能保证行车和车站工作人员工作时的安全。站内两相邻线路中心线间的标准距离规定如表 1-1 所示。

表 1-1　客货共线铁路线间距

<table>
<tr><th>顺序</th><th colspan="4">名称</th><th>线间最小距离(mm)</th></tr>
<tr><td rowspan="3">1</td><td rowspan="3">区间双线</td><td colspan="3">$v \leq 120$ km/h</td><td>4 000</td></tr>
<tr><td colspan="3">120 km/h $< v \leq 160$ km/h</td><td>4 200</td></tr>
<tr><td colspan="3">160 km/h $< v \leq 200$ km/h</td><td>4 400</td></tr>
<tr><td>2</td><td colspan="4">三线及四线区间的第二线与第三线</td><td>5 300</td></tr>
<tr><td>3</td><td colspan="4">站内正线</td><td>5 000</td></tr>
<tr><td rowspan="7">4</td><td rowspan="7">站内正线与相邻到发线</td><td colspan="3">无列检作业</td><td>5 000</td></tr>
<tr><td rowspan="6">有列检作业或上水作业</td><td rowspan="2">$v \leq 120$ km/h</td><td>一般</td><td>5 500</td></tr>
<tr><td>改建特别困难</td><td>5 000</td></tr>
<tr><td rowspan="2">120 km/h $< v \leq 160$ km/h</td><td>一般</td><td>6 000</td></tr>
<tr><td>改建特别困难</td><td>5 500</td></tr>
<tr><td rowspan="2">160 km/h $< v \leq 200$ km/h</td><td>一般</td><td>6 500</td></tr>
<tr><td>改建特别困难</td><td>5 500</td></tr>
<tr><td>5</td><td colspan="4">到发线与相邻到发线</td><td>5 000</td></tr>
<tr><td>6</td><td colspan="4">站内相邻两线均需通行超限货物列车</td><td>5 300</td></tr>
<tr><td>7</td><td colspan="4">站内相邻两线只有一条通行超限货物列车</td><td>5 000</td></tr>
<tr><td>8</td><td colspan="4">铺设列检小车轨道的两到发线</td><td>5 500</td></tr>
<tr><td>9</td><td colspan="4">换装线</td><td>3 600</td></tr>
<tr><td>10</td><td colspan="4">编组站、区段站的站修线与相邻一条线</td><td>8 000</td></tr>
<tr><td rowspan="2">11</td><td rowspan="2" colspan="2">牵出线与其相邻线</td><td colspan="2">调车作业繁忙车站</td><td>6 500</td></tr>
<tr><td colspan="2">改建困难或仅办理摘挂取送作业</td><td>5 000</td></tr>
<tr><td>12</td><td colspan="4">站内中间设有接触网支柱的相邻线</td><td>6 500</td></tr>
<tr><td>13</td><td colspan="4">线间设有融雪设备的线</td><td>5 800</td></tr>
<tr><td>14</td><td colspan="4">安全线与其他线路</td><td>5 000</td></tr>
<tr><td>15</td><td colspan="4">其他站线</td><td>4 600</td></tr>
</table>

3. 线路编号

为便于车站作业和设备的管理、维修,站内线路应由工务部门会同电务部门、车站共同按规定统一进行编号。线路编号规定正线用罗马数字,站线用阿拉伯数字。

(1)单线区段内的车站,从靠近站舍(信号楼)的线路起,向远离站舍(信号楼)方向顺序编号(包括正线在内);位于站舍(信号楼)左右或后方的股道,在站舍前的股道编完后,再由正线一侧向外顺序编号,如图 1-5 所示。

(2)双线区段内的车站,从正线起按列车运行方向分别向外顺序编号,上行为双号,下行为单号,如图 1-6 所示。

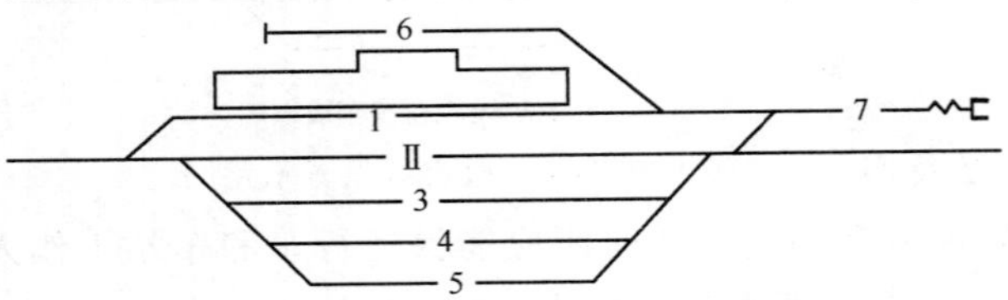

图 1-5　单线区段车站线路编号

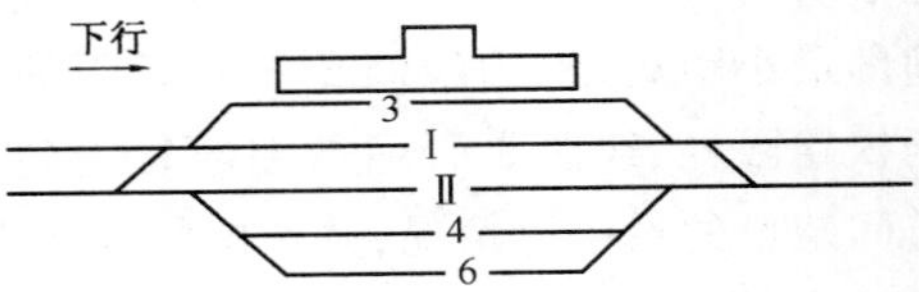

图 1-6　双线区段车站线路编号

(3)尽头式车站,站舍(信号楼)位于线路终点处时,向终点方向由左侧开始顺序编号;如站舍(信号楼)位于线路一侧时,从靠近站舍的线路起,向远离站舍方向顺序编号,如图 1-7 所示。

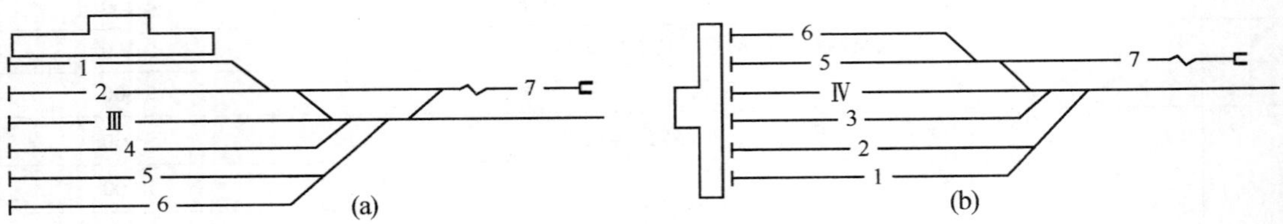

图 1-7　尽头式车站线路编号

(4)有数个车场的车站,应分别车场从靠近站舍(信号楼)的线路起,向远离站舍(信号楼)方向顺序编号。股道编号用阿拉伯数字,在股道号码前冠以罗马数字表示车场,如二场五道,则为“Ⅱ_5”。对无站舍(信号楼)的车场,顺公里标方向从左向右编号。

4. 线路长度

车站线路的长度分为全长及有效长两种。

(1)线路全长是指线路一端道岔基本轨接头至另一端道岔基本轨接头之间的长度。如为尽头式线路,则为道岔基本轨接头至车挡的长度。线路全长如图 1-8 所示。

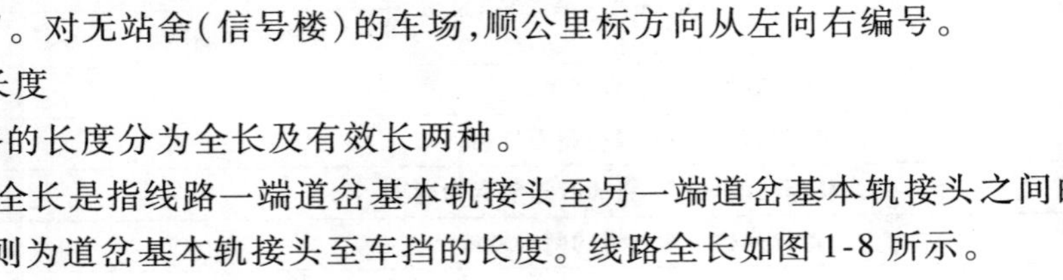

图 1-8　线路全长示意图

(2)线路有效长是指在线路全长范围内可以停放列车或机车车辆而不影响信号显示、道岔转换(压中间道岔除外)或邻线列车及调车车列安全运行的最大长度。线路有效长的起止范围由下列设备和标志确定：

①警冲标；

②出站信号机、进路信号机或调车信号机；

③道岔尖轨尖端（无轨道电路时）或基本轨接头处的轨道绝缘节（有轨道电路时）；

④车挡。

线路有效长起止范围：设有信号机的线路为信号机—信号机、信号机—警冲标、信号机—车挡或信号机—轨道绝缘节；无信号机的线路为警冲标—警冲标、警冲标—车挡、道岔尖轨尖端—车挡。线路有效长起止范围如图 1-9 所示。

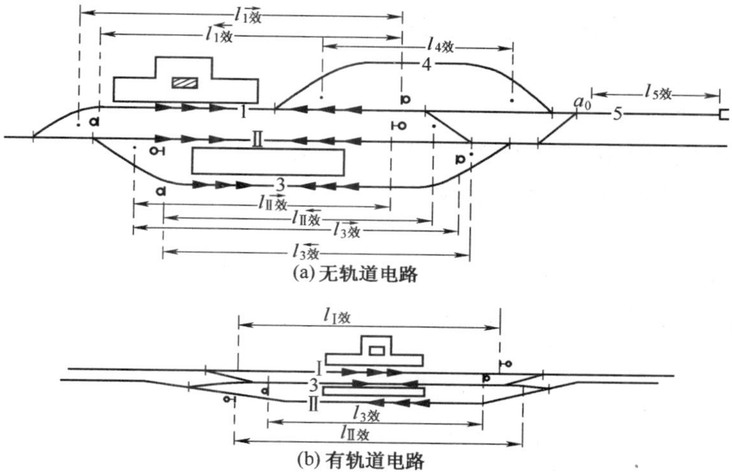

图 1-9 线路有效长起止范围示意图

5. 线路容车数

为了有计划地组织列车会让及调车作业，有关人员应准确地掌握股道容车数。容车数是指线路所能容纳车辆的数量。

（1）换算容车数的计算标准

①换算容车数是根据车站每一股道的用途，为保证作业安全而从线路有效长中减去必要的安全距离和停留车辆的合理间隔后，分别除以 11 m 和 14.3 m。

②最大换算容车数是车站线路按各该线有效长分别除以 11 m 和 14.3 m。

（2）换算容车数的计算方法

①正线、到发线按线路有效长减去机车长度（一台或多台）和 30 m 安全距离后，分别除以 11 m 和 14.3 m（小数部分舍去，以下同）。

正线、到发线换算容车数 $N=\dfrac{L_{效}-L_{机}-30\ \text{m}}{11\ \text{m 或 } 14.3\ \text{m}}$

②调车线、禁溜线按线路有效长的 75% 分别除以 11 m 和 14.3 m。

调车线、禁溜线换算容车数 $N=\dfrac{L_{效}\times 75\%}{11\ \text{m 或 } 14.3\ \text{m}}$

③牵出线按线路有效长减去一台机车长度及 10 m 安全距离后，分别除以 11 m 和

14.3 m。

牵出线换算容车数 $N=\dfrac{L_{效}-L_{机}-10\ \text{m}}{11\ \text{m 或 } 14.3\ \text{m}}$

④货物装卸线、洗刷消毒线、专用线等，按线路实际能利用的长度分别除以 11 m 和 14.3 m。计算尽头线(牵出线除外)的容车数时，有效长应减去 10 m 安全距离(端部站台的货物线除外)。

⑤最大换算容车数的计算方法，按车站线路有效长分别除以 11 m 和 14.3 m。

最大换算容车数 $N=\dfrac{L_{效}}{11\ \text{m 或 } 14.3\ \text{m}}$

如同一线路上、下行有不同的有效长和容车数时应采取小的值。

二、道　　岔

道岔是铁路线路间连接和交叉设备的总称，是使机车车辆及列车由一条线路转往另一条线路，或越过与其交叉线路的线路连接设备。

1. 道岔的分类

道岔按其构造和用途不同分为普通单开道岔、单式对称道岔、三开道岔、交分道岔等。在各种类型的道岔中，常用的是普通单开道岔、对称道岔、三开道岔和复式交分道岔，其中单开道岔使用最广泛。

(1) 普通单开道岔

普通单开道岔主要由转辙部分、连接部分、辙叉部分组成，如图 1-10 所示。

① 转辙部分

转辙部分是由基本轨、尖轨、跟端结构、连接零件(拉杆、连接杆、顶铁、滑床板、轨撑、辙前垫板、辙后垫板)及转辙机械等组成，如图 1-11 所示。

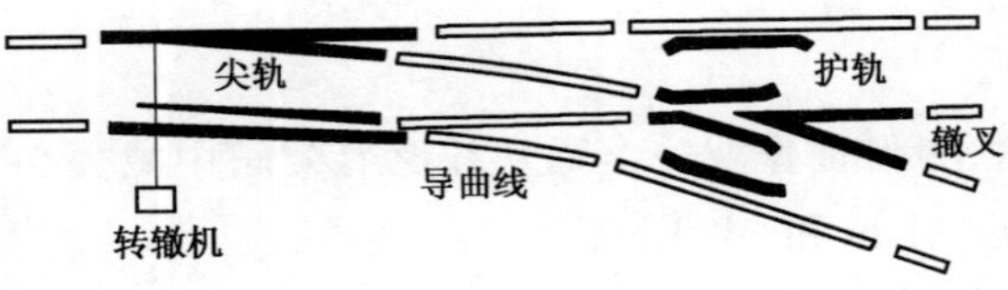

图 1-10　普通单开道岔

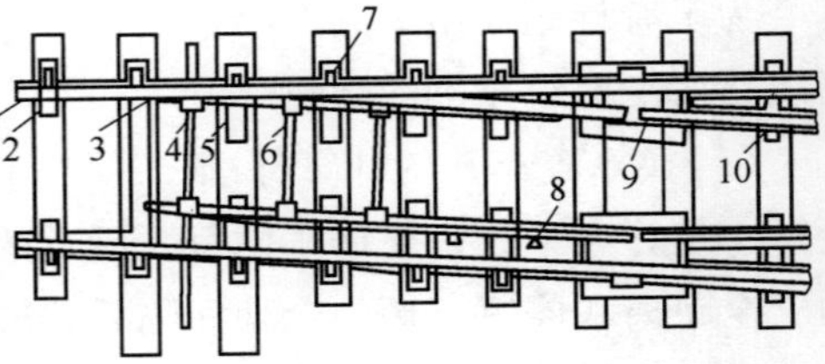

图 1-11　转辙部分

1—基本轨；2—辙前垫板；3—尖轨；4—拉杆；5—滑床板；6—连接杆；7—轨撑；8—顶铁；9—尖轨跟部；10—辙后垫板。

尖轨是限制列车过岔速度的主要因素，它是由标准钢轨或特种断面钢轨刨切而成，分为直线型尖轨(见图 1-12)和曲线型尖轨(又称弹性可弯式尖轨，见图 1-13)两种。

机车车辆运行在直线型尖轨上具有冲击角，影响列车过岔速度。因此，在我国提速干线上，大量采用了 AT 型弹性可弯式尖轨道岔。弹性可弯式尖轨是在尖轨跟端前 1.5～2.0 m 处，把尖轨轨底两侧边缘切掉，使之与钢轨头部宽度相同，形成柔性点，尖轨可绕该处弹性弯

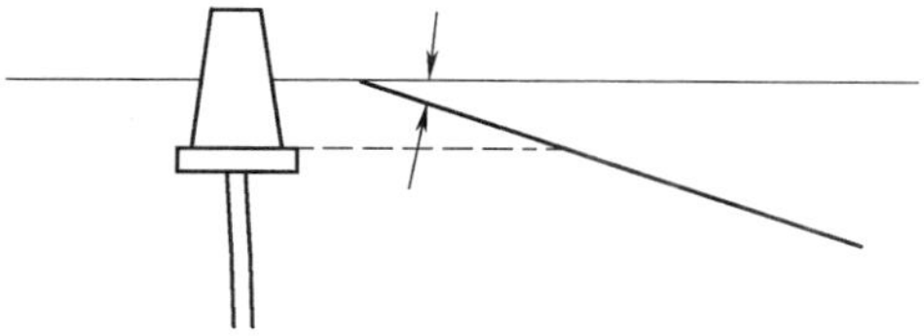

图 1-12 直线型尖轨

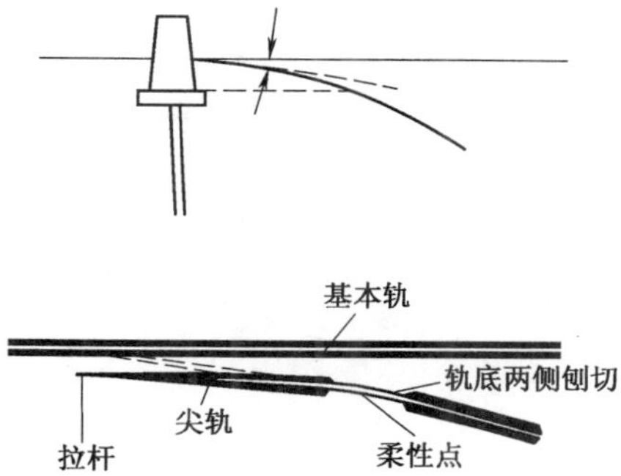

图 1-13 曲线型尖轨

曲,以消除机车车辆过岔时的冲击角。

② 辙叉及辙叉角

辙叉设于道岔中两条线路相交处,由翼轨、心轨及连接零件等组成,如图 1-14 所示。

辙叉心轨两工作边所夹的角,称为辙叉角,其交点称为辙叉心理论尖端。由于制造工艺的原故,实际上的辙叉尖端有 6 ~ 8 mm 的宽度,称为辙叉心实际尖端。两翼轨间的最小距离处,称为辙叉咽喉。从辙叉咽喉至辙叉实际尖端之间有一段中断空间,车轮在此空间有失去引导误入异线而发生脱轨事故的可能,所以此处被称为有害空间。为保证车轮在有害空间处进入正确的轮缘槽,防止进入异线,通常在辙叉两侧相对应位置的基本轨内侧设护轮轨。护轮轨是用普通钢轨经过刨切弯折而成,并用间隔铁、螺栓等零件与基本轨连接。

我国目前单开道岔上常用的辙叉有以下几种:

整铸式辙叉,如图 1-15 所示。它是用含锰量 10% ~14% 的高锰钢把心轨和翼轨铸成整体的辙叉,此种辙叉不仅整体性、稳定性好,而且使用寿命长、维修工作量少,被广泛应用于干线铁路线上。

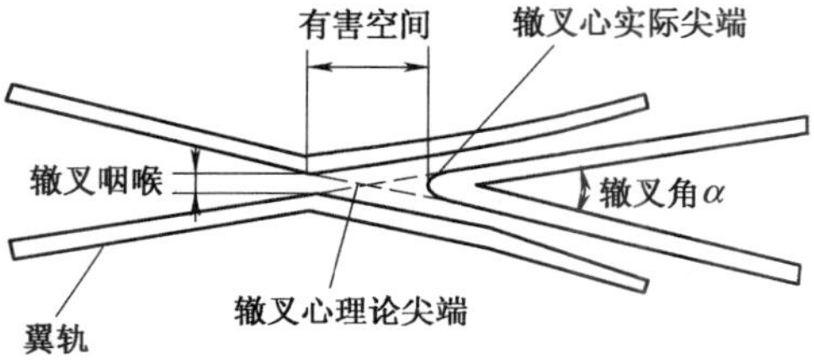

图 1-14 辙叉部分

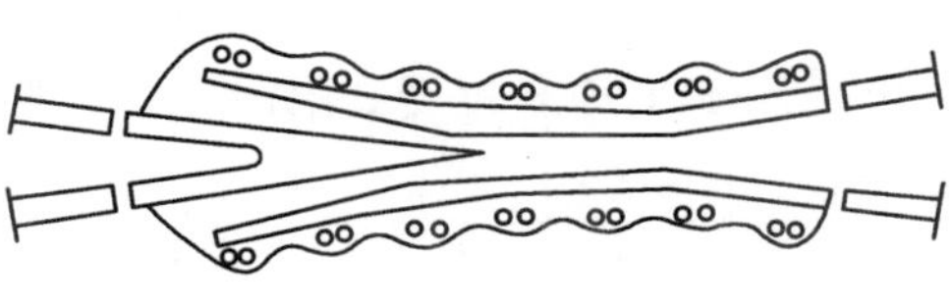

图 1-15 整铸式辙叉

组合式辙叉,如图 1-16 所示。它是由长心轨、短心轨和普通钢轨经弯折、刨切加工而成的翼轨及不同尺寸的间隔铁和螺栓连接拼装紧固而成整体的辙叉。

可动心轨辙叉,如图 1-17 所示。它是由长心轨、短心轨拼装成的可动心轨和翼轨、叉跟基本轨、帮轨等组合而成。此种辙叉利用心轨可摆动与翼轨密贴的特征,消除了有害空间,不仅避免了车轮对心轨和翼轨的冲击,而且还提高了列车过岔速度,因此被广泛应用于提速线路上。

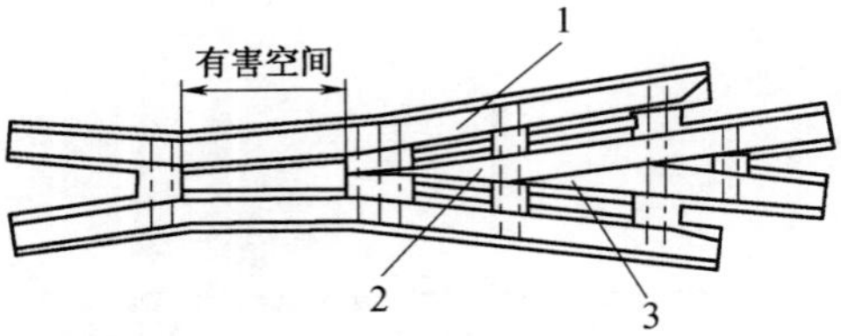

图 1-16 组合式辙叉

1—翼轨;2—长心轨;3—短小轨。

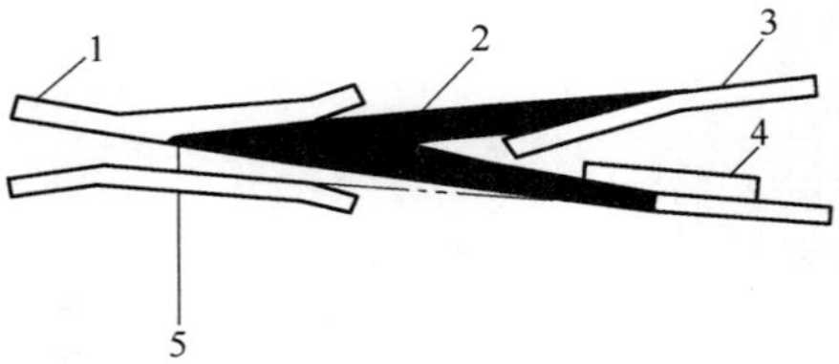

图 1-17 可动心轨辙叉

1—翼轨;2—可动心轨;3—叉跟基本轨;4—帮轨;5—连转辙机。

③连接部分

在单开道岔中连接部分主要包括四根钢轨,主线上的为两根直线轨,侧线上的为两根曲线轨(导曲线)。导曲线采用圆曲线,一般不设外轨超高。

(2)对称道岔

对称道岔是单开道岔的一种特殊形式。它的构造与单开道岔基本相同,只是连接部分没有直轨,只有导曲线轨,如图 1-18 所示。它一般被应用于驼峰调车场头部。

(3)三开道岔

在站场线路布置中,当需要连接的线路较多且又受场地限制不能在主线上连续铺设两组单开道岔时,可把一组道岔纳入另一组道岔中,形成三开道岔,如图 1-19 所示。

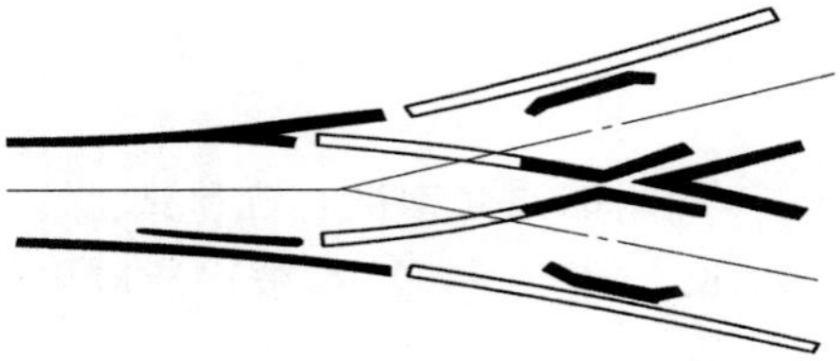

图 1-18 对称道岔

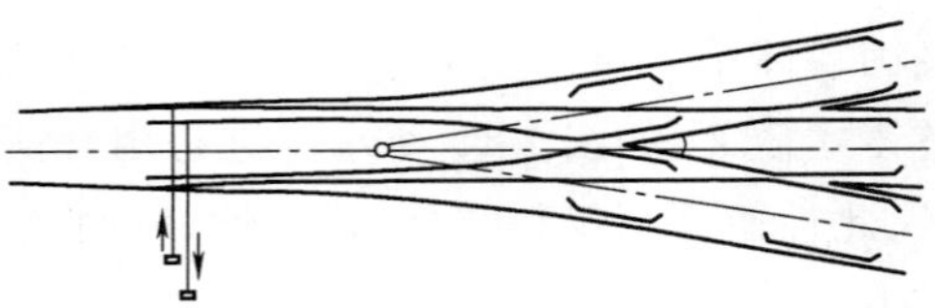

图 1-19 三开道岔

三开道岔的优点是可缩短占地长度。缺点是结构复杂,使用寿命短,后辙叉无法在主线内设护轮轨,主线行车速度受到限制。它一般只被应用于驼峰调车场头部。

(4)交分道岔

交分道岔按开通方向分为复式和单式两种。

复式交分道岔按采用的菱形交叉(菱形交叉由两组相同角度的锐角辙叉和两组相同角度的钝角辙叉组成,如图 1-20 所示。它可以与四条曲钢轨组合成复式交分道岔,或与四组单开道岔组成交叉渡线,如图 1-21 所示)类型又分为固定式和活动式两种,如图 1-22 和图1-23所示。一组复式交分道岔的作用相当于两组对向铺设的单开道岔,可以开通四个方向,占地长度短,被广泛应用于地面狭窄而又繁忙的站场咽喉区。

2. 分动外锁闭道岔

为满足我国主要铁路干线开行快速列车的需要,消除道岔限速因素,改善列车过岔的平稳性,在新建或改建铁路上,列车运行速度在 120 km/h 以上且小于 160 km/h 的区段,正线道岔

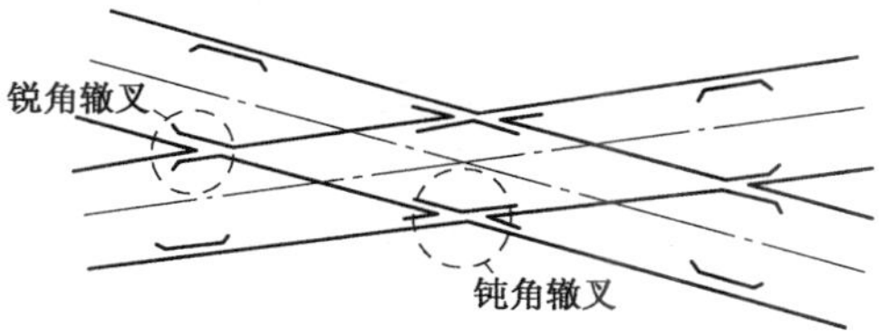

图 1-20　菱形交叉

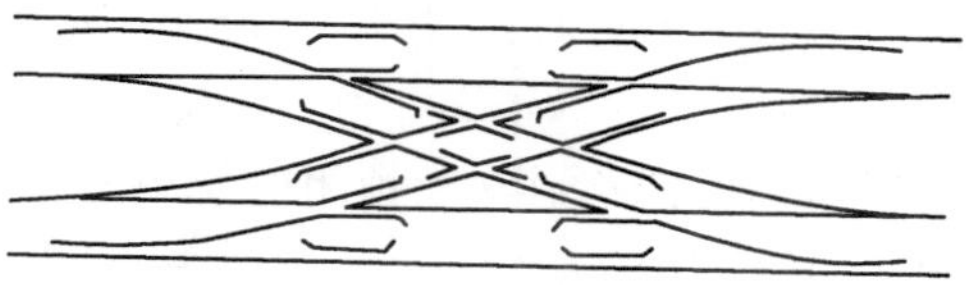

图 1-21　交叉渡线

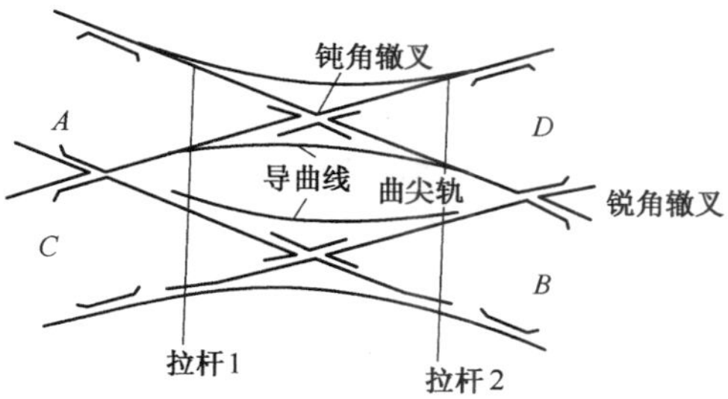

图 1-22　固定式复式交分道岔

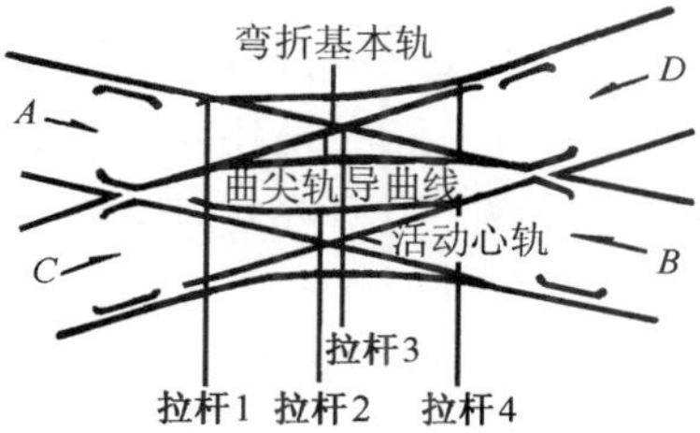

图 1-23　活动式复式交分道岔

采用固定型辙叉、轨底坡 1∶40、分动外锁闭的Ⅱ型道岔；列车运行速度在 160 km/h 及以上至 200 km/h 或货车轴重 25 t 的区段，正线道岔采用可动心轨、轨底坡 1∶40、分动外锁闭的Ⅰ型道岔。分动外锁闭道岔在现场又称为新型提速道岔。

（1）分动外锁闭概念

所谓道岔锁闭就是把道岔可移动的部件（如尖轨或心轨）固定在某个开通位置，当列车通过时，不受外力作用而改变。

道岔按锁闭方式可分为内锁闭和外锁闭两种。

①内锁闭是在转辙机内部将动作杆进行锁闭，道岔位置的固定是由转辙机间接实现的。

②当道岔由转辙机带动转换至某个特定位置后，通过本身所依附的锁闭装置，直接把尖轨与基本轨或心轨与翼轨密贴夹紧并固定，称为道岔的外锁闭。这种方式为直接锁闭。由于外锁闭道岔的两根尖轨之间没有连接杆，在道岔转换过程中，两根尖轨是分别动作的，所以又称为分动外锁闭道岔。

（2）我国外锁闭道岔的发展

我国外锁闭技术的发展从 1991 年初开始，为广深准高速铁路研制适合我国铁路道岔的外锁闭装置。广深线外锁闭是引用以德国为代表的楔形燕尾锁为蓝本，结合我国道岔尖轨联动的特点研制而成的外锁闭装置。其工作原理与分动外锁闭基本相同，作为我国第一代外锁闭设备在广深准高速铁路推广使用。

第二代外锁闭则为我国铁路提速而研制的燕尾式分动外锁闭装置，使用在 60 kg/m 钢轨 9 号、12 号、18 号单开道岔（简称提速道岔）上，作为我国铁路发展过程中重要的替代、推广使用的产品，能充分满足我国铁路提速 140 km/h、160 km/h 主要干线的使用，现已推广使用近 5 000组，并且在运用中防止了多起可能引发的重大事故，充分显示出该系统的高安全性能，为全路主要干线提高列车速度、确保行车安全做出了重大贡献。

燕尾式外锁闭从结构受力和安装调整方面不能适应我国铁路道岔的实际状态，对道岔尖轨的拱腰、翻背、吊板和尖轨爬行等病害的适应力差，如锁闭铁、尖轨连接铁等零部件需采用铸造件，产品质量不容易控制，实际使用中多次发现锁闭铁断裂，是铁路行车安全的隐患。

根据我国铁路道岔外锁闭的使用经验和铁路行车的使用要求，借鉴国外外锁闭技术的发展和经验，结合我国60 kg/m 钢轨30号大号码道岔的研制开发，我国研制成功了第三代钩型外锁闭装置，现已在60 kg/m 钢轨12号提速道岔使用，效果良好。

(3)分动外锁闭道岔的分类

目前，我国所采用的提速道岔均为单开道岔，按道岔辙叉号数可分为9号、12号、18号、30号等，在2002年投入运营的秦沈客运专线上，首次采用了38号道岔。在2009年投入运营的武广高速铁路上，首次采用了42号道岔，其直向过岔速度为350 km/h，侧向过岔速度为160 km/h。按辙叉类型可分为固定型辙叉、可动心轨辙叉单开道岔。按采用的钢轨类型可分为60 kg/m 及75 kg/m。

(4)外锁闭装置的特点

①改变了传统的框架式结构，在两尖轨之间取消了连接杆，采用分动方式转换，变间接锁闭为直接锁闭，提高了列车经过道岔的安全系数。

②尖轨分动后，在外锁闭装置作用下，无论是启动解锁还是密贴锁闭，所需的转换力都较小，避开了两根尖轨最大反弹力的叠加时刻，而且一根尖轨的变形不影响另一根尖轨，由此造成的反弹、抗劲等转换阻力均减小很多。

③外锁闭装置一旦进入锁闭状态，当列车通过道岔产生冲击时，侧向冲击力基本传不到转换设备上，这有利于延长转辙机及各类转换部件的使用寿命。

(5)外锁闭装置的结构

①燕尾式外锁闭装置结构如图1-24所示。

②钩型外锁闭装置结构如图1-25所示。

3. 道岔编号

站内的道岔，应由工务部门会同电务部门、车站共同统一顺序编号。

(1)从列车到达方向起顺序编号，上行为双号，下行为单号；同一渡线或梯线上的道岔应编连续单号或双号，如图1-26和图1-27所示。

(2)车站一端衔接两个及其以上方向，既有上行又有下行时，道岔应按主要方向编号。上、下行方向划分：车站值班员室(信号楼)位于站中心附近时，以值班员室(信号楼)中心线为界；值班员室(信号楼)距站中心较远时，以车站(车场)中心线为界。

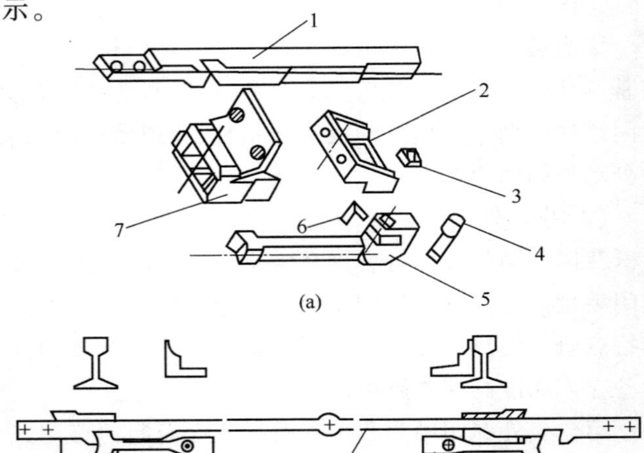

图1-24　燕尾式外锁闭装置结构示意图

1—锁闭杆；2—连接铁；3—滑块；4—锁轴；5—燕尾式锁块；6—锁钩；7—锁闭铁。

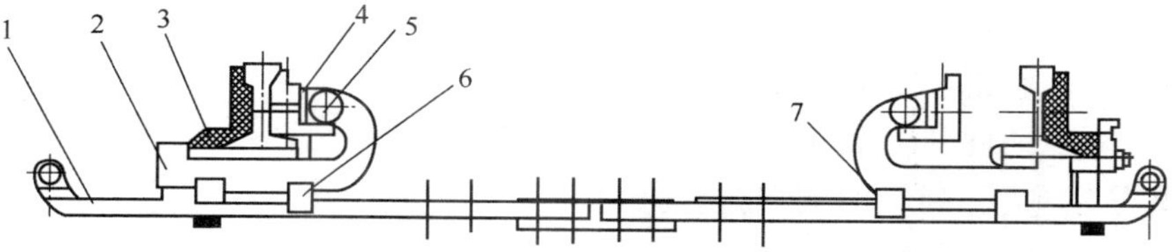

图 1-25　钩型外锁闭装置结构示意图

1—锁闭杆；2—锁钩；3—锁闭框；4—尖轨连接铁；5—锁轴；6、7—锁闭铁。

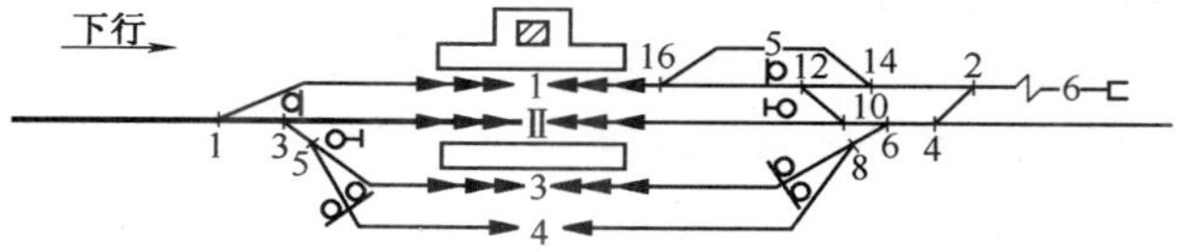

图 1-26　单线车站道岔编号

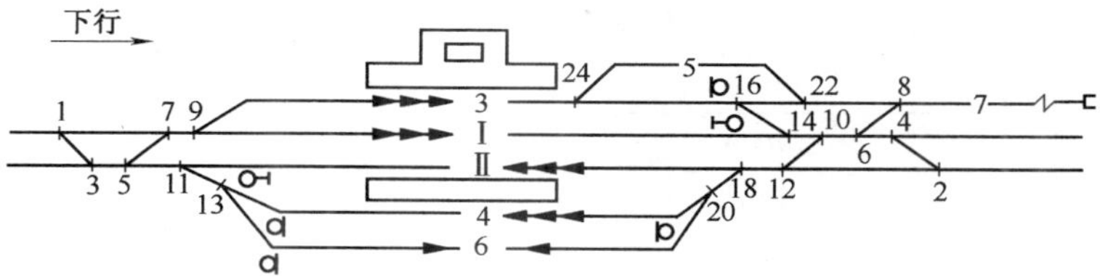

图 1-27　双线车站道岔编号

(3)尽头线上,向线路终点方向顺序编号,如图 1-28 所示。

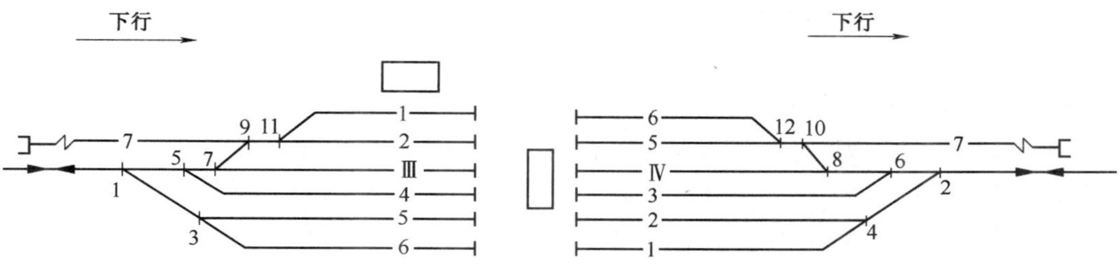

(a)　　(b)

图 1-28　尽头式车站道岔编号

(4)车站划分车场时,每个车场的道岔单独编号。一个车站不准有相同的编号。

道岔号码使用三位数字,百位数字表示车场号码,十位和个位数表示道岔编号,如Ⅰ场道岔编为 101 ~ 199。如车场一端的道岔超过 50 副时,用千位数往下编,千位数表示车场号码,如Ⅰ场的第 100 号道岔,编为 1100 号。

4. 道岔的辙叉号数及其限制速度

(1)我国规定以辙叉角的余切值表示辙叉号数。辙叉号数亦称道岔号数。辙叉角及工作边如图 1-29 所示。

$$N = \frac{AC}{BC} = \cot\alpha$$

式中，N—道岔辙叉号数；α—辙叉角。

从上式 α 与 N 之间的关系可以看出，辙叉角愈小，辙叉号数愈大，列车的侧向过岔速度愈高；辙叉角愈大，辙叉号数愈小，列车的侧向过岔速度愈低。

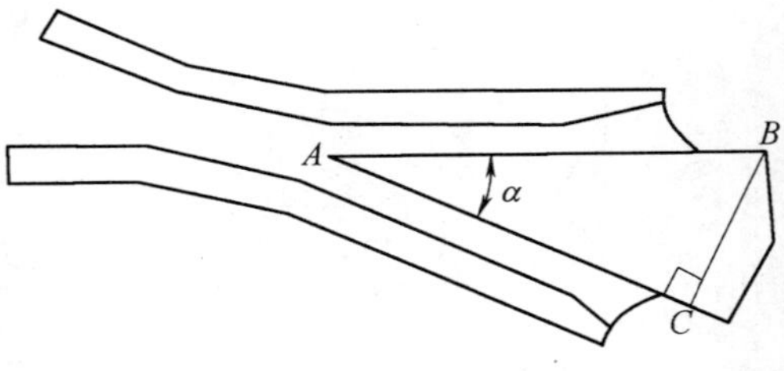

图 1-29　道岔辙叉角及工作边

(2)侧向过岔速度。

列车侧向通过道岔的最高速度有一定的限制，其原因有以下几个：

①列车进入道岔，车轮轮缘对尖轨和导曲线外轨的冲击。

②导曲线若不设缓和曲线和外轨超高，将影响允许速度。

由此可见，列车侧向通过道岔的最高速度主要取决于道岔的转辙角和导曲线半径的大小。转辙角度越大，导曲线半径越小(辙叉号数越小)，列车侧向通过道岔的允许速度也越低。

根据道岔辙叉号数的不同要求，列车侧向通过道岔的最高速度如表 1-2 所示。

表 1-2　单开道岔侧向允许通过速度

道岔号数	导曲线半径(m)	客车通过速度(km/h)	货车通过速度(km/h)
30	2 700	140	90
18	≥860	80	
	800	75	
12	350	50(45)*	
	330	45	
9	180 ~ 190	30	

注:1. 保留使用的 8 号、10 号、11 号单开道岔侧向通过的最高速度分别为 25 km/h、35 km/h 和 40 km/h；
2. * 括号内数据为 75 km/h 钢轨 12 号道岔的侧向允许货车通过速度。

(3)道岔辙叉号数应符合下列规定：

①用于侧向通过列车，速度 80 km/h 以上至 140 km/h 的单开道岔，不得小于 30 号；

②用于侧向通过列车，速度 50 km/h 以上至 80 km/h 的单开道岔，不得小于 18 号；

③用于侧向通过列车，速度不超过 50 km/h 的单开道岔，不得小于 12 号；

④用于侧向接发停车旅客列车的单开道岔，不得小于 12 号；

⑤用于侧向接发停车货物列车并位于正线的单开道岔，在中间站不得小于 12 号，在其他车站不得小于 9 号；

⑥其他线路的单开道岔不得小于 9 号；

⑦狭窄的站场采用交分道岔不得小于 9 号，但尽量不用于正线，必须采用时，不得小于 12 号；

⑧峰下线路采用对称道岔不得小于 6 号，采用三开道岔不得小于 7 号；

⑨段管线采用对称道岔，不得小于 6 号。

既有道岔的类型及辙叉号数不符合上述规定时，应按该道岔的号数限制行车速度，但应有计划地进行改造。驼峰下线路现有 6.5 号对称道岔允许保留。

5. 道岔定、反位的规定

道岔除了使用、清扫、检查或修理时外，均须保持定位。道岔应按规定经常保持向某一线路开通的位置，这个位置称为“定位”，向另一线路开通的位置称为“反位”。道岔定位是道岔管理的重要环节，也是正确准备进路的保证，所以道岔在使用、清扫、检查、修理完毕后，为保证行车安全应及时恢复定位，避免因错扳或忘扳道岔而造成事故。道岔的定位规定如下：

(1)单线车站正线进站道岔，为由车站两端向不同线路的开通位置。

(2)双线车站正线进站道岔，为各该正线开通的位置。

(3)区间内正线道岔及站内正线上的其他道岔(引向安全线、避难线的道岔除外)，为正线的开通位置。

(4)引向安全线、避难线的道岔，为安全线、避难线开通的位置。

(5)其他由车站负责管理的道岔，由车站规定。

(6)集中操纵的道岔(引向安全线、避难线的道岔除外)，可不保持定位。

6. 禁止使用的道岔

道岔构造比较复杂，零件较多，在列车荷载作用下，加之维修保养不及时极易发生病害。因此，为保证列车运行安全，道岔应经常保持良好状态。道岔有下列缺点之一时禁止使用：

(1)内锁闭道岔两尖轨互相脱离，分动外锁闭道岔两尖轨与连接装置、心轨接头铁与拉板相互分离或外锁闭装置失效。

内锁闭道岔的两尖轨用转辙杆和连接杆连接在一起，转辙器动作时，两尖轨应同时动作，且一侧尖轨与基本轨密贴，另一侧尖轨与基本轨分开，并保持一定距离，使车轮顺利地进入直股或侧股。如果两尖轨脱离，扳动时一根尖轨移动，另一根尖轨不动或移动距离未达到要求(见图1-30)，道岔呈“四开”状态，会使车辆脱轨，不能保证行车安全。

(2)尖轨尖端与基本轨、可动心轨尖端与翼轨在静止状态不密贴。

如果尖轨尖端与基本轨或可动心轨尖端与翼轨在静止状态不密贴(见图1-31)，则车轮轮缘有轧伤尖轨或可动心轨并导致脱轨或进入异股的危险。同时，在有联锁的车站，道岔尖轨与基本轨不密贴超过规定限度时，道岔不能锁闭，这样将影响信号使用。

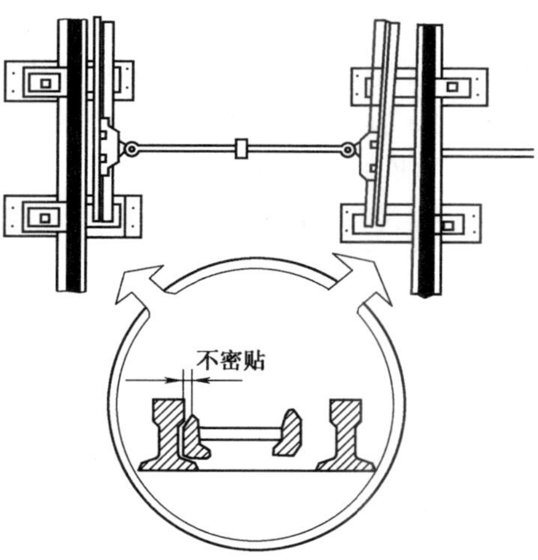

图1-30 道岔两尖轨互相脱离

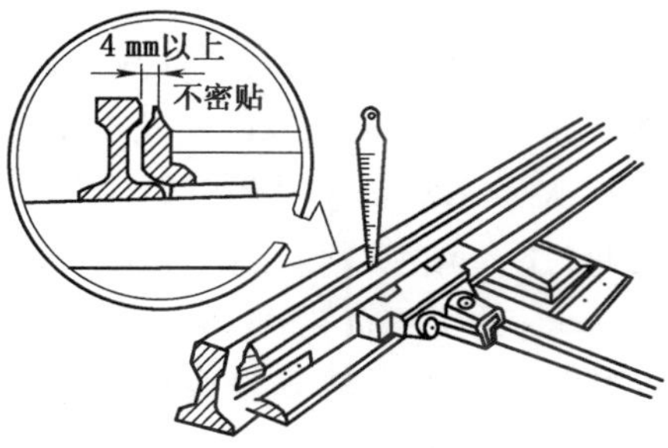

图1-31 尖轨尖端与基本轨不密贴

(3)尖轨、可动心轨被轧伤,轮缘有爬上尖轨、可动心轨的危险。

因尖轨或可动心轨被轧伤后,尖轨或可动心轨顶面与侧面工作边的过渡圆弧被砸掉。如轧伤轻微时,车轮可以贴尖轨或可动心轨侧面通过,对行车不致产生危险;如轧伤严重,车轮有爬上尖轨或可动心轨的危险,则不能使用,须修理和更换,如图 1-32 所示。根据尖轨或可动心轨被轧伤的程度能否继续使用,视其具体情况决定。

(4)在尖轨、可动心轨顶面宽 50 mm 及以上的断面处,尖轨顶面低于基本轨轨面、可动心轨顶面低于翼轨顶面 2 mm 及以上。

因为车轮迎尖轨、可动心轨尖端进入道岔时,车轮踏面从基本轨上被尖轨或可动心轨逐渐引离,至尖轨或可动心轨顶宽 50 mm 处,车轮将全部落于尖轨或可动心轨,此处若尖轨较基本轨或可动心轨较翼轨过低(见图 1-33),车轮就会突然降落,给道岔尖轨、可动心轨以巨大冲击力,车体也将剧烈振动。顺尖过岔时,尖轨、可动心轨太低,车轮与基本轨钢轨头部连接圆弧相切,易将基本轨挤弯或推倒。

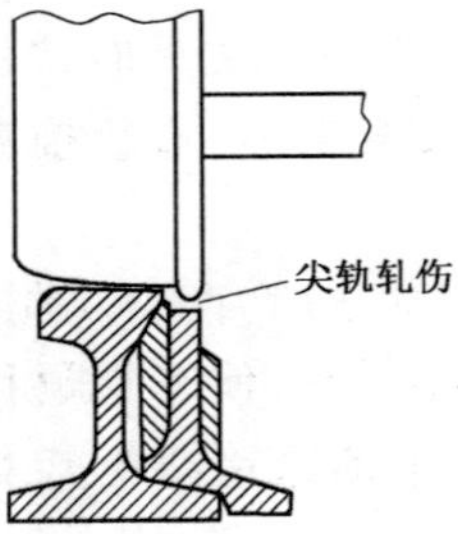

图 1-32　尖轨被轧伤

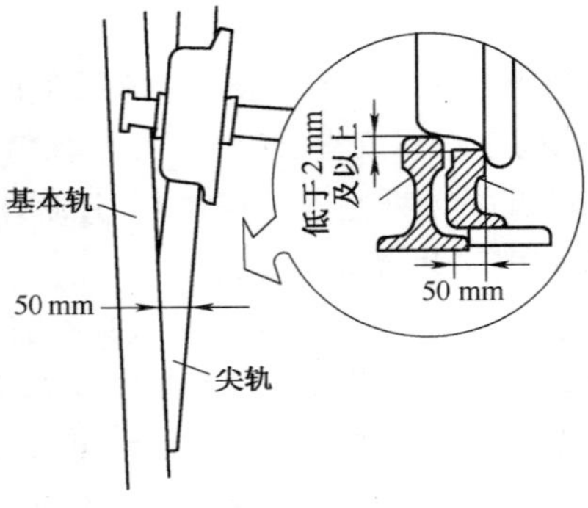

图 1-33　尖轨顶面过低

(5)基本轨垂直磨耗:50 kg/m 及以下钢轨,在正线上超过 6 mm,到发线上超过 8 mm,其他站线上超过 10 mm;60 kg/m 及以上钢轨,在线路允许速度大于120 km/h的正线上超过 6 mm,其他正线上超过 8 mm,到发线上超过 10 mm,其他站线上超过 11 mm;33 kg/m 及其以下的钢轨,由铁路局规定。

因为钢轨垂直磨损,断面面积减小,强度削弱易折损。同时基本轨磨损过低,会使尖轨尖端与基本轨的高度差减小,轮缘有可能轧伤尖轨,危及行车安全。因为列车通过各种线路道岔的过岔速度不同,作用在钢轨上的冲击压力不一样,所以垂直磨损限度规定也不一样。

(6)在辙叉心宽 40 mm 的断面处,辙叉心垂直磨耗(不含翼轨加高部分):50 kg/m 及以下钢轨,在正线上超过 6 mm,到发线上超过 8 mm,其他站线上超过 10 mm;60 kg/m 及以上钢轨,在线路允许速度大于 120 km/h 的正线上超过 6 mm,其他正线上超过8 mm,到发线上超过10 mm,其他站线上超过 11 mm;可动心轨宽 40 mm 断面及可动心轨宽 20 mm 断面对应的翼轨垂直磨耗(不含翼轨加高部分)超过 6 mm(见图 1-34);33 kg/m 及以下的钢轨,由铁路局规定。

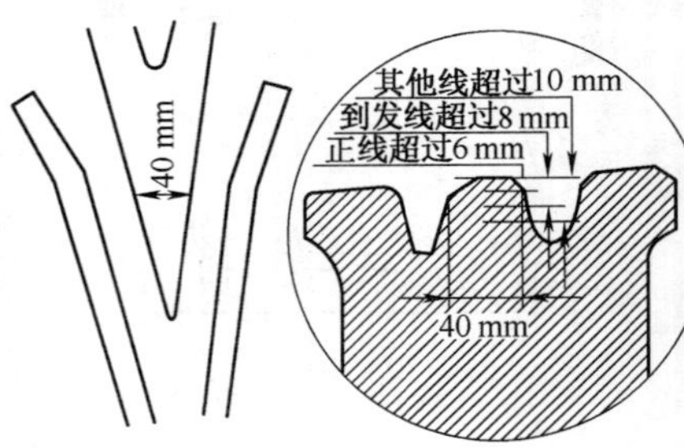

图 1-34　辙叉心垂直磨损

因辙叉心顶宽 40 mm 处恰为车轮压力过渡的分界点，若此处垂直磨损超限，不但强度减弱，且顶面低于翼轨太多，会使迎辙叉尖通过的列车发生剧烈振动，顺辙叉通过的车轮将向外挤压翼轨，危及行车安全。

可动心轨宽 40 mm、20 mm 断面处也是车轮压力过渡的分界点。迎尖通过时，当可动心轨宽小于 20 mm，车轮的重量完全由翼轨承担，在 20 mm 处开始由翼轨向心轨过渡，至 40 mm 时，翼轨完全将车轮的重量交给心轨。反之，顺尖过岔，在40 mm处车轮开始由心轨向翼轨过渡，至 20 mm 时，心轨完全将车轮的重量交给翼轨。因此，如果垂直磨损超标，必将危及行车安全。

（7）辙叉心作用面至护轮轨头部外侧（也称护轮轨工作边）的距离小于 1 391 mm，或翼轨作用面至护轮轨头部外侧的距离大于 1 348 mm。

此项规定主要是控制护轮轨的正确位置。从图 1-35 可以看出，辙叉心与护轮轨工作边的距离若小于 1 391 mm，会使最大内侧距的轮对撞击辙叉心或误入异线，即护轮轨不起作用。翼轨与护轮轨工作边的距离若大于 1 348 mm，又会使最小内侧距的轮对被翼轨、护轮轨卡住而不能顺利通过。

（8）尖轨或基本轨或辙叉损坏。

尖轨、基本轨损坏是指影响行车安全的钢轨裂纹、压溃、锈蚀、折损等；辙叉损坏是指辙叉心和翼轨的裂纹、压溃、折断及组合式辙叉连接零件松动等。

（9）道岔护轨螺栓、可动心轨咽喉和叉后间隔铁螺栓、长心轨与短心轨联结螺栓、钢枕立柱螺栓的同一部位同时有两根螺栓缺少或折损。

护轮轨的作用是迫使车轮轮缘在护轮轨轮缘槽内通过，控制对侧的车轮不致撞击辙叉。如果护轮轨螺栓有折断应立即更换，如图 1-36 所示。但并不是有一根螺栓折断该道岔就一定不能使用，主要是根据其构造情况来决定对行车安全的危害程度。例如，单根螺栓的联结构造折断时，就会严重影响行车安全，必须立即更换，否则不准使用；如果是双螺栓并联而且护轮轨外侧的轨撑有很大的撑力，当有一根螺栓折断时，在未更换前仍可行车。如列车以正常速度通过有危险时，可以适当地限制列车速度，但必须迅速更换。

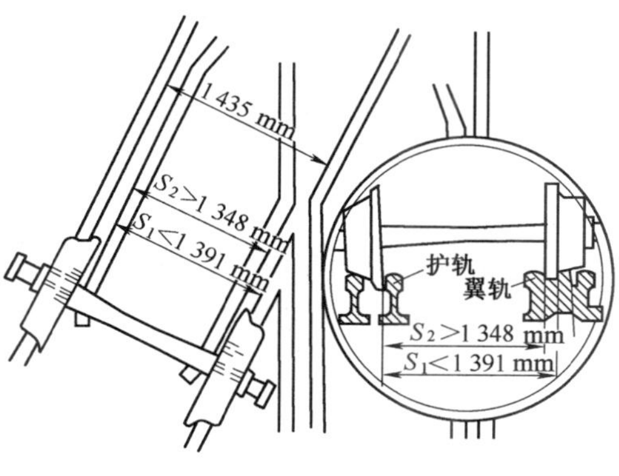

图 1-35　护轮轨位置

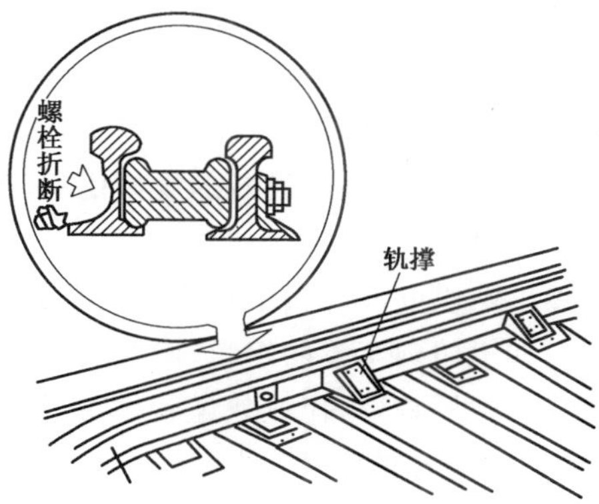

图 1-36　护轮轨螺栓折损

三、站　场

车站是铁路线上设有配线的分界点。车站除办理客、货运输业务外还办理列车接发、解编等技术作业，是铁路运输生产的基层单位。

1. 车站的分类

(1)按技术作业划分

①编组站：担当大量列车解体和编组作业，编组直达及其他列车的车站。

②区段站：设于货物列车牵引区段两端，一般为机务段（折返点）所在站，担负更换机车或乘务员，解编区段列车和摘挂列车的车站。

区段站和编组站统称为技术站。

③中间站：设于两技术站之间，主要办理列车接发、会让和通过作业及摘挂列车的调车和装卸作业的车站。

(2)按业务性质划分

①客运站：专门办理客运作业的车站。

②货运站：专门办理货运作业的车站。

③客货运站：既办理客运作业又办理货运作业的车站。

(3)按等级划分

车站按其担负的客、货运量和改编作业量的大小，以及在政治、经济和路网上所处的地位分为特、一、二、三、四、五等站。

2. 中间站

中间站的主要任务是调整列车运行，办理列车的通过、会让、越行，一般的中间站均办理客货运业务。为了办理列车到发、运行调整和客货运业务，中间站必须设置相应的行车设备、客运设备、货运设备等。

3. 区段站

区段站的主要任务是为邻接的铁路区段供应机车及更换机车乘务组，并为无改编中转货物列车办理规定的技术作业。此外，还办理一定数量的货物列车解编作业及客货运业务。

区段站与中间站相比作业比较复杂，它除了办理与中间站相同的接发列车作业和客货运业务外，还为相邻区段提供牵引机车，并对机车进行整备、检修、乘务人员换班以及对列车进行技术检查，编解区段列车和摘挂列车。与编组站相比，区段站主要办理通过车流，只有少量改编车流。因此，区段站设备的规模比中间站大而复杂，比编组站小而简单。

4. 编组站

编组站以办理改编中转货物列车的作业为主，编解包括小运转列车的各种货物列车，负责路网上和枢纽内车流的组织，同时还提供列车动力，对机车进行整备和检修，并对车辆进行日常维修和定期检修，作业数量和设备规模均较大。

(1)编组站的分类

编组站根据其在路网中的位置、作用和所承担的作业量，可分为路网性编组站、区域性编组站和地方性编组站。

①路网性编组站

路网性编组站位于几条铁路干线的汇合点，其主要任务是办理各条干线之间大量直达或直通车流的改编作业，改编作业量大。编组直达和直通列车的去向一般在6个及以上，编组列车到站总数每昼夜达到 15 ~20 个或更多，日均有调作业量一般在 6 000 辆以上。

②区域性编组站

区域性编组站分布在铁路干线交会的重要地点，是路网重要支点，它主要承担路网中一定地区内车流的改编任务。改编作业量较路网性编组站少，编组直达列车和直通列车的去向在 3 个及以上，编组列车到站总数每昼夜达 10 个左右，日均有调作业量在 4 000 辆以上。

③地方性编组站

地方性编组站一般位于干支线交会点、铁路枢纽内或有大宗车流集散地点，是承担地方车流解编作业的中小型编组站。它一般编组两个及以上去向的直通和直达列车，日均有调作业量在 2 500 辆左右，编组列车到站数在 8 个以下。

(2)编组站的作业

①有调中转列车作业

有调中转列车作业是编组站最主要的作业，包括列车到达作业、解体作业、编组作业及出发作业。这几项作业数量多而复杂，是分别在不同地点和车场办理的。

②无调中转列车作业

无调中转列车作业比较简单，主要是换挂机车和列车的技术检查，时间短，办理地点只限于到发场(或专门的通过车场)。

③本站作业车作业

本站作业车是指到达本站及工业企业线或段管线内进行货物装卸或倒装的车辆。其作业过程比改编中转列车增加了送车、装卸及取车三项作业。

④机车整备和检修作业

编组站机务作业与区段站相同，包括机车出段、入段、段内整备(或检修)等项作业。

⑤车辆检修作业

编组站的车辆检修作业包括在到发线上进行的车列技术检查及不摘车维修；在列检或调车过程中发现车辆损坏需摘车后送往车辆段或站修所进行修理(即站修)；根据任务扣车送段维修(即段修)。

此外，根据具体情况，编组站有时还需办理少量客运作业、货运作业、军用列车供应作业等。

(3)编组站主要设备

为了完成编组站主要作业，编组站应有相应的设备。

①调车设备

调车设备包括调车驼峰、调车场、牵出线、辅助调车场等几部分，用以办理列车的解体和编组作业。该项设备是编组站的核心设备，无论在数量上，还是在技术装备上，规模都比较大和更为完善。

②行车设备

行车设备指接发货物列车的到发线，用以办理货物列车的到达和出发作业。根据其作业量的大小和作业性质的不同，可设置到发场或到达场、出发场(包括通过车场)。

③机务设备

机务设备是指用以对机车进行各项整备和修理作业的线路和设备。编组站一般均设机务段，且规模比较大，供本务机车和调车机车办理检修和整备作业。为了减少另一方向列车机车出入段走行公里,必要时,还可修建第二套整备设备。

④车辆设备

车辆设备是指供到发的车辆进行检查和修理的设备,包括列检所、站修所和车辆段。

根据需要,编组站有时也设有客运设备、货运设备等。

此外,编组站还必须有信、联、闭、通信、信息和照明等设备。

(4)编组站布置图

①我国铁路编组站布置图型,在习惯上有"几级几场"的称呼。

"级"是指同一调车系统中在车站中轴线上纵向排列的车场数,一级式就是指车场横列,二级式就是指到发场、调车场纵列,而三级式是指到、调、发车场顺序纵列。

"场"是指主要车场总数,车站有几个车场,就称为几场。例如:"一级三场"…"三级三场"或"三级五场"等。

②我国铁路编组站布置图型,还有"向"、"式"之分。

编组站按站内调车设备和驼峰主要调车方向不同可分为单向和双向两类。凡上、下行合用一套调车设备完成解编作业的编组站图形称为单向编组站。凡设有两套调车设备分别承担上、下行改编作业的编组站图形称为双向编组站。

按调车系统中主要车场的相互排列位置不同,编组站图形又可分为横列式、纵列式和混合式三种。上、下行到发场与调车场并列配置的称为横列式编组站;所有主要车场顺序排列的称为纵列式编组站;部分主要车场纵列、另一部分车场横列的称为混合式编组站。

我国编组站布置图的基本类型,归纳起来有单向横列式(见图 1-37)、单向混合式(见 1-38)、单向纵列式(见图 1-39)、双向纵列式(见图 1-40)、双向混合式(见图 1-41)、双向横列式(见图 1-42)六种。其他类型的编组站布置图都是在这些图型基础上派生的。

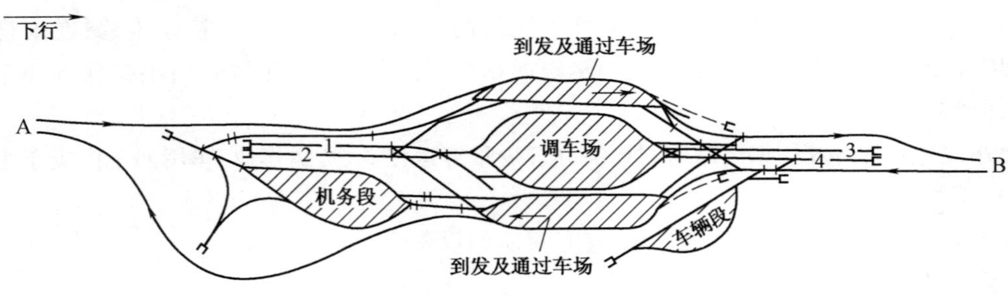

图 1-37　单向横列式编组站图型

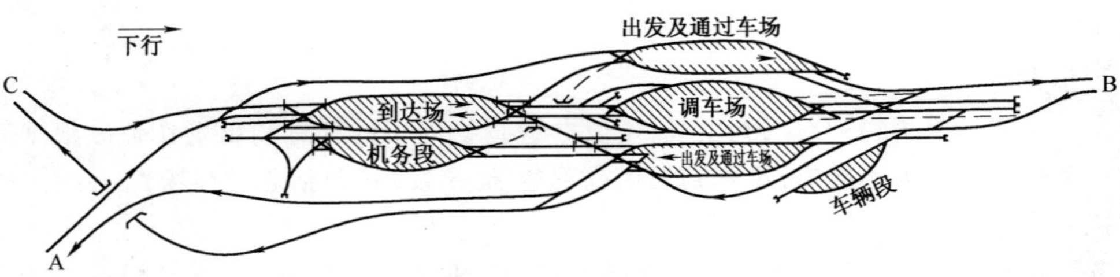

图 1-38　单向混合式编组站图型

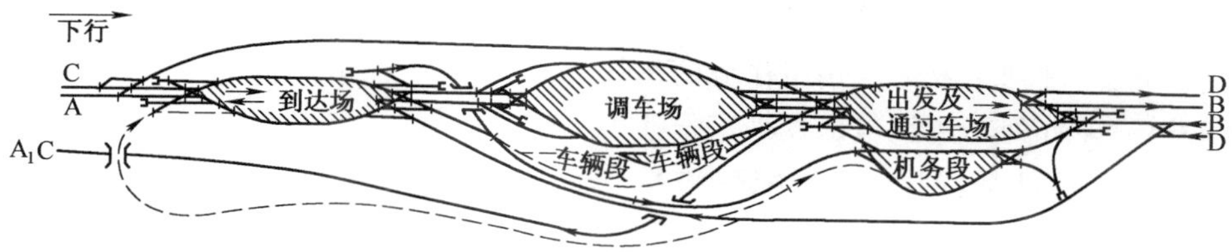

图 1-39 单向纵列式编组站图型

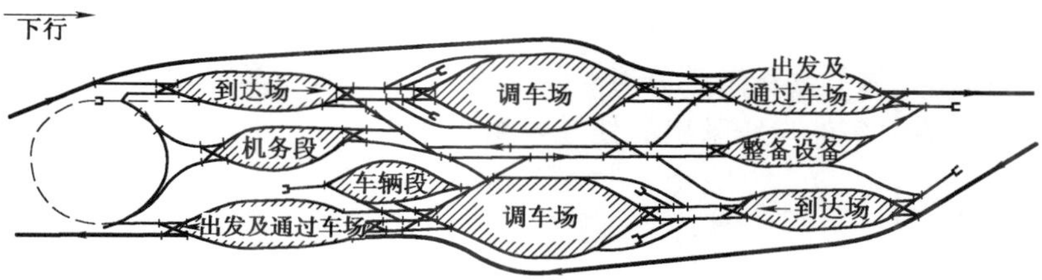

图 1-40 双向纵列式编组站图型

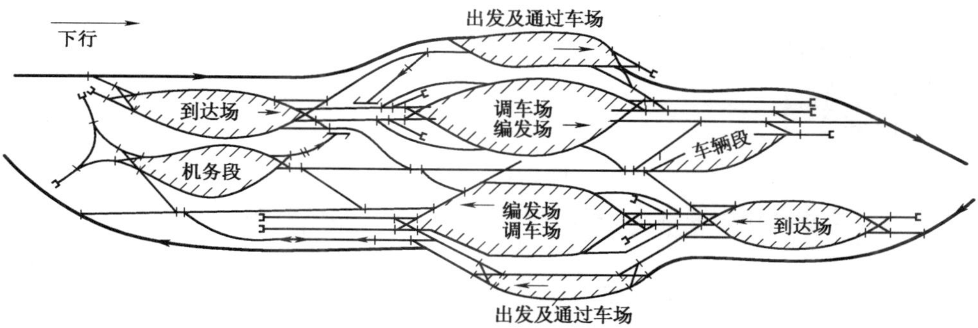

图 1-41 双向混合式编组站图型

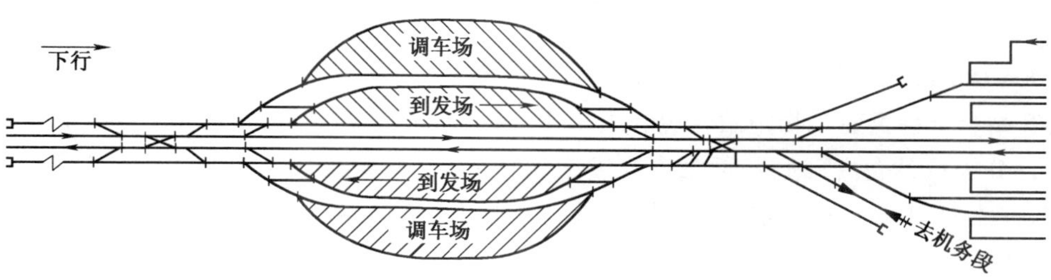

图 1-42 双向横列式编组站图型

5. 车场分类及分工

(1)编组站、区段站和其他较大的车站线路较多,可根据线路配置情况及用途,按线群划分车场。

①到达场:办理接入到达解体列车作业的车场。

②出发场:办理始发编组列车作业的车场。

③到发场:兼办列车到达与出发作业的车场。

④通过车场:办理无调中转列车作业的车场。

⑤调车场:办理列车解体与编组作业的车场。

⑥编发场:兼办列车解编与出发列车作业的车场。

(2)车场分工,就是按照车场的配列和各个车场的设备条件,结合车流到发规律,正确规定各个车场的基本任务。车场分工的一般原则是:

①列车和车辆在站内走行距离最短,接发列车、调车作业、机车出入段的干扰最少;

②折角车流的重复作业量最少;

③同一去向的车流在一个调车场集结,以缩短车辆停留时间;

④各场咽喉道岔、调车设备作业负担大体均衡,充分发挥设备效能;

⑤各场现有设备的条件与所承担的任务要相互适应。

四、限　界

为了确保行车安全,凡接近铁路线路的任何建筑物或设备(除与机车车辆直接相互作用的设备外)都必须与线路中心线和钢轨顶面保持一定的距离。为防止机车车辆撞击邻近建筑物和其他设备,对于在线路上运行的机车车辆的横断面尺寸,也应有一定的规定。规定铁路建筑物、设备及机车车辆均不得超过一定的轮廓尺寸线称为限界。铁路上的限界有建筑限界和机车车辆限界两种。

1. 建筑限界

建筑限界是一个和线路中心线垂直的极限横断面轮廓。规定在此断面内,除机车车辆和与机车车辆有直接相互作用的设备(如车辆减速器、接触电线、脱轨器等)外,其他设备或建筑物均不得侵入。

建筑限界分为客货共线铁路建筑限界和客运专线铁路建筑限界。其中,客货共线铁路建筑限界包括3类,即 $v \leqslant 160$ km/h、160 km/h $< v \leqslant 200$ km/h 和铁路双层集装箱运输装载限界及客货共线铁路双层集装箱运输建筑限界;客运专线铁路建筑限界适用于 200 km/h $\leqslant v \leqslant$ 350 km/h的客运专线。

当 $v \leqslant 160$ km/h 时,客货共线铁路基本建筑限界如图 1-43 所示。

旅客站台上柱类建筑物距站台边缘不小于 1 500 mm,建筑物距站台边缘不小于 2 000 mm。旅客站台分为低站台、高站台,低站台高度为 300 mm、500 mm,高站台高度为 1 250 mm。货物站台的高度为 1 100 mm。在非电气化区段的车站上,车辆调动频繁的站场内,天桥的高度不小于 5 800 mm。

货物高站台边缘(只适用于线路的一侧)在高出轨面距离 1 100 ~ 4 800 mm 间,距线路中心线的距离可按 1 850 mm 设计。

2. 机车车辆限界

机车车辆限界是一个与线路中心线相垂直的极限横断面轮廓,它规定了机车车辆各不同部位的高度、宽度的最大尺寸和底部零件至轨面的最小距离。其轮廓尺寸就如同一个无形的门,为此机车车辆停在水平直线上,本身所有一切突出部(无论空重状态)均在轮廓线内。

(1)机车车辆上部限界($v < 200$ km/h)如图 1-44 所示。

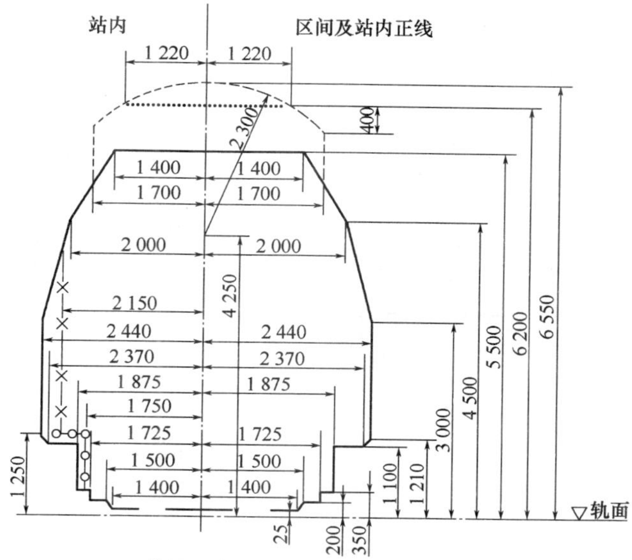

—×—×—×—信号机建筑限界(正线不适用)。

—○—○—○—站台建筑限界(正线不适用)。

————各种建筑物的基本限界。

－－－－－－－适用于电力牵引区段的跨线桥、天桥及雨棚等建筑物。

·········电力牵引区段的跨线桥在困难条件下的最小高度。

图 1-43　基本建筑限界图($v \leqslant 160$ km/h)(单位:mm)

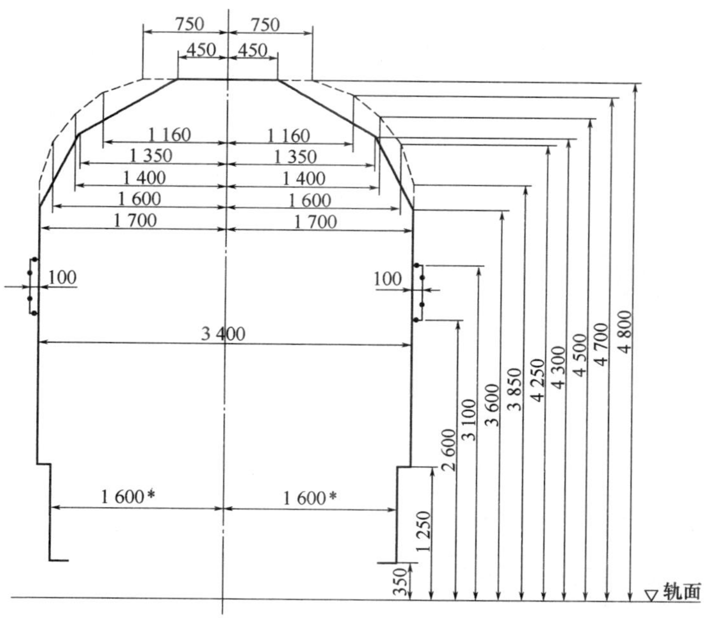

————机车车辆限界基本轮廓。

－－－－－－－电力机车限界轮廓。

—•—•—•—列车信号装置限界轮廓。

* 电力机车在距轨面高 350 ~1 250 mm 范围内为 1 675 mm。

图 1-44　机车车辆上部限界图 (单位:mm)

(2)机车车辆下部限界($v<200$ km/h)如图 1-45 所示。

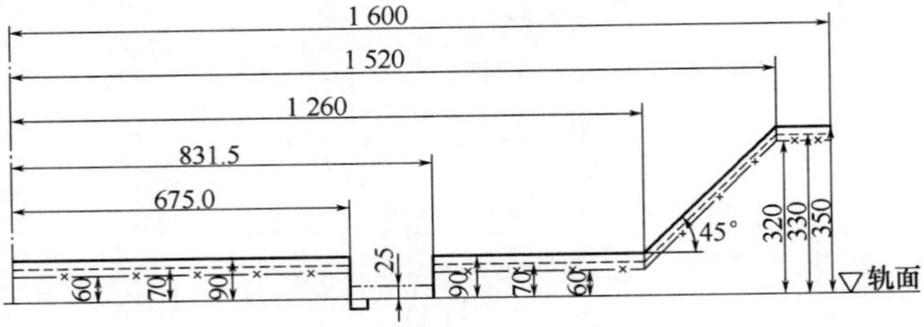

——车体的弹簧承载部分。

－－－－－－－转向架上的弹簧承载部分。

—×—×—×—非弹簧承载部分。

—·-—·-—··—机车闸瓦、撒砂管、喷油嘴最低轮廓。

图 1-45　机车车辆下部限界图(单位:mm)

(3)车辆的下部还应满足《铁路技术管理规程》(以下简称《技规》)规定的"通过驼峰车辆减速器(顶)(制动或工作位置)的货车下部限界($v<200$ km/h),如图 1-46 所示。

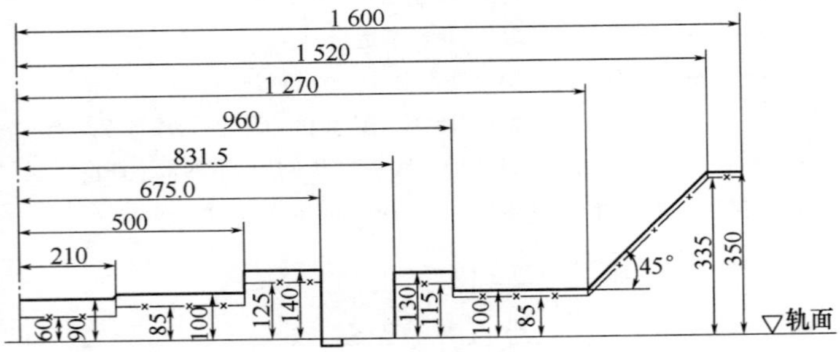

——弹簧承载部分。

—×—×—×—非弹簧承载部分。

图 1-46　通过驼峰车辆减速器(顶)(制动或工作位置)的货车下部限界图(单位:mm)

(4)通过驼峰车辆减速器(顶)(缓解位置)的调车机车下部限界($v<200$ km/h)如图1-47所示。

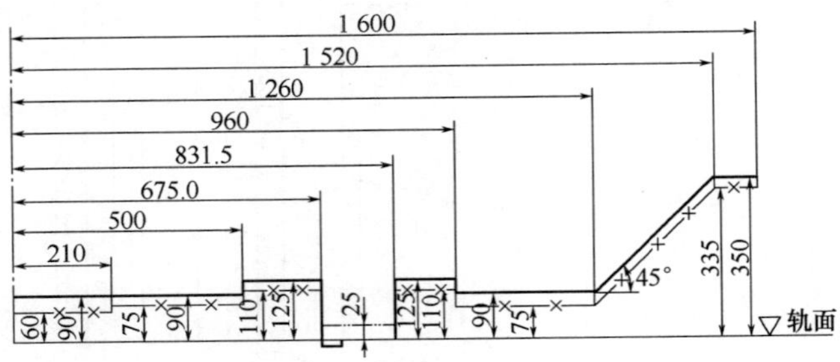

——弹簧承载部分。

—×—×—×—非弹簧承载部分。

—·-—·-—··—机车闸瓦、撒砂管、喷油嘴最低轮廓。

图 1-47　通过驼峰车辆减速器(顶)(缓解位置)的调车机车下部限界图(单位:mm)

(5)机车车辆的任何部位,在任何情况下(除特殊情况)都不得超出机车车辆限界规定的尺寸。

①机车车辆的中心最大高度为 4 800 mm。因此,机车车辆顶部的任何装置,如高烟囱或天窗的高度等均应在 4 800 mm 之内,以防机车车辆顶部与桥梁、隧道上部相撞。

②机车车辆在钢轨水平面上部 1 250 ~ 3 600 mm 范围内其宽度为 3 400 mm,但为悬挂列车尾部的侧灯,在 2 600 ~ 3 100 mm 范围内允许两侧各加宽 100 mm。

③ 在钢轨水平面 1 250 mm 以下,机车车辆宽度逐渐缩减,因在此范围内建筑物和设备较多。

第二节 信号设备

一、铁路信号

铁路信号是指示列车运行及调车工作的命令,有关行车人员必须严格执行。

铁路信号可以按照感觉和设置方式分类。

1. 按感觉分类

(1)视觉信号

视觉信号是用信号的颜色、形状、位置、数目或灯光状态等特征表示的信号,如用信号旗、信号灯、信号牌、信号机、信号表示器、火炬显示的信号。列控车载设备显示的速度也属于视觉信号。

视觉信号分为昼间、夜间及昼夜通用信号。在昼间遇降雾、暴风雨雪及其他情况,致使停车信号显示距离不足 1 000 m,注意或减速信号显示距离不足 400 m,调车信号及调车手信号显示距离不足 200 m 时,应使用夜间信号。

①昼间信号

根据信号设备的不同形状、数目、颜色或位置来表示信号的意义,如信号旗、道岔表示器的表示板等。

②夜间信号

根据信号设备的不同灯光颜色或数量来表示信号的意义,如道岔表示器的灯光。

③昼夜通用信号

在昼间及夜间,信号显示方式一致,如色灯信号机的灯光显示。

视觉信号的基本颜色及要求:

红色——停车;黄色——注意或减低速度;绿色——按规定速度运行。

(2)听觉信号

听觉信号是以不同的器具发出的音响强度、频率、音响长短和数目等特征表示的信号,如号角、口笛、响墩发出的音响和机车、轨道车及动车的鸣笛声。

2. 按设置方式分类

(1)固定信号

信号的设置地点是固定不变的,如信号机、信号表示器和信号标志等。信号机用来防护站内进路,防护区间,防护危险地点,具有严格的防护意义。信号表示器是对行车人员传达行车、调车意图的,或对信号进行某些补充说明所用的器具,没有防护意义。信号表示器分为道岔、脱轨、进路 、发车、发车线路、调车及车挡表示器。信号标志包括警冲标、站界标、预告标、引导员接车地点标等。

(2)移动信号

随着作业地点或作业人员位置的变化,信号显示的位置也随着变化,如为防护线路施工地点临时设置的方形红牌、圆形黄牌等。

(3)手信号

手持信号旗、信号灯或用手势显示的信号,称为手信号。

二、信号装置

信号装置一般分为信号机和信号表示器两类。

1. 信号机

(1)信号机按类型分为色灯信号机、臂板信号机和机车信号机。

(2)信号机按用途分为进站、出站、通过、进路、预告、接近、遮断、驼峰、驼峰辅助、复示、调车信号机。

2. 信号表示器

信号表示器分为道岔、脱轨、进路、发车、发车线路、调车及车挡表示器。

三、驼峰有关信号显示

1. 驼峰色灯信号机的显示意义

一个绿色灯光 ——准许机车车辆按规定速度向驼峰推进(见图 1-48(a));

一个绿色闪光灯光 ——指示机车车辆加速向驼峰推进(见图 1-48(b));

一个黄色闪光灯光——指示机车车辆减速向驼峰推进(见图 1-48(c));

一个红色灯光 ——不准机车车辆越过该信号机或指示机车车辆停止作业(见图 1-48(d));

一个红色闪光灯光 ——指示机车车辆自驼峰退回(见图 1-48(e));

一个月白色灯光 ——指示机车到峰下(见图 1-48(f));

一个月白色闪光灯光——指示机车车辆去禁溜线(见图 1-48(g))。

(a)

(b)

(c)

(d)　(e)　(f)　(g)

图 1-48　驼峰色灯信号机显示

2. 驼峰色灯辅助信号机

驼峰调车作业是通过机车推送车列进行的，因此司机瞭望驼峰信号比较困难。为此，还须在到达场设置驼峰色灯辅助信号机。到达场的驼峰色灯辅助信号机平时显示红色灯光，对到达列车起停车信号作用。驼峰色灯辅助信号机显示一个黄色灯光，指示机车车辆向驼峰预先推送，如图 1-49 所示。当办理驼峰推送进路后，其显示方式与驼峰色灯信号机相同。

3. 驼峰色灯复示信号机

当驼峰辅助信号机的显示仍不能满足司机进行作业的要求时，可设置驼峰色灯复示信号机。驼峰色灯复示信号机采用方形背板，透镜式色灯两个双机构的高柱信号机，灯光排列为黄、绿、红、月白，平时无显示。当办理驼峰推送或预先推送进路后，其显示方式与驼峰色灯辅助信号机相同，如图 1-50 所示。

(a)三显示区段　(b)四显示区段

图 1-49　驼峰色灯辅助信号机显示

图 1-50　驼峰色灯复示信号机

4. 调车色灯信号机

(1)一个月白色灯光——准许越过该信号机调车(见图 1-51)。

图 1-51　调车色灯信号机(一个月白色灯光)

(2)一个月白色闪光灯光——装有平面溜放调车区集中联锁设备时,准许溜放调车(见图1-52)。

图 1-52　调车色灯信号机(一个月白色闪光灯光)

(3)一个蓝色灯光——不准越过该信号机调车(见图 1-53)。

不办理闭塞的站内岔线,在岔线入口处设置的调车信号机,可用红色灯光代替蓝色灯光(见图 –54(a))。

在尽头式到发线上设置的起阻挡列车运行作用的调车信号机,应采用矮型三显示机构,用红色灯光代替蓝色灯光(见图 1-54(b))。当该信号机的红色灯光熄灭、显示不明或显示不正确时,应视为列车的停车信号。

图 1-53　调车色灯信号机(一个蓝色灯光)

图 1-54 调车色灯信号机(用红色灯光代替蓝色灯光)

四、联 锁

1. 联锁的定义

车站内有许多线路,它们用道岔连接着,列车和调车车列在站内运行所经过的经路,称为进路。为列车进、出站和通过所开通的进路,称为列车进路。为调车作业所开通的进路,称为调车进路。每条进路的始端都必须由相应的信号机来防护,以保证作业安全。为了保证列车运行及调车作业的安全,在信号机、道岔和进路之间建立的相互制约的关系,称为联锁关系,简称联锁。

站内正线及到发线上的道岔,均须与有关信号机联锁。区间内正线上的道岔,须与有关信号机或闭塞设备联锁。各种联锁设备(驼峰除外)应满足下列条件:

(1)当进路上的有关道岔开通位置不对或敌对信号机未关闭时,该信号机不能开放;信号机开放后,该进路上的有关道岔不能扳动,其敌对信号机不能开放。

(2)正线上的出站信号机未开放时,进站信号机不能开放通过信号;主体信号机未开放时,预告信号机不能开放。

(3)装有转换锁闭器,电动、电空、电液转辙机的道岔,当第一连接杆处(分动外锁闭道岔为锁闭杆处)的尖轨与基本轨间、心轨与翼轨间有 4 mm 及以上水平间隙时,不能锁闭或开放信号机。

(4)区间内正线上的道岔,未开通正线时,两端站不能开放有关信号机。设在辅助所的闭塞设备与有关站闭塞设备应联锁。

2. 驼峰信号联锁条件

驼峰信号机因防护的线路平、纵断面结构与平面车站不同,因而它的联锁条件也有其自身的特点。例如,驼峰溜放信号开放,一般不检查溜放进路上的分路道岔位置,不锁闭分路道岔,也不检查进路是否空闲,但它受到作业过程中危及溜放安全的一些因素的制约。

危及溜放作业安全及影响作业效率的因素一般可分为两大类:一类属于设备故障或工作不正常造成的不安全因素。这类因素一般是可检测的。当检测出设备不能正常工作时,可以自动关闭信号。例如，在溜放作业过程中，车辆减速器动力源压力不足，分路道岔被挤岔，限界检查器被超限界车辆碰倒等均属于这一类。另一类是偶然产生的不安全因素。这类因素一般是难于用设备检测到的，如车辆途停、禁止过峰车辆等。它不仅危及溜放车辆及设备的安全，还可能危及作业人员的安全。对此类不安全因素须由作业人员通过加强观察来发现，然后由人工关闭信号。

根据上述内容提出的驼峰信号基本联锁条件及技术要求如下：

(1)驼峰信号机与敌对信号机联锁。驼峰信号开放时必须检查敌对信号机是否处于关闭状态。驼峰信号一旦开放，敌对信号不能再开放。

(2)驼峰信号机的溜放信号与推送进路上的道岔和溜放进路上的顺向道岔联锁。信号开放时，要检查联锁道岔位置是否正确，信号开放后锁闭联锁道岔。溜放进路上的分路道岔仅设区段锁闭，它们不与驼峰信号联锁。

(3)驼峰信号开放还必须受到一些因素的制约，当出现超下部限界的车辆(即碰倒限界检查器的车辆)，车辆减速器动力源压力不正常等情况时，应自动关闭溜放信号。当有其他禁止溜放的车辆(装有易碎、易爆炸等货物的车辆)或出现危及作业安全的情况时，应人工及时关闭溜放信号。

(4)信号开放后，发生灯丝断丝，闪光设备故障，线路断线等情况时，应自动关闭信号。

(5)信号机同时只能给出一种显示。变换显示时，要求从一种显示直接转变为另一种显示，中间不能闪现其他显示。由允许信号转变为禁止信号时，应发出音响信号。

(6)信号因故自动或人工关闭后，不能自动重复开放。

3. 联锁设备分类

联锁设备是用来实现进路、道岔、信号机之间联锁关系而装设的技术设备。联锁设备分为集中联锁(继电联锁和计算机联锁)和非集中联锁(臂板电锁器联锁和色灯电锁器联锁)两大类。

(1)集中联锁

集中联锁包括继电联锁和计算机联锁。

①用电气的方法集中控制和监督全站的道岔、进路和信号机，并实现它们之间联锁的设备称为电气集中联锁设备，简称电气集中。若是用继电器组成的电路来进行控制并实现联锁的设备，称为继电式电气集中联锁，简称继电联锁。

②计算机联锁是利用计算机的逻辑功能取代大量的继电器电路来实现联锁关系的现代化联锁设备。这种联锁设备将现场的色灯信号机、电动转辙机和轨道电路作为监控对象，利用联锁计算机实现联锁关系，通过显示器显示现场设备状态实现监督，通过控制台进行人机对话对现场设备实现控制。

计算机联锁以集成电路取代了继电器电路，减少了对继电器的维护工作，从而进一步提高了安全性和可靠性；在功能方面，除了能完成既有继电集中联锁的功能外，还容易实现自动控制功能，安全地实现自动选路和储存进路以及显示、记录、提示功能；运行图变更时，可以自动选择最佳方案；可以扩大控制范围，适用于任何规模的车站。

(2)非集中联锁

非集中联锁设备，应保证车站值班员能控制接、发车进路和信号机的开放与关闭。

非集中联锁设备，在控制台上应有接、发列车的进路开通表示；采用色灯电锁器联锁时，还应有进站信号机的开放、关闭和出站信号机、引导信号的开放表示；到发线设有轨道电路时，应有到发线的占用表示。

第三节 机车车辆及电气化铁路行车设备

一、机　车

机车是铁路运输的牵引动力。它的牵引性能及机车工作的正确组织，对于铁路能否完成和超额完成国家运输任务有很大影响。机车按原动力可分为内燃机车和电力机车。

1. 内燃机车

内燃机车是以内燃机作为原动力的一种机车。铁路上采用的内燃机绝大多数是柴油机。燃油（柴油）在气缸内燃烧，将热能转换为由柴油机曲轴输出的机械能，但并不用来直接驱动动轮，而是通过传动装置转换为适合于机车牵引特性要求的机械能，再通过走行部驱动机车动轮在轨道上转动。内燃机车具有机动、灵活、热效率高、持续工作时间长、投资少等特点，近几年来在我国发展很快。

（1）内燃机车组成

内燃机车虽然有各种不同的类型，但它们的基本组成及工作原理是相同或相似的，内燃机车一般由柴油机、传动装置、走行部、车体、车底架、车钩缓冲装置、制动装置及辅助装置、电气、仪表等部分组成。

（2）内燃机车分类

按传动方式可分为电力传动机车、液力传动机车和机械传动机车。按用途可分为客运机车、货运机车、调车机车。我国主要发展电力传动内燃机车。

货运机车有较大的牵引力，用以牵引吨位较大的货物列车，单节机车功率 1 500 ~ 4 400 kW，最大运行速度为 80 ~ 100 km/h，HXN_3和 HXN_5型和谐号内燃机车最大运行速度可以达到 120 km/h；客运机车具有较高的运行速度和起动加速度，用以牵引速度较高的旅客列车，单节机车功率 1 500 ~ 4 400 kW，最大运行速度 120 ~ 170 km/h；调车机车进行站内调车和编组站解编调车作业并兼短途运输，站内调车功率 440 ~ 740 kW，最大运行速度 50 ~ 70 km/h；编组站调车机车功率 740 ~ 1 500 kW，最大运行速度 70 ~ 90 km/h。

（3）内燃机车型号

内燃机车型号用字母表示，如“DFH”、“BJ”属于液力传动内燃机车，“DF”属于电力传动内燃机车；而进口内燃机车以“NY”表示液力传动内燃机车，以“ND”表示电力传动内燃机车；在字母（或汉字）右下角的数字，表示该型机车投入运用的序号，如 DF_5、DF_6、DF_8 等。

内燃机车的轴列式，用以表示转向架台数、每台转向架动轴数及动轴的驱动方式。如，2—2表示该机车有两台二轴转向架，动轴的驱动方式是成组驱动，而 3_0—3_0则表示该机车有两台三轴转向架，动轴的驱动方式是每一动轴为单独驱动。内燃机车的轴列式也可用英文字母表示，A 即 1，B 即 2，C 即 3，D 即 4。如 B—B，C_0—C_0 也可写成 BB，C_0C_0，或

B′B′，C_0′C_0′。

2008年7月，由美国EMD内燃机车公司与中国北车集团大连机车车辆有限公司联合设计制造的首台HX_3型大功率交流传动内燃机车在大连正式下线，这种新型内燃机车装用EMD先进的大功率、低排放、电喷柴油机，采用交流传动系统、车载微机网络控制系统以及集成化气路的空气制动系统等多项国际先进、成熟的新技术，并具备三机重联功能。机车功率为4 410 kW(6 000马力)，是目前国内外同类产品中技术最先进、功率最大的节能环保型内燃机车，具有持续牵引力大、低油耗、低排放以及运行速度快、耐久、可靠性高等一系列优点，在平直线路上牵引5 000 t，最高时速可达到120 km。

几种国产主要内燃机车概况如表1-3所示。

表1-3　国产内燃机车概况

项目＼机车型号	DF、DF_3	DF_2	DF_4	DF_{4B}	DF_7	DF_8	DF_{11}	DFH_3	DFH_5	BJ
制造厂名	大连、戚墅堰	戚墅堰	大连、资阳	大连、资阳、大同	二七	戚墅堰	戚墅堰	四方	资阳	二七
用途	客、货	调车	客、货	客、货	调车	货运	客运	客运	调车、小运转	客运
传动方式	电力直—直	电力直—直	电力交—直	电力交—直	电力交—直	电力交—直	电力交—直	液力	液力	液力
轴列式	C_0—C_0	C_0—C_0	C_0—C_0	C_0—C_0	C_0—C_0	C_0—C_0	C_0—C_0	B—B	B—B	B—B
柴油机数量	1	1	1	1	1	1	1	2	1	1
柴油机功率(kW)	1 325	795	2 650	2 650	1 620	3 680	3 680	2×1 100	920	1 990
最大速度(km/h)	100	95	客120 货100	客120 货100	80	100	170	120	调40 小80	120
通过最小曲线半径(m)	145	80	145	145	100	145	145	145	90	125
机车全长(m)	16.920	16.340	21.100	21.100	18.800	22.000	21.205	18.550	14.900	16.505
司机室数(个)	1	1	2	2	1	2	2	2	1	2

2. 电力机车

电力机车的牵引动力是电能，但机车本身没有原动力，而是依靠外部供电系统供应电力，通过机车上的牵引电动机驱动列车前进。电力机车是通过受电弓从接触网获取电能，经过机车上的设备改变其电压、电流后，向牵引电动机供电，将电能转换成机械能，驱动车轮产生牵引力的。发电厂发出的交流电升压后，输送到区域变电所，经区域变电所降压到110 kV送到铁路牵引变电所，由牵引变电所向供电分区的接触网上供给25 kV单相交流电，向电力机车供电。电力机车的车顶上安装两个靠压缩空气升降的受电弓，将25kV单相工频交流电经主断路器引入机车，运用时一弓升起，另一弓备用。

(1)电力机车的特点

与其他类型的机车相比,电力机车的特点可以概括如下:

①牵引功率大,过载能力强;

②牵引力大,速度快,爬坡能力强;

③结构严实,故障少,整备作业时间短,维修量小,检修周期长,运营费用低;

④热效率高,能源利用率高,节约能源;

⑤无煤烟、废气、环境污染少;

⑥乘务员工作条件好。

但是,电气化铁路基本建设投资大,电力机车运用灵活性差。

(2)电力机车总体结构

电力机车的总体结构由机械部分、电气部和空气管路系统组成。

①机械部分。机械部分包括转向架和车体。

②电气部分。电气部分包括机车上的各种电气设备及其连接导线。

③空气管路系统分。机车的空气管路系统按其功能可分为风源、控制气路、辅助气路和制动机 4 部分。

(3)电力机车类型

自 1958 年以来,我国已先后研制生产了 SS_1 ~ SS_9 型多种型号的电力机车以及和谐号(HXD_1、HXD_2、HXD_3)电力机车等。在研制生产电力机车的同时,我国还从国外引进了 6K、6G、8K、8G(其中:6、8 表示机车轴数;K 表示采用可控硅二极管整流装置;G 表示采用硅二极管整流装置)等多种型号的电力机车。

电力机车轴列式与内燃机车轴列式的表示方法基本相同。电力机车的每根轮轴上均装有一台牵引电动机单独驱动。

2008 年 12 月 29 日,首台 HXD_{3B} 型 9 600 kW 电力机车下线剪彩,这是中国铁路史上,也是世界铁路史上,第一台单机功率 9 600 kW 的机车。

目前在我国,以国产韶山型电力机车为主,配合部分进口电力机车共同担负着客、货运输任务。国内几种主要电力机车概况如表 1-4 所示。

表 1-4 国内几种主要电力机车概况

机车型号	SS_1	SS_2	SS_4	SS_7	SS_8	6K	6G	8K	8G	HXD_1	HXD_2	HXD_3
生产年代	1958	1978	1985	1992	1994	1987	1972	1986	1987	2006	2008	2006
制造厂名或国名	株洲	株洲	株洲	大同	株洲	日本	法国	欧洲	前苏联	株洲、大同	大连	大连
用途	货运	货运	货运	货运	货运	货运	客货运	货运	货运	货运	货运	货运
轴列式	$C_0—C_0$	$C_0—C_0$	$2(B_0—B_0)$	$B_0—B_0—B_0$	$B_0—B_0$	$B_0—B_0—B_0$	$C_0—C_0$	$2(B_0—B_0)$	$2(B_0—B_0)$	$2(B_0—B_0)$	$2(B_0—B_0)$	$C_0—C_0$
机车功率(kW)	3 780	4 350	6 400	4 800	3 600	4 800	5 400	6 400	6 400	9 600	9 600	7 200
构造速度(km/h)	95	100	100	100	170	100	112	100	100	120	140	120

二、车　　辆

车辆是铁路用来运送旅客、货物或作其他特种用途的运载工具。

1. 车辆分类及用途

铁路车辆按用途分为客车、货车、特种用途车三大类。

(1)客车

①运送旅客的车辆,如硬座车(YZ)、软座车(RZ)、硬卧车(YW)及软卧车(RW)。

②为旅客服务的车辆,如餐车(CA)、行李车(XL)、邮政车(UZ)等 。

(2)货车

①通用货车。其特点是能装载多种货物,具有通用性。如棚车(P)、敞车(C)、平车(N)等。

②专用货车。它是专供运送某种货物的货车,不具有通用性。如罐车(G)、冷藏车(B)、矿石车(K)、长大货物车(D)、散装水泥车(U)、散装粮食车(L)、家畜车(J)、集装箱车(X)、毒品专用车(W)等。

(3)特种用途车

具有特殊用途的专用车辆,如试验车、发电车、轨道检查车、检衡车、除雪车等。

2. 货车车型及车号的规定

为了表示车辆类型、构造特点以及便于运用和管理,在货车的规定位置,由车辆段或车辆工厂涂打规定的车型和车号编码。

(1)车型

货车的车型编码由三部分组成(见图 1-55),用大写汉语拼音字母和数字混合表示,其最大位数不超过五位。第一部分为货车所属的车种编码,用一位大写汉语拼音字母表示,作为车型编码的首部。第二部分为货车的重量系列或顺序系列,用一位或两位数字或大写字母表示;第三部分为货车的材质或结构,用一位或二位大写字母表示。

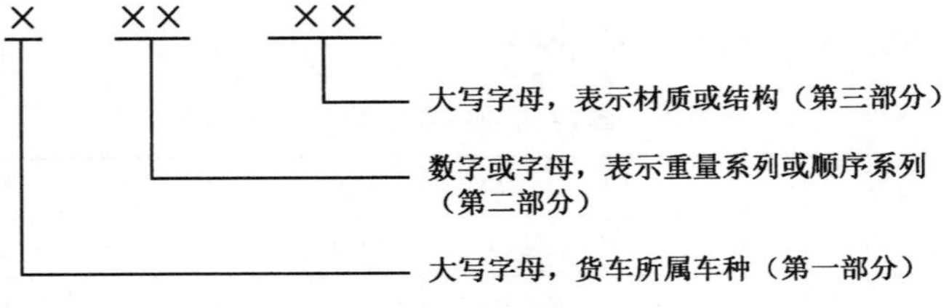

图 1-55　货车车型编码

如 C_{62A} 型敞车:其中 C 为敞车的车种编码,62 表示重量系列,A 表示结构;又如 N_{17A} 型平车:其中 N 为平车的车种编码,17 表示顺序系列,A 表示结构。

(2)车号

货车车号采用七位数字代码,按车种车型进行编排,可编货车的容量为 9 999 999 辆。每辆货车的车号编码在全国范围内具有唯一性。

货车各车种的车号编码范围如表 1-5 所示。

表 1-5 货车车号编码

车种	车型	车号范围
棚车	P	3060000 ~ 3899999、7700000 ~ 7799999
敞车	C	1400000 ~ 1899999、4100000 ~ 4999999
平车	N	5020000 ~ 5099999、5264000 ~ 5289999、5310000 ~ 5399999、5450000 ~ 5499999
集装箱车	X	5200000 ~ 5263999、5300000 ~ 5309999、5400000 ~ 5440999、5700000 ~ 5719999
矿石车	K	550000 ~ 5529000、5531000 ~ 5531999、5540000 ~ 5579999
冷藏车	B	7000000 ~ 7029999
罐车	G	6050000 ~ 6169999、6200000 ~ 6799999
毒品车	W	8000000 ~ 8009999
家畜车	J	8011000 ~ 8029999、7300000 ~ 7399999
水泥车	U	8030000 ~ 8059999
粮食车	L	8060000 ~ 8064999、8100000 ~ 8104999
长大平车	D	5600000 ~ 5643519

3. 车辆标记

车辆标记是表示车辆的性能及特殊设备，在车体上涂刷规定的标记，以便识别并合理使用车辆。它便于人们认识车辆种类、型别及其主要性能；易于区别同一类型的车辆；便于使用、检修和统计。所以，每辆车都必须涂刷部颁规定的各种标记，其分为共同标记和特殊标记两种。

(1)共同标记

凡铁道部所属车辆必须涂刷的标记，称为共同标记。

①路徽——凡部属车辆均涂打人民铁路的路徽，在货车侧梁的端部还安装用金属制作的产权牌，以区别企业自备车和外国车辆。路徽及产权牌如图 1-56 所示。

②车型车号——包括车辆型号及号码，型号又包括基本型号和辅助型号。基本型号表示车辆种类，辅助型号表示同一类型的车辆具有不同的构造形式，车辆号码为车辆的顺序号码。

③自重——车辆在空车状态时，本身的全部重量。车辆自重以吨(t)为单位，取小数点后一位，小数点后二位四舍五入。如 C_{63} 为 22.5 t。

④载重——车辆技术条件所允许的最大载重量，以吨(t)为单位。

⑤容积——车辆可供装载货物的最大容量，以立方米(m^3)为单位，保留小数点后一位。总容积下面附加括号内(长×宽×高)的尺寸，以米(m)为单位，取小数点后一位。

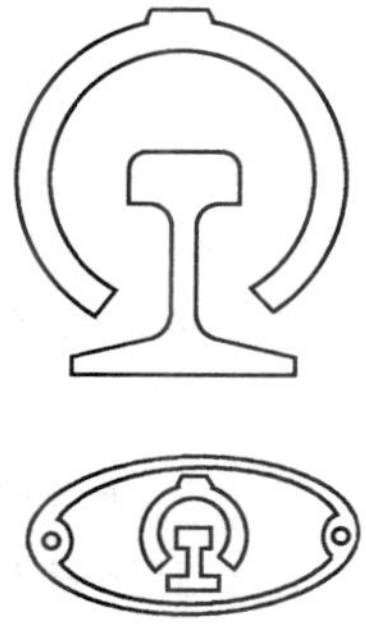

图 1-56 路徽及产权牌

⑥换长——经换算后车辆长度的标记，以车辆两端钩舌内侧 11 m 长的货车为一个换算单位。即：

$$换长 = \frac{两端钩舌内侧距离(m)}{11\ m}$$

⑦定期修理——标明客、货车辆修程和期限，包括厂修、段修、辅修和轴检。如图 1-57

所示。

线下面为厂修标记，线上面为段修标记，标记右端为近期段、厂修年月及施修单位，左端为下次段、厂修年月。以厂修为例，其中09.6表示下次厂修检修期限，04.6表示修竣日期，石厂表示工厂略号。对于厂修标记，客车涂刷在车端外墙板，货车涂刷在车体侧板左下方。辅修标记见图1-58。轴检标记见图1-59。

09.12	08.12	丰段
09.6	04.6	石厂

图1-57　厂修、段修标记

辅修	5.5	11.5	株

图1-58　辅修标记

5.7	2.7	丰

图1-59　轴检标记

对于辅修、轴检标记，客车涂打在制动缸侧面或副风缸附近，货车涂打在车体侧墙左下方。

(2)特殊标记

因车辆设有特殊设备或有应注意事项而涂刷的标记，称为特殊标记。

(MC)表示符合国际联运条件的货车。

(人)表示该车可以代替客车运送人员。

表示禁止通过机械化驼峰的车辆。

(特)表示可以装运坦克及特殊货物的车辆。

(卷)表示侧梁上装有卷扬机的挂钩，便于用机械设备移动的车辆。

(关)表示车辆活动墙板及其他活动部分翻下时超过机车车辆限界，必须关闭后方准运行。

表示在指定部位吊装作业。

另外还有装运指定货物品种的罐车专用标记，如“轻油罐车”、“粘油罐车”、“润滑油罐车”及“硫酸罐车”等。

环形色带，装运危险货物的罐车，在罐体两侧纵向中部涂一条宽300 mm表示货物主要特性的环形色带，红色表示易燃性，绿色表示氧化性，黄色表示毒性，黑色表示腐蚀性。

白色横线，在车体两侧墙中央涂宽200 mm的白色横线，表示救援列车的车辆。

4. 车辆方位

为了正确确定车辆配件故障的位置，便于进行修理，有必要统一规定车辆方向及配件位置的称呼。

车辆方位规定以制动缸活塞伸出的方向为第一位，另一端为第二位(对于多制动缸的车辆以装有人力制动机的一端为一位端)。在称呼左右对称的零件时应站在第一位车端面向第二位车端，从左到右依次由第一位车端数到第二位车端，如1位车轮、2位车轮、3位车轮等。非左右对称两侧的配件由第一位车端开始，依次数到第二位车端，如1位车钩、2位车钩，1位车轴、2位车轴、3位车轴、4位车轴等，如图1-60所示。

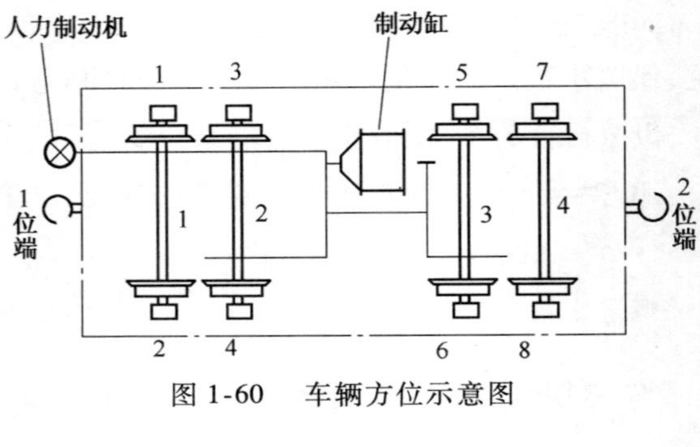

图1-60　车辆方位示意图

5. 车辆构造

铁路车辆类型较多，构造各不相同，但从结构原理分析，车辆一般均由车体、走行部、车钩缓冲装置、制动装置和车内设备五部分组成。

(1)车体：车体是旅客乘坐或装载货物的部分。车体由底架、端侧墙、车顶等组成，其结构与车辆的用途有关。P_{62}型棚车为载重 60 t 的全钢电焊结构货车，其车体结构如图 1-61 所示。车底架是车体的基础，它承受车体和所装载货物的重量，并通过上、下心盘将重量传给走行部；在列车运行时，它还承受机车牵引力和列车运行中所引起的各种冲击力等。货车车底架如图1-62所示。

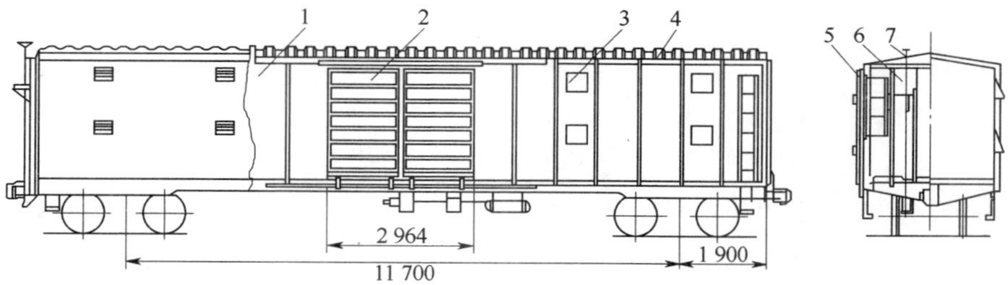

图 1-61 P_{62}型棚车(单位：mm)

1—侧墙；2—侧门；3—通风口；4—车顶；5—扶梯；6—端墙；7—人力制动机。

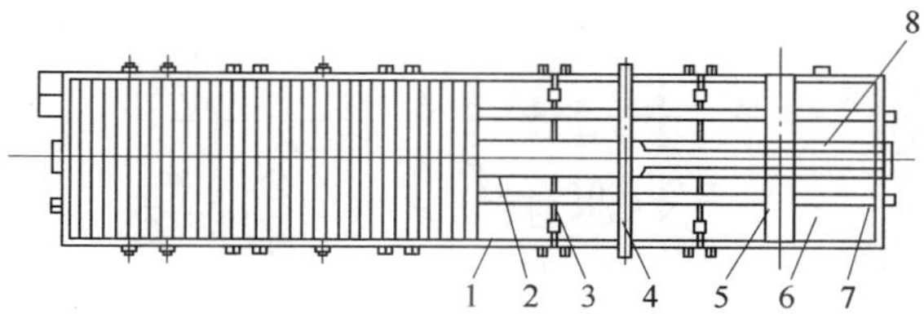

图 1-62 货车车底架

1—侧梁；2—中梁；3—小横梁；4—大横梁；5—枕梁；6—补助梁；7—端梁；8—牵引梁。

(2)走行部：走行部具有导向和传递重量两个作用。它应保证车辆以最小阻力在轨道上运行，并能顺利通过曲线。走行部是否能够保持良好状态，对于车辆能否安全、平稳、高速运行有很大影响。为使多轴车辆安全、灵活地在轨道上运行，将两个以上的轮对按规定的轴距(固定轴距)用专门的钢架连成一组，称为转向架，如图 1-63 所示。走行部由构架(或侧架)、轮对、轴箱、弹簧减振装置、摇枕等部分组成。

(3)车钩缓冲装置：车钩缓冲装置由车钩、缓冲装置两部分构成，它装在车辆两端两中梁端部。车钩缓冲装置的作用是使机车和车辆连挂在一起，并且传递牵引力和制动力，缓和列车运行或调车作业时所产生的冲击力。车钩缓冲装置如图 1-64 所示。

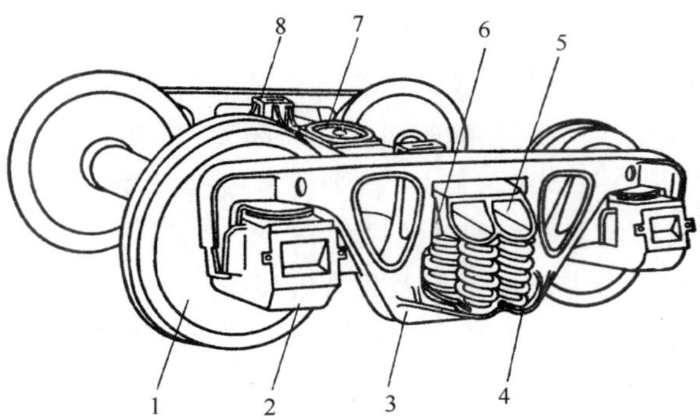

图 1-63 货车转向架示意图

1—轮对；2—轴箱；3—侧架；4—弹簧；5—摇枕；6—楔块；7—下心盘；8—下旁承。

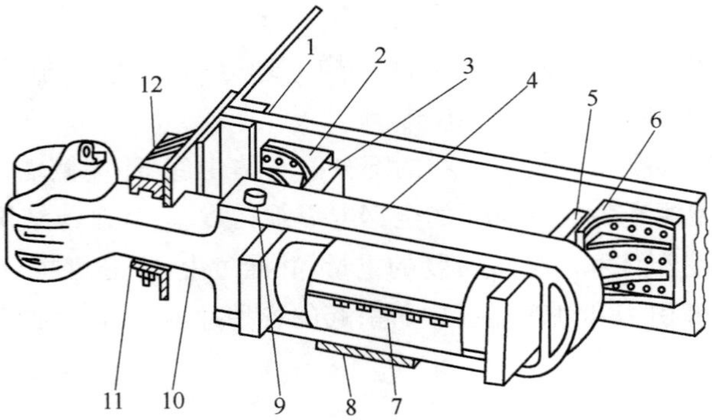

图 1-64　车钩缓冲装置

1—中梁；2—前从板座；3—前从板；4—钩尾框；5—后从板；6—后从板座；7—缓冲器；8—钩尾框托板；9—钩尾销；10—车钩；11—钩体托板；12—冲击座。

（4）制动装置：是外力迫使运行中的机车车辆减速或停车的一种设备。货车制动装置有空气制动机、人力制动机、脚踏式制动机和基础制动装置。货车 GK 型空气制动机如图 1-65 所示。

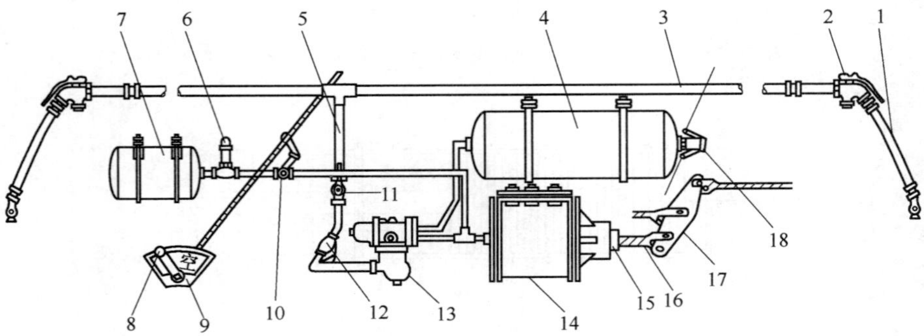

图 1-65　货车 GK 型空气制动机

1—软管；2—折角塞门；3—制动主管；4—副风缸；5—制动支管；6—空车安全阀；7—降压风缸；8—空重车调整手把；9—空重车指示牌；10—空重车转换塞门；11—截断塞门；12—远心集尘器；13—GK 型三通阀；14—制动缸；15—活塞杆；16—推杆；17—制动缸前杠杆；18—缓解阀。

随着车辆向大吨位、高速度方向发展，空气制动机中的三通阀已不能适应铁路运输事业发展的需要。为此，我国铁路已大量生产、装用新型空气制动机。新型空气制动机除增设一个工作风缸，用空气分配阀代替三通阀外，其余部分和上述空气制动机基本相同，如图1-66所示。

（5）车辆内部设备：指为旅客提供必要的乘车条件所配置的设备或为保证运输货物和货运人员的要求所配置的设备。

6. 货车定期检修及日常维修

货车定期检修的修程分为厂修、段修、辅修和轴检四级。

按厂修期限将车辆送到车辆修理工厂进行的定期检修称为厂修，厂修要求恢复车辆的基本性能，达到新车的水平。按段修期限将车辆送到车辆段进行的定期检修称为段修，车辆段修后，要求在其检修质量保证期内，各部位要保持良好状态。辅修主要是对制动装置、轴箱油润装置施行检修，并对其他部分做辅助修理。轴检是以轴箱油润装置为重点施行检修。货车辅修、轴检在站修所进行。

车辆定期检修竣工之后，为了明确检修责任，掌握检修周期，应在车辆规定处所涂刷定检标记。

货车日常维修主要由列车检修所（简称列检所）和站修所承担。

7. 扣修、回送货车色票的种类及作用

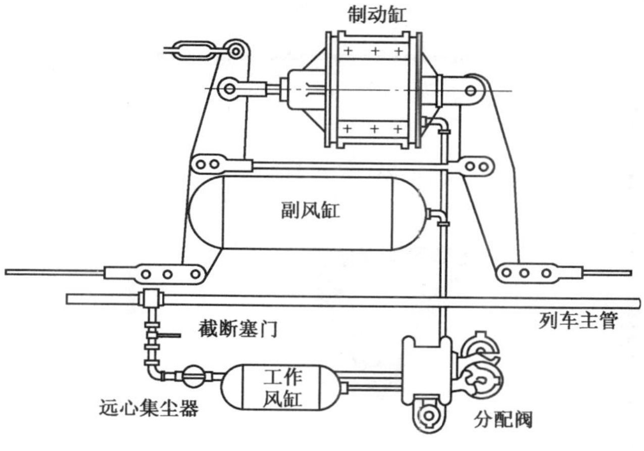

图 1-66　新型空气制动机

凡因车辆定期检修到期、过期或由于车辆发生故障和事故破损等，须从列车中摘下送往指定地点修理（称为扣修）时，应由列检所检车员填写规定格式的色票，插在车体两侧的色票插内，以便调车人员及时调送，防止误用而造成事故。

（1）送往修理专用线（站修线）进行辅修、轴检及临修的货车，填插红斜线色票（车统 16），如图 1-67 所示。

（2）凡定检到期或技术状态不良、修理程度较大，必须送往车辆段施修的车辆，应填插红色方块色票（车统 17），如图 1-68 所示。

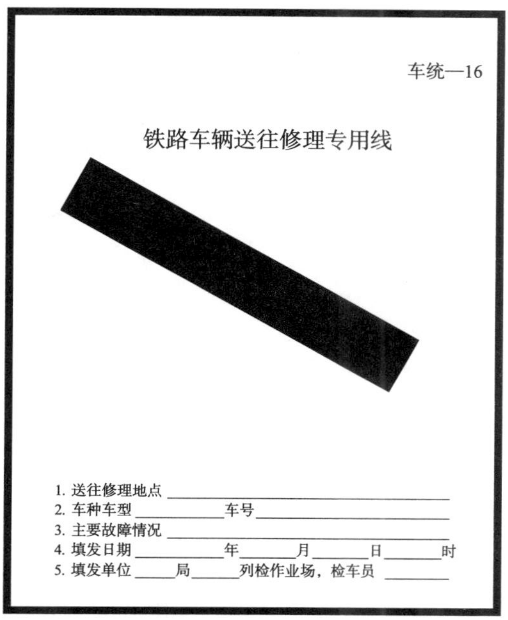
车统—16

铁路车辆送往修理专用线

1. 送往修理地点 ______
2. 车种车型 ______ 车号 ______
3. 主要故障情况 ______
4. 填发日期 ______ 年 ______ 月 ______ 日 ______ 时
5. 填发单位 ______ 局 ______ 列检作业场，检车员 ______

本色票除指定人员办理外，禁止其他人员插入或撤除。（规格：132mm × 210mm）

图 1-67　车统 16

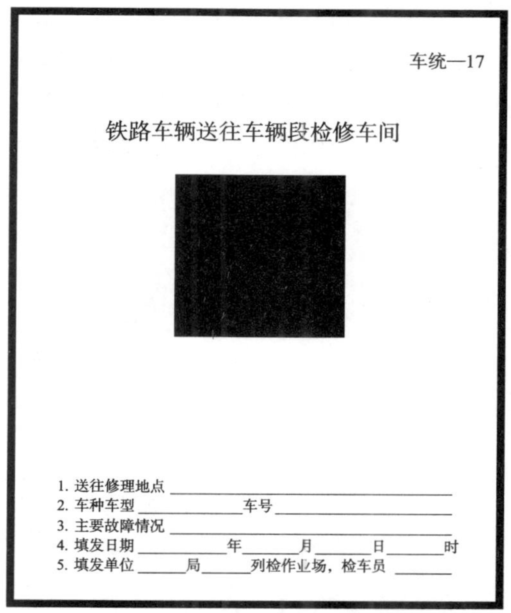
车统—17

铁路车辆送往车辆段检修车间

1. 送往修理地点 ______
2. 车种车型 ______ 车号 ______
3. 主要故障情况 ______
4. 填发日期 ______ 年 ______ 月 ______ 日 ______ 时
5. 填发单位 ______ 局 ______ 列检作业场，检车员 ______

本色票除指定人员办理外，禁止其他人员插入或撤除。（规格：132mm × 210mm）

图 1-68　车统 17

（3）凡厂修到期或事故破损较严重的车辆，必须送往工厂施修时，应填插红三角色票（车统 18），如图 1-69 所示。

（4）装载货物的重车技术状态不良，须摘车修理，但在检修前需要倒装时，应填插红“V”字形色票（车统 19），如图 1-70 所示。由车站负责倒装后，通知列检所，列检所将“倒装”色票撤去,更换相应的色票(车统16或车统17)。

车统—18

铁路车辆送往　　修理工厂

1. 修理工厂所在站________________
2. 车种车型________车号________
3. 主要故障情况________________
4. 填发日期______年____月____日____时
5. 填发单位____局____列检作业场，检车员____

本色票除指定人员办理外,禁止其他人员插入或撤除。（规格：132mm×210mm）

图 1-69　车统 18

车统—19

倒　　装

1. 送往修理地点________________
2. 车种车型________车号________
3. 主要故障情况________________
4. 填发日期______年____月____日____时
5. 填发单位____局____列检作业场，检车员____

本色票除指定人员办理外,禁止其他人员插入或撤除。（规格：132mm×210mm）

图 1-70　车统 19

凡填插色票车统16、车统17和车统18时,必须同时填发"车辆检修通知书(车统23)",办理扣车手续,经列检所、车站调度员(或车站值班员)双方签字,方可生效。此外,填插色票车统18时,除填发车统23外,还要填发"检修车回送单(车统26)",如图1-71所示,作为回送

(车统 26)

本单编制二份,一份留存,

一份随同车辆送至到达地点

第______号

检修车回送单

车种________车号________轴数________

发送局及站________________________________

到达局及站(车辆段或工厂所在站)________________________

经由分界站名________车辆应挂在列车中部或尾部________________

前回检修年月日处所及修程________________________

不良部位________________________________

填发日期　　　　年____月____日____时____分

车辆段印　段长________签字

车辆到达工厂或车辆段所在站的时间　　　　年____月____日____时____分

车站值班员________签字

车辆送到检修线的时间　　　　年____月____日____时____分

收车人________签字

图 1-71　车统 26

检修及统计的依据。

各种色票由当日值班列检人员办理插撤，其他人员不准任意插撤。在无列检人员的车站，如发现车辆故障时，车站应负责通知附近列检所，派人进行处理。

三、动车组

1. 动车组的基本概念

动车组是指由动力车和拖车或全部由动力车长期固定地连挂在一起组成的车组。动车组中有动力的车辆称为动车（用 M 表示，以下同），不带动力的车辆称为拖车（用 T 表示，以下同），列车两端都带有司机室，可在线路上往复运行。除高速铁路、城际客运、市郊客运运用的车组外，城市中的地铁列车和轻轨电车也属于动车组的范畴。

2. 动车组的分类

动车组按动力源可分为内燃动车组和电力动车组；按动力配置可分为动力集中式动车组和动力分散式动车组。

动车组动力分散配置有两种模式。一种是完全分散模式，即高速列车编组中的车辆全部为动力车，如日本的 0 系高速列车，16 辆编组中全部是动力车。另一种是相对分散模式，即高速列车编组中大部分是动力车，小部分为无动力的拖车，如日本的 100 系、700 系高速列车，编组 16 辆（12M +4T）；我国的“和谐号”动车组 CRH1 、CRH5 编组 8 辆（5M +3T），CRH2、CRH3 编组 8 辆（4M +4T）。

动力分散动车组具有牵引功率大，最大轴重小，起动加速性能好，可靠性高，列车利用率高，编组灵活，运用成本低等诸多优点，因此，动力分散动车组是当今世界铁路动车组，特别是高速动车组技术发展的方向。

3. 动车组的组成

（1）车体——动车组车体分为带司机室车体和不带司机室车体两种。

（2）转向架——动车组转向架分动力转向架和非动力转向架。

（3）连接、缓冲装置——连接缓冲装置可以实现机械连接、高压电器连接、辅助系统和列车供电连接以及控制系统连接，包括车钩、缓冲装置电气和空气装置。

（4）制动装置——动车组常采用电气制动与空气制动的复合制动。动车组制动系统包括动力制动系统（再生制动）、空气制动系统（包括风源）、电子防滑器以及基础制动装置等。

（5）车辆内部设备——车辆内部设备是指服务于乘客的车内固定附属装置。如车内电气、供水、通风、取暖、空调、座席、车窗、车门、行李架、旅客信息服务系统等。

（6）牵引传动系统——为动车组提供牵引动力，包括主电路、高压设备、受电弓、主断路器、其他高压设备、主变压器、牵引变流器、牵引电机以及电传动系统的保护等。

（7）辅助供电系统——指除为牵引动力系统之外的所有需要用电力的负载设备提供电能的系统，包括辅助供电系统和蓄电池系统。

4. 动车组的特点

相对于传统的机车车辆模式，动车组在旅客运输方面有着很多突出的优点。由于列车在运行中固定编组，车站折返或换向时无需摘挂机车，节约停站时间，提高列车使用效率，减少车站咽喉压力。在保证安全的前提下，可明显提高行车密度，提高整个铁路网的运输能力。

动车组的主要技术特点如下：

(1)头型流线化

随着列车运行速度的提高，周围空气的动力作用一方面对列车和列车运行性能产生影响，同时，列车高速运行引起的气动现象对周围环境也产生影响。

对于高速动车组来说，列车头型设计非常重要，好的头型设计可以有效地减少运行空气阻力、列车交会压力波和解决好运行稳定性等问题。

(2)车体结构轻量化

为了节省牵引功率，降低列车高速所引起的动力作用对线路结构、机车车辆结构产生的损伤以及提高旅客乘坐舒适度，需要最大限度地降低高速动车组的轴重。因此，世界各国高速列车车体的主要材料是铝合金和不锈钢，从发展趋势看，铝合金将成为动车组车体的主导材料。

(3)高性能转向架技术

提高列车运行速度首先遇到的问题是转向架运行平稳性和安全性，为了提高列车运行速度，高速转向架必须具有高速运行的稳定性，良好的曲线通过性能，满足乘客乘坐舒适度等特点。

(4)复合制动技术

高速列车的制动能量与速度的平方成正比，而目前传统的纯空气制动能力已不能满足需要。因此，高速列车必须采用能提供强大制动力，并能更好地利用黏着的复合制动系统。该复合制动系统通常由制动控制系统、动力制动、空气制动(包括盘形制动和踏面制动)系统、微机控制的防滑器和非黏着制动装置等组成。

(5)密接式车钩缓冲装置

目前世界各国高速列车(如日本、德国)普遍采用密接式车钩连接装置，该装置两车钩连接面的纵向间隙一般都小于2 mm，上下、左右偏移也很小，对提高列车的运行平稳性和电气线路、风管的自动对接提供了保证。

(6)交流传动技术

早期的电力牵引传动系统均采用交—直传动，用直流电动机驱动。由于直流电动机的单位功率重量较大，使高速列车既要大功率驱动又要减轻轴重，形成难以克服的矛盾。在交流传动系统中，交流牵引电动机具有结构简单、运行可靠、体积小、质量轻及造价低等一系列优点。另外，交流牵引电动机没有整流子结构对电动机功率的限制，牵引功率可以得到进一步提高。

(7)列车自动控制及故障诊断技术

列车自动控制系统对高速列车安全运行具有重要作用，世界各国在发展高速铁路时都十分重视它的研究和开发，很多国家为列车控制系统研制了多种基础技术设备，例如列车超速防护系统、卫星定位系统、车载智能控制系统、车载微机自动监测和诊断系统等。

目前在世界高速铁路上的自动控制方式主要分为两类。一类是以设备为主，人控为辅的控制方式，以日本新干线采用的ATC(列车自动控制)方式为代表。另一类是人机共用、人控为主的方式，以法国TGV高速列车为代表，主要采用TVM300型安全防护系统及改进的TVM430型安全防护系统，还有德国ICE高速列车采用的FRS速差式机车信号和LZB型双轨条交叉电缆传输式列车控制设备等。

(8)倾摆式车体技术

列车通过曲线时,未被平衡的离心加速度超过允许限度就会对乘客产生不舒适感。这种未被平衡的离心加速度与列车速度的平方成正比,由此限制了列车通过曲线时的速度。采用摆式车体技术的列车可以在既有线路条件下使列车通过曲线时的速度提高约30%。

5. 国内动车组的发展

20世纪末期,我国铁路各机车车辆工厂开始进行动车组的研究与开发,并在国内局部线路进行试制性运营。我国先后开发制造了"春城号"电动车组、"春光号"内燃动车组、"新曙光"内燃动车组、"神州号"内燃动车组、哈尔滨液力传动内燃动车组、160 km/h内燃摆式动车组、"普天号"内燃摆式动车组、"金轮号"双层内燃动车组、"蓝箭"电力动车组和"先锋号"电动车组。国内动车组的试制性运营取得了一定经验,为大规模动车组运营奠定了基础。

2004年10月,铁道部组织完成了140列时速200 km动车组采购项目合同签订,成功引进川崎重工、阿尔斯通和庞巴迪公司的先进技术。其中川崎重工和四方机车车辆股份公司合作生产60列;阿尔斯通和长春客车股份公司合作生产60列;青岛BSP(庞巴迪)股份公司生产20列(后来又增加20列)。2005年11月,铁道部又组织完成了60列时速300 km动车组采购项目合同签订,成功引进了西门子(与唐山机车车辆工厂合作)的高速动车组先进技术。同时,四方股份在2004年技术引进的基础上,也进行了动车组技术向300 km/h的提升。两次签订引进并合作生产280列高速动车组合同,全部命名为"和谐号"动车组。

高速动车组的引进,不仅仅是考虑到满足高速铁路动车组之需,更长远的目标是提高技术装备水平。因此,铁道部提出了"引进先进技术、联合设计生产、打造中国品牌"的总体要求,走市场换技术的路子,用较短的时间实现我国机车车辆工业的快速提升,引进动车组的九大关键技术。我国已从2007年起开始着眼于时速300 km客运专线建设需要,组织开发时速300 km动车组,并设计完成时速200~250 km、编组16辆的卧车动车组,逐步形成适应我国铁路客运需求的动车组系列产品,利用时速200 km动车组的技术平台,开发时速200 km新型提速客车,在"十一五"期间实现时速200 km动车组国产化。

目前我国动车组主要有CRH_1、CRH_2、CRH_3、CRH_5四种。其中CRH_3和谐号动车组运营时速已达到350 km,运行于我国的京津城际、武广和沪宁高速铁路上。

四、电气化铁路行车设备

采用电力机车牵引的铁路称为电气化铁路。电力机车是牵引动力,但其本身并不带有能源装置,需要由外界供给电能,因而必须在电气化铁道沿线设置一套完善的、不间断地向电力机车供电的设备,通常把这种设备构成的工作系统叫做牵引供电系统。电气化铁路由牵引供电系统和电力机车两大部分构成。

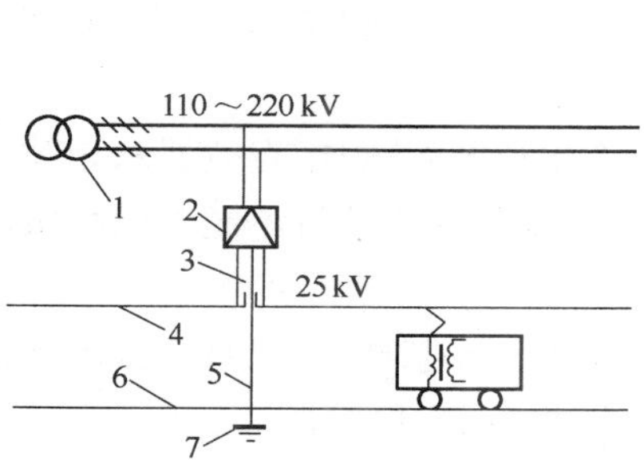

图1-72 牵引供电系统示意图

1—发电厂或电力系统;2—牵引变电所;3—馈电线;4—接触网;5—回流线;6—轨道;7—接地线。

1. 牵引供电系统

牵引供电系统主要由牵引变电所和接触网两部分组成,如图1-72所示。

(1)牵引变电所

①牵引变电所的任务

牵引变电所的任务是将三相高压交流电电压降低,同时以单相方式经馈电线送至接触网。电力系统或发电厂所输送的三相高压交流电(110 ~ 220 kV),经牵引变电所变压后降压至25 kV,然后分别接至牵引变电所两侧的接触网上。

②牵引变电所的设置

牵引变电所是沿电气化铁道线路布置的,每一个牵引变电所都有一定的供电范围。由于接触网导线存在电阻,所以供电距离不可过长,否则会使末端电压过低,影响供电质量;供电距离不宜过短,不然牵引变电所数目太多,也不经济。

③牵引变电所的设备

牵引变电所的设备除大功率降压变压器以外,还有将三相交流电变成单相交流电的电气接线以及各种高压开关电器,如隔离开关、油断路器、互感器等。这些设备一般都设在室外,用以闭合或分断电路,对电力系统起保护、控制和隔离的作用。为了使牵引变电所内各种电气设备正常运行,确保安全可靠地供电,各牵引变电所内还装有各种控制、监视、测量等仪表和各类继电保护装置。

(2)接触网

接触网的作用是直接与电力机车相接触,将牵引变电所输出的电能供给沿线运行的电力机车。接触网的工作状态直接影响到电气化铁路的可靠性。接触网导线距钢轨顶面的高度应保持在规定范围内最大高度不高于6 500 mm;在区间和中间站不低于5 700 mm;为保证作业人员的安全,在编组站、区段站和较大的中间站站场不低于6 200 mm;在同一地段,应尽量使接触网导线各点高度相等。架空式链型悬挂接触网结构如图1-73所示。

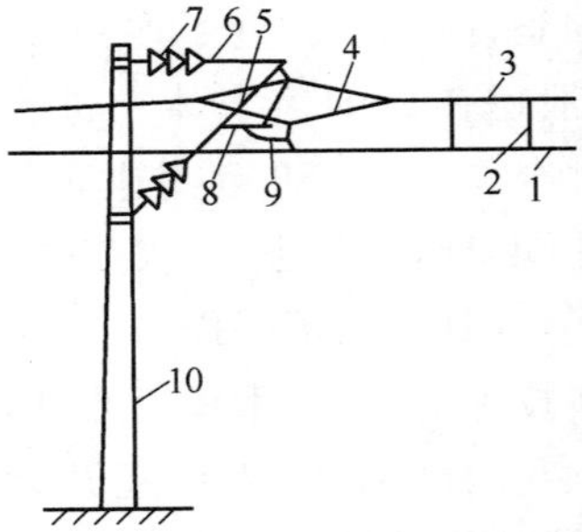

图1-73　架空式链型悬挂接触网结构示意图

1—接触导线;2—吊弦;3—承力索;4—弹性吊索;5—腕臂;6—拉杆;7—绝缘子;8—定位管;9—定位器;10—支柱。

接触网的组成:

①接触悬挂:包括承力索、吊弦、接触网导线。

②支持装置:包括腕臂、拉杆、绝缘子,用以支持接触悬挂并将其负荷传给支柱或其他建筑。

③定位装置:包括定位器和定位管,其作用是确定接触网导线的水平位置并使其保持稳定,以保证其水平位置不超出电力机车受电弓的工作范围(1 000 mm),使电力机车能够正常取流。

④支柱和基础:用以承受接触悬挂和支持装置等负荷,并将接触悬挂固定在规定高度。

2. 电分相、电分段

(1)电分相

牵引变电所采用异相供电时,两个供电臂上接触网的电压是不同相位的,所以,在这两个不同相的相邻接触网之间必须安设分相绝缘器,以保证安全供电,称为电分相。分相绝缘器一般由三块相同的玻璃钢绝缘件组成,安装情况如图1-74所示。

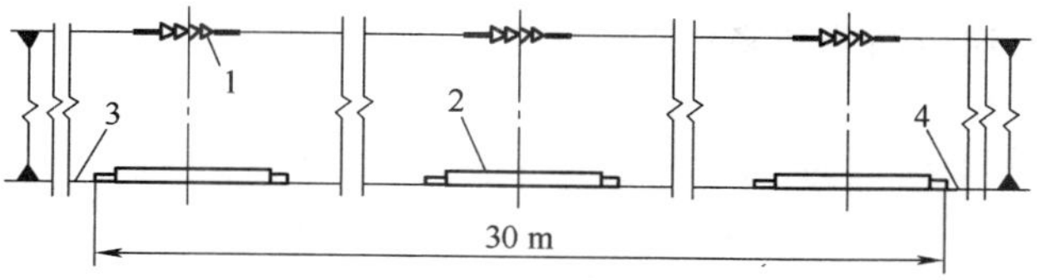

图 1-74 分相绝缘器

1—悬式绝缘子；2—玻璃钢绝缘子；3、4—带不同相电的接触导线。

(2)电分段

为使接触网承力索和接触网导线保持一定的张力和弛度，根据工作需要灵活地进行分段供电和断电，便于接触网检修和进行各种必要作业，以及在发生事故时缩小事故范围，增加供电的可靠性，在电气化铁路区段各车站的货物线、机车整备线以及电力机车库线等地，将接触网在电路上分成一个个独立的区段，称为电分段。在电分段处设有分段绝缘器和隔离开关。根据其设置的位置，又分为纵向电分段和横向电分段两种，如图1-75所示。

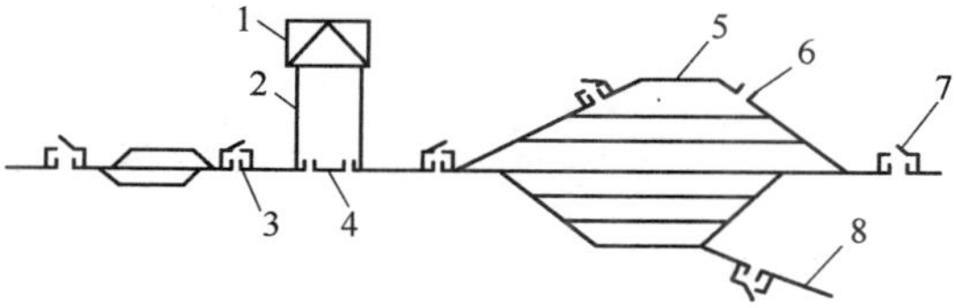

图 1-75 接触网分段示意图

1—牵引变电所；2—馈电线；3—纵向电分段；4—相间绝缘(分相绝缘器)；5—装卸线接触导线；6—横向电分段(分相绝缘节)；7—隔离开关；8—专用线接触导线。

接触网每隔 1 500 ~ 2 000 m 分为一段，叫做锚段。一个锚段的承力索和接触网导线在两端加以固定(下锚)并设置张力自动补偿器进行张力调整。这种分段又分为机械分段和电分段两种方式。机械分段的两锚段间互相不绝缘。电分段的两锚段间是互相绝缘的，一般设在车站两端，能对接触网起到纵向电分段的作用。

在车站的装卸线、专用线和段管线等线路上，为了停电进行装卸、机车整备等作业，在线路两端上空接触网上装设分段绝缘器，以对这些线路实行横向电分段。

在横向和纵向电分段处装有隔离开关，打开隔离开关后，股道或供电臂以远方向的接触网即停电。

第四节 驼 峰

驼峰是指将调车场始端道岔区前的线路抬至一定高度，形成一个凸起，如同骆驼的驼峰形状，辅以机车的推力将车列推至凸起(峰顶)最高点，利用车辆自身重力进行分解车列的一种调车设备。

一、驼峰概述

驼峰的范围是指峰前到达场(不设峰前到达场时为牵出线)与调车场头部之间的部分线段。

1. 驼峰的组成

驼峰由推送部分、溜放部分和峰顶平台 3 部分组成，如图 1-76 所示。

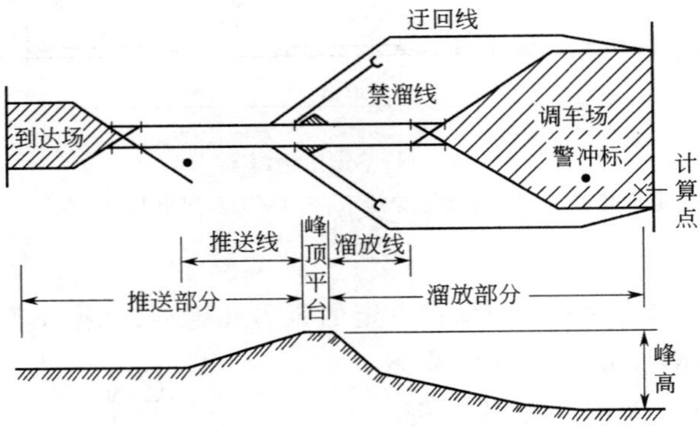

图 1-76　驼峰组成示意图

(1) 推送部分

推送部分是指经由驼峰解体的车列其第一钩车位于峰顶时车列全长所在的线路范围。其中，由到达场出口咽喉的最外警冲标（或牵出线终端）到峰顶平台始端间的线路叫做推送线。设置这一部分的目的是为了使车辆得到必要的高度，并使车钩压紧，便于提钩。

(2) 溜放部分

溜放部分是指由峰顶（峰顶平台与溜放部分的变坡点）至调车场头部各股道警冲标后计算停车点处的线路范围，这个长度叫做驼峰计算长度。驼峰计算停车点因驼峰调车场的调速制式不同，其位置也不相同。

(3) 峰顶平台

峰顶平台是指驼峰推送部分与溜放部分之间的一段平坦线路。峰顶平台包括压钩坡和加速坡两条竖曲线的切线长。不包括竖曲线的切线长时叫净平台，如图 1-77 所示。

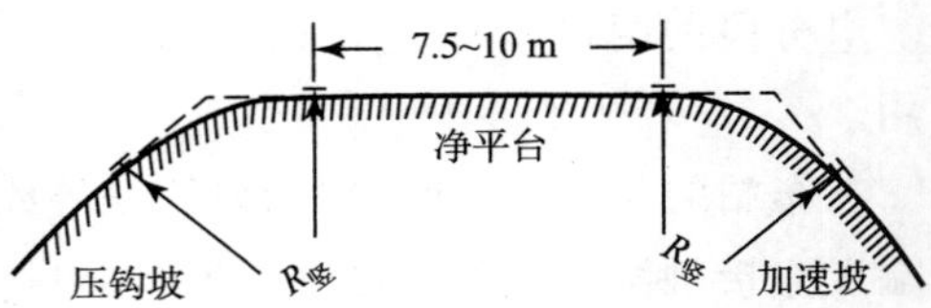

图 1-77　峰顶平台示意图

2. 驼峰的平面与纵断面

驼峰的平面与纵断面示意图如图 1-78 所示。

(1) 驼峰调车场头部平面布置

由推送线和溜放线组成的驼峰调车场头部，是列车解体作业的地点，为了提高驼峰解体作业效率和降低工程造价，对驼峰调车场的平面做了如下的布置：

①调车驼峰应根据改编作业量的大小、调车场股道的数量来确定推送线和溜放线数目。改编作业量较大的自动、半自动化驼峰一般均设计成两条推送线和两条溜放线，这样可以保证两台机车同时作业（双推单溜或双推双溜），并且当一条线路发生故障或维修时仍可不间断作业。

②为了缩短由峰顶至计算点的距离，调车场头部采用 6 号、6.5 号或 9 号单式对称道岔。

③调车场的线路一般采用对称的线束型布置，每线束内的调车线为 6 ~ 8 股，这样可使各

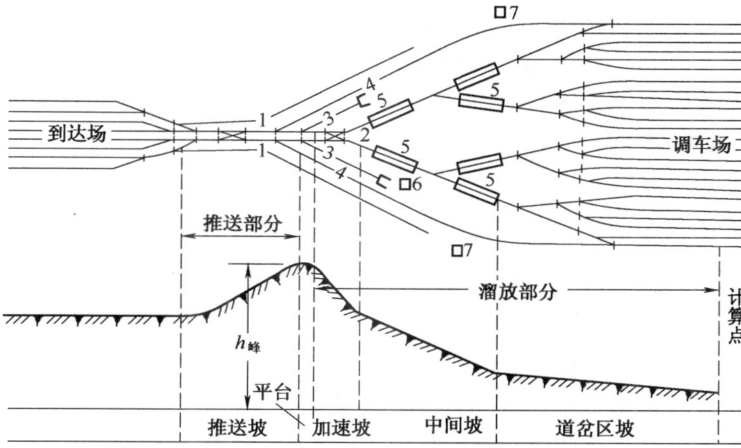

图 1-78 驼峰的平、纵断面示意图

1—联络线;2—溜放线;3—禁溜线;4—迂回线;5—减速器;6、7—信号楼。

股道的溜放阻力差别不大。

④为了在解体过程中暂时存放禁止从驼峰溜放的车辆,在推送线靠近驼峰的地方,应铺设禁溜线。禁溜线与推送线衔接的道岔应靠近峰顶,以便于取送禁溜车。

⑤为了将不能经由驼峰溜放或不能通过车辆减速器的车辆推送到调车场内,在禁溜线附近设有迂回线,它绕过驼峰直接与调车场最外侧的线路连接,以便由峰顶直接将禁溜车送至调车场。

(2)驼峰的纵断面

①推送部分:设置该部分的目的是使车辆得到必要的高度(具有位能)并使车钩压紧,便于摘钩。该部分一般设两个坡段:推送坡——坡度较缓,一般不大于 2.5‰;压钩坡——坡度应不小于 5‰,以保证车钩压紧便于摘钩,但坡度最陡不应大于 15‰,以防断钩。

②溜放部分:设置这一部分的目的是在不违反安全规定的条件下,提高驼峰改编能力。该部分纵断面由加速坡、中间坡、道岔区坡组成。加速坡是溜放部分最陡的一段,设置该段可加速钩车的溜放速度,该段坡度一般为 40‰ ~ 50‰;中间坡应保证难行车因制动停车后能自行起动,一般为 9‰ ~ 12‰;道岔区坡应保证在有利的条件下溜放的易行车,经下部制动位制动后向调车场的计算点溜行时不再加速,其坡度一般为 1‰ ~ 3‰。

③峰顶平台:峰顶平台是驼峰推送部分和溜放部分之间的一段平坡线段。峰顶平台的用途是连接推送部分和溜放部分,防止解体作业中发生车辆断钩、脱钩,并保证不致降低驼峰的高度。峰顶平台的净长(不包括竖曲线的切线长)一般采用 7.5 ~ 10 m,以满足禁溜线在峰顶出岔时设置尖轨或辙叉的长度需要。

3. 驼峰的分类

(1)驼峰根据设备条件不同,可分为简易驼峰、非机械化驼峰、机械化驼峰、半自动化驼峰和自动化驼峰。

①简易驼峰

简易驼峰一般是利用原有梯形布置调车场抬高平面牵出线修建起来的，到发场与调车场横列布置。虽然驼峰平、纵断面并不完全合理，但它设备简单、投资少、修建快、调车效率和安全性都比平面牵出线要好。简易驼峰道岔控制采用集中或非集中操纵；制动工具主要采用铁鞋。一般设在调车线不少于5条、每昼夜解体车数不小于200辆的区段站和类似区段站的车站上。

②非机械化驼峰

非机械化驼峰的调车场头部大多采用对称形线束，峰下道岔控制采用电气集中或自动集中，制动工具采用制动铁鞋。一般设在调车线少于16条（在我国南方地区少于20条），每昼夜解体车数小于2 000辆的中、小型编组站上。非机械化驼峰较简易驼峰溜放坡度设计合理、峰高较高、道岔区长度较短，但因为该类驼峰未设置车辆减速器，在道岔区内不能调整车组间隔，因此推峰速度较慢，限制了驼峰的改编能力。非机械化驼峰平面布置如图1-79所示。

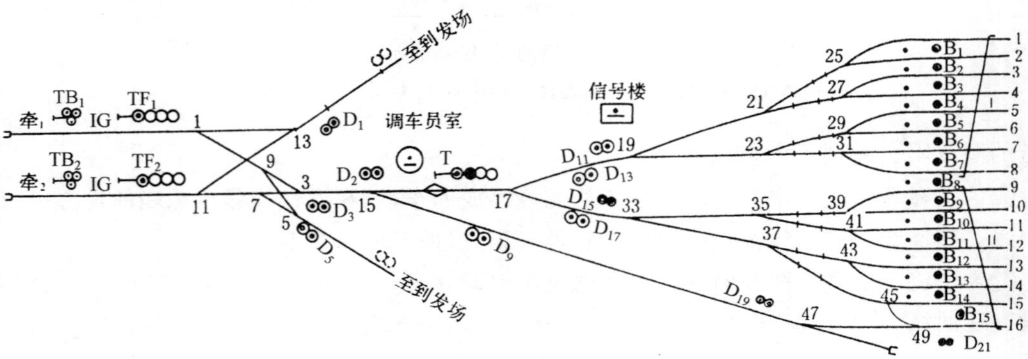

图1-79　非机械化驼峰平面示意图

③机械化驼峰

机械化驼峰在调车场头部采用对称线束布置，其溜放部分设置车辆减速器调速，调车线内采用铁鞋制动或减速顶调速，峰下道岔采用自动集中控制车辆溜放进路。一般设在调车线数量不少于16条（在我国南方地区不少于20条），每昼夜解体车数不小于2 000辆的大、中型编组站上。机械化驼峰平面布置如图1-80所示。

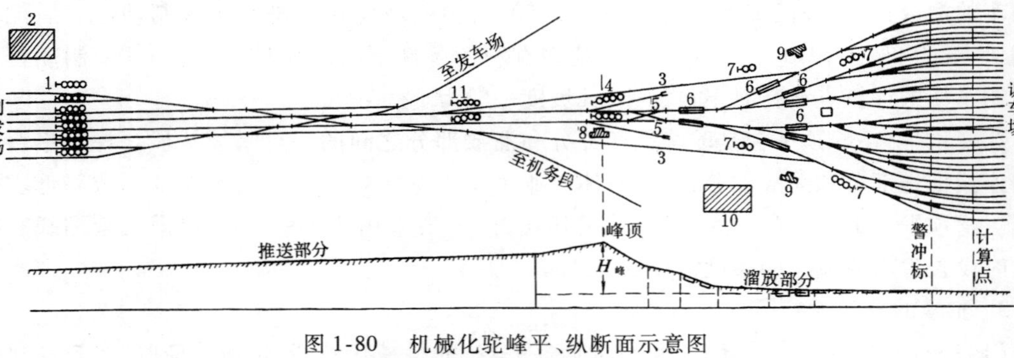

图1-80　机械化驼峰平、纵断面示意图

1—驼峰辅助信号机；2—到达场信号楼；3—迂回线；4—驼峰信号机；5—禁溜线；
6—车辆减速器；7—调车信号机；8—指挥信号楼；9—执行信号楼；
10—车站调度室；11—驼峰复示信号机。

④半自动化驼峰

半自动化驼峰是分路道岔仍采用驼峰自动集中控制，减速器出口速度人工预定，采用半自动控制的驼峰。半自动化驼峰是在机械化驼峰的基础上，又在调车线上增设一个或两个制动位，同时增设测长、测速等设备和半自动控制机形成的。由于车辆减速器的出口速度是人工给定的，而车辆减速器的制动及缓解是由控制机自动控制的，所以称为车辆溜放速度半自动控制。

⑤自动化驼峰

自动化驼峰除有更合理的线路平、纵断面外，还在半自动化驼峰的基础上增设了驼峰调车机车推峰速度自动控制设备、车辆溜放进路自动控制设备、车辆溜放速度自动控制设备、系统控制计算机等，调车线内采用减速顶或绳索牵引小车，组成计算机控制的点连式调速系统。实现调车机车推峰速度、车辆溜放进路、车辆溜放速度自动控制。

(2)按照每昼夜解体能力不同，可分为大能力驼峰、中能力驼峰和小能力驼峰。

①大能力驼峰

大能力驼峰每昼夜解体能力 4 000 辆以上，调车线不少于 30 条，设有溜放进路自动控制系统、钩车溜放自动调速系统及推峰机车遥控系统。

②中能力驼峰

中能力驼峰每昼夜解体能力 2 000 ~ 4 000 辆，调车线 17 ~ 29 条，设有溜放进路自动控制系统、钩车溜放自动或半自动调速系统及推峰机车遥控系统。

③小能力驼峰

小能力驼峰每昼夜解体能力 2 000 辆以下，调车线 16 条及以下，应配有溜放进路自动控制系统，宜配有钩车溜放半自动调速系统及推峰机车信号。有条件时可采用推峰机车遥控系统、钩车溜放自动或半自动调速系统。

二、驼峰室外设备

1. 线路设备

推送线、溜放线、停放禁止溜放和不准通过驼峰车辆的禁溜线以及向调车场推送车辆的迂回线一般均设两条，调车线采用 6 号、6. 5 号或 9 号对称道岔，按线束布置。

2. 转辙机及道岔操纵设备

(1)驼峰调车场峰上道岔采用普通转辙机，峰下分路道岔要求其动作迅速、安全可靠，均采用拉力较大的快动转辙机。转辙机有电动和电空两种类型。有风压设备的驼峰调车场应尽量使用电空转辙机。

(2)驼峰溜放进路控制主要是对分路道岔的控制，为了提高解体作业效率，驼峰溜放作业不能像继电集中那样“一次排出”进路，而应在各车组保持适当间隔的条件下自峰顶向编组线连续溜放。为此，各车组的溜放进路应“分段排出”，即将溜放进路按分路道岔分成段数，每段中只包含一组分路道岔，随着车组的下溜，各分路道岔按进路要求“分段转换”。分路道岔应在前行车组出清该道岔区段，本钩车组即将占用之前及时转换到进路要求的位置，如不及时转换，车组将溜错股道。可见，准确掌握分路道岔的转换时机，是实现连续溜放的关键，因此普遍采用驼峰道岔自动集中。

驼峰道岔自动集中预先储存各车组的溜放进路命令，溜放时再依次输出和传递进路命令，自动控制分路道岔的转换，为各溜放车组逐段排列溜放进路。采用驼峰道岔自动集中后，不再临时为车组准备溜放进路，可清除人为差错，显著提高作业效率，改善作业人员的劳动条件。

3. 轨道电路

轨道电路分为峰上轨道电路、峰下分路道岔轨道电路、编组线警冲标区段轨道电路三种。

(1)峰上轨道电路。驼峰峰上轨道电路用于驼峰推送线，与迂回线、禁溜线连接的咽喉区，采用交流连续式轨道电路。

(2)峰下分路道岔轨道电路。峰下分路道岔轨道电路应以一个道岔划为一个区段，并使之尽量缩短，以缩短车组间隔，提高解体作业效率。

(3)编组线警冲标区段轨道电路。该轨道电路是为检查溜放车辆是否进入警冲标内方的编组线，在警冲标外方 3.5 m 至最后分路道岔的尾部绝缘间设的轨道电路。可以两股道合用一个轨道电路区段，也可以每股道各设一个。

4. 车辆限界检查器及挡车设备

(1)限界检查器是检查车辆下部是否侵入车辆减速器限界的设备，以确定该车辆是否能通过车辆减速器。若不符合要求不准溜放，以免撞坏车辆减速器。凡装设车辆减速器的驼峰调车场，其每条推送线距峰顶 80～100 m 处设车辆限界检查器。

(2)挡车设备是指设在驼峰调车线尾部的停车设备。目前采用的类型有停车顶和停车器等。

5. 信号设备

为了指挥调车作业，在驼峰范围内设有很多信号设备。有关信号的设置位置如图 1-81 所示。

(1)驼峰主体信号机

驼峰主体信号机是用来指挥驼峰调车机车进行作业的信号机，每条推送线设一架，位于峰顶平台与加速坡连接处的峰顶线路最高处，以保证有足够的显示距离，如图 1-81 所示的 T_1、T_2。驼峰信号机采用高柱、双机构、四灯七显示。驼峰信号机上还装有电铃，当驼峰信号机由开放转为关闭时，电铃短时鸣响，提醒连结员停止提钩；如在推峰过程中碰倒限界检查器，除关闭驼峰信号机外，电铃也发出音响警报。此外，每架驼峰信号机的前方，在其推送线的左侧适当地点，设有能关闭该信号机的按钮柱。当发现危及作业安全时，连结员能及时关闭驼峰信号。

在推送车列进行解体作业时，由于司机瞭望信号不利，所以在峰前到达场，每条到发线靠近驼峰调车场的一端，应装设驼峰辅助信号机。驼峰辅助信号机对到达场的列车起停车信号的作用，同时通过其显示指挥调车机车进行预先推送作业或允许推送作业。

根据驼峰和到达场的具体情况，有的还设有驼峰复示信号机。它平时无显示，当驼峰辅助信号机开放后，复示其各种显示。

设有车辆减速器的驼峰，应在驼峰信号机前适当地点装设车辆减速器的限界检查器。超限车辆通过时，应使驼峰信号机自动关闭，并在控制台上发出相应的表示及音响信号，同时也向峰顶发出音响信号。

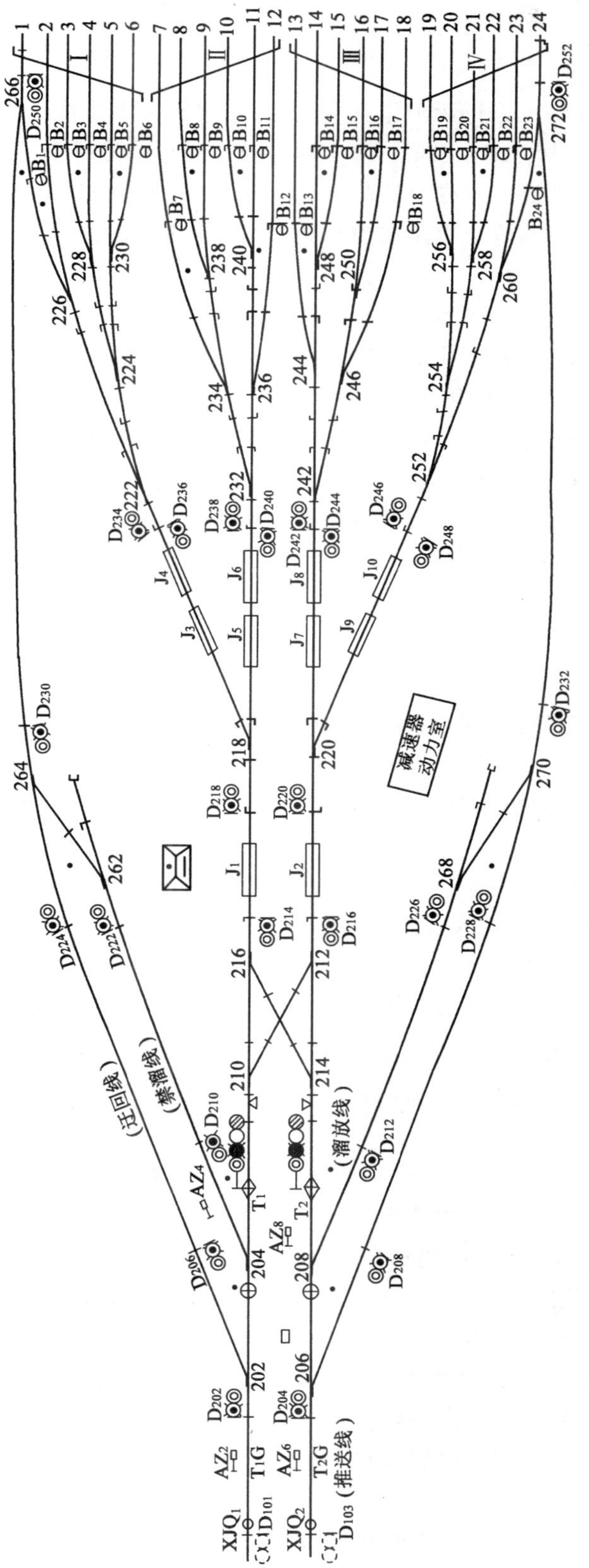

图 1-81　驼峰信号平面布置图

(2)调车信号机

①峰上调车信号机

为了指挥驼峰机车在峰上进行调车作业(如经迂回线向调车场推送禁溜车等),特设峰上调车信号机,如图1-81中D_{218}、D_{220}、D_{234} ~ D_{252}等。峰上调车信号机设置原则同6502电器集中,当它们开放时,与峰上进路实现必要的联锁关系,采用进路分段解锁方式。D_{214}和D_{216}虽设于峰下,但当它们开放时,也与峰上进路实现必要的联锁关系,因此也属于峰上调车信号机。

②峰下线束调车信号机

为了指挥驼峰机车在峰下调车线之间转线和指示机车上、下峰,在每个线束头部均设有线束调车信号机。线束调车信号机因作业单纯,且分路道岔均设岔前保护区段,因此采用较简单的进路一次解锁方式。如图1-81中D_{202}、D_{206}、D_{208}等。

当一个线束内有两台机车在峰下作业,难以区分指示哪台机车作业或在编组线上瞭望线束调车信号机困难时,可在各编组线上设线路表示器。线路表示器平时灭灯,当线束上峰调车信号机开放时,根据道岔开通位置,该有关线路表示器显示一白色灯光。

三、驼峰调速设备

1. 调速设备的分类

(1)按调速功能分类

①减速设备。在钩车溜放过程中,减速设备用以消耗钩车的能量而使车辆减速。如钳夹式车辆减速器、减速顶等。

②加速设备。在钩车溜放过程中,加速设备给予钩车能量使其加速。如钢索牵引推送小车、加速顶等。

③加减速设备。加减速设备是兼有加速和减速功能的设备,如加减速顶等。

(2)按制动方式分类

①钳夹式车辆减速器。钳夹式车辆减速器借助于车轮两侧制动夹板上的水平方向制动力对车轮施加压力而产生摩擦力。如T·JK、T·JK_{2A}、T·JY_3型减速器等。

②非钳夹式车辆减速器。非钳夹式车辆减速器的制动力由减速器内部部件的摩擦、感应电流或其他方式产生。属于此类减速器的有橡胶轨式、螺旋滚筒式、电磁式和减速小车等。

2. 车辆减速器

车辆减速器是驼峰主要调速设备,应用最为广泛。其特点是设备集中,调速能力大。通常一台车辆减速器不到10 m长,可消耗车辆1 m以上的能高,即可使15 km/h的车组停住。我国的车辆减速器均为钳夹式,制动时制动钳带动制动梁,制动夹板夹住车轮侧面,依靠摩擦力使车辆减速。其优点是简单、耐用、耗能少。缺点是制动力不够稳定。

(1)钳夹式车辆减速器的分类

①按制动力来源可分为重力式和外力式。重力式车辆减速器的制动力来自车辆本身的重量,其制动力与车重成正比,如T·JY_3型车辆减速器。外力式车辆减速器的制动力由外部能源提供(如压缩空气),可通过调节风压改变对车辆进行制动的制动力,如T·JK型车辆减速器。

②按动力系统可分为液压型、空压型和电动型。即车辆减速器的动力可以用压力油、压缩

空气或电机拖动。液压传动动作快，有利于自动控制，油缸、换向阀有自动润滑功能，较易做到无维修化；缺点是压力高，要求有良好的密封性能，管道和油液清洁，以免油液外泄和液压阀卡阻。风压传动压力较低，技术要求可相应降低，但传动反应较慢、效率低、消耗多。电机拖动动作慢，锁闭困难，耗电多，但无需空压站或液压站，结构简单，投资少。

③按作业要求可分为间隔制动和目的制动两类。间隔制动车辆减速器用于第Ⅰ、第Ⅱ制动位，主要负担间隔调速制动，以确保分路道岔转换，防止后钩车进入异线或与前钩车冲撞，使溜放车组速度不超过第Ⅲ制动位车辆减速器入口速度要求。在第Ⅲ制动位失效的情况下，第Ⅱ制动位还兼有目的制动功能。第Ⅲ制动位主要担负目的调速制动，使溜放车组与停留车安全连挂。有的调车场还设有第Ⅳ制动位，其作用是与第Ⅲ制动位配合，完成目的制动。目前生产和使用的车辆减速器，间隔制动多采用 T · JK_{3A} 或 T · JY_{3A} 型，目的制动多采用 T · JK_{2A} 或 T · JY_{2A} 型。车辆减速器设置地点如图 1-82 所示。

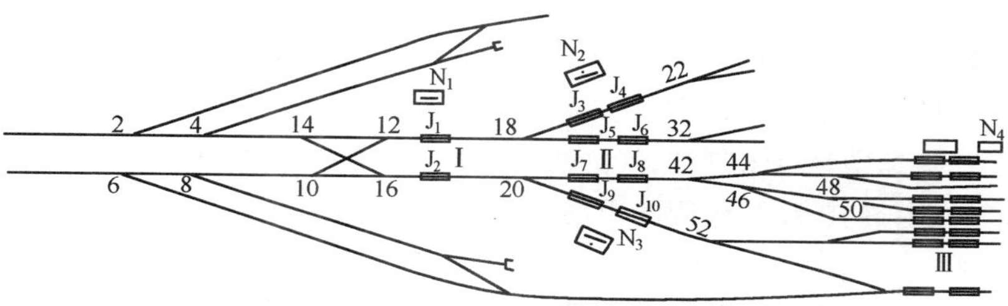

图 1-82　车辆减速器设置地点示意图

(2)外力式车辆减速器

T · JK 型车辆减速器是以压缩空气为动力的钳夹式车辆减速器。这种车辆减速器通过压缩空气进入制动缸推动活塞连杆、制动梁，抬起并合拢制动夹板，对车轮产生侧压力，使车辆减速，其制动力的大小，可通过控制进入气缸的空气压力调节。T · JK 型车辆减速器共分为Ⅰ、Ⅱ、Ⅲ、Ⅳ级制动，其空气压力分别为 2.0、3.5、4.8、6.0 个大气压。T · JK 型车辆减速器构造及原理如图 1-83 所示。

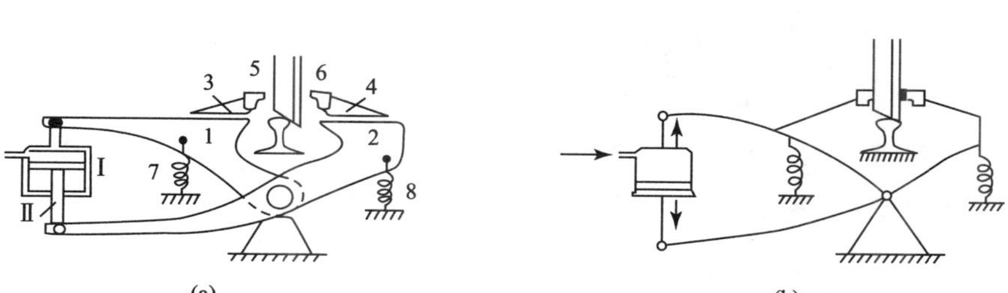

图 1-83　T · JK 型车辆减速器构造及原理示意图

1、2—钳形杠杆；3、4—制动梁；5、6—制动夹板；7、8—拉伸弹簧和压缩弹簧。

(3)重力式车辆减速器

重力式车辆减速器按可浮动基本轨及制动夹板起落的动力不同，又可分为以下三种：

①液压重力式车辆减速器，如 T · JY_2、T · JY_{2A} 型。

②气动重力式车辆减速器，如 T · JK_2、T · JK_{2A} 型。

③液压、气动两用重力式车辆减速器，如 T·JK_3、T·JY_3型。

T·JK_3型车辆减速器是空压型重力式车辆减速器，它利用被制动车辆的重量，通过浮动的基本轨和制动钳的传递，使安装在制动钳上的制动梁对车轮两侧产生压力，对车辆进行制动而减速。它主要由制动钳组件、制动轨、浮动基本轨、工作气缸及其驱动的四连杆机构和整体道床组成。该型车辆减速器只有“制动”和“缓解”两个操作按钮，制动力的大小主要靠车辆自身的重量进行调整，其结构和制动原理如图 1－84 所示。

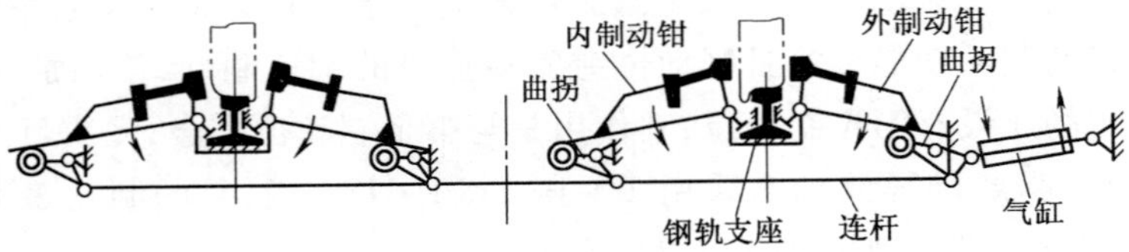

图 1-84　T·JK_3型车辆减速器结构示意图

在缓解位置，压缩空气未进入气缸，装在基本轨两侧的制动轨之间的开口大于车轮厚度，这时车辆通过，车辆减速器不起作用。

在制动位置，压缩空气进入气缸，气缸活塞通过活塞杆将曲拐和连杆推到制动位置，使内、外制动钳制动轴向上旋转，制动轨间的距离缩小到小于车轮厚度，这时车辆减速器准备对进入的车辆进行制动。

在工作位置，车辆进入制动状态的车辆减速器后，车轮将制动轨间的开口挤开到车轮的厚度 。这时内外制动钳以曲拐滚轮为支点，连同制动轴及钢轨承座同时向上抬升，迫使基本轨浮起。压在其上的车轮的重力经内、外制动钳的杠杆传递，使制动轨对车轮产生侧压力进行制动。

T·JY_3型是液压型重力式车辆减速器，其结构和工作原理与 T·JK_3型完全相同，只是将气缸改成油缸。

我国钳夹式车辆减速器主要性能见表 1-6。

表 1-6　钳夹式车辆减速器主要性能

减速器类型	气动钳夹式				液压钳夹式			
	T·JK	T·JK_2	T·JK_{2A}	T·JK_3	T·JY_1	T·JY_2	T·JY_{2A}	T·JY_3
用途	间隔	目的	目的	间隔	目的	目的	目的	间隔
动作原理	双轨气动 外力	双轨气动 重力	双轨气动 重力	双轨气动 重力	双轨液压 重力	双轨液压 重力	双轨液压 重力	双轨液压 重力
制动调整等级	4 级	连续	连续	连续	连续	连续	连续	连续
减速器有效制动长度(m)	$1.8n$	$1.2n$	$1.2n$	$1.2n$	$1.2n$	$1.2n$	$1.2n$	$1.2n$
制动时夹板高外侧/内侧(mm)	80/83	70/80	70/80	70/80	85/85	72/80	72/80	72/80
制动能高(m)	1.05	0.86	0.86	1.05	0.70	0.86	0.86	1.05
单位制动能高(m/m)	0.117	0.120	0.120	0.125	0.093	0.120	0.120	0.125

续上表

减速器类型		气动钳夹式				液压钳夹式			
		T · JK	T · JK_2	T · JK_{2A}	T · JK_3	T · JY_1	T · JY_2	T · JY_{2A}	T · JY_3
单位制动能高用钢量(t/m)		20.6	6.0	6.2	7.0	14.3	6.0	6.2	7.0
制动时间(s)	制动	0.6 ~ 1.0	0.6	0.6	0.8	<0.9	<0.9	<0.9	<0.9
	全制动	1.4							
缓解时间(s)	缓解	0.8 ~ 1.23	0.5	0.4	0.5	0.25 ~ 0.4	<0.4	<0.4	<0.4
	全缓解	1.94	0.9	0.6	0.9	<0.8	<0.8	<0.8	<1.15
制动时最大入口速度(m/s)		7.0	7.0	7.0	7.0	6.5	7.0	7.0	7.0
工作压力(MPa)		0.7	0.5 ~ 0.8	0.5 ~ 0.8	0.6 ~ 0.8	6.3 ~ 7.0	6.0 ~ 6.6	6.0 ~ 6.6	6.3 ~ 7.0
单位能高制动缓解一次耗电量(W · h)		131	31		33	37	29		24
使用范围		曲、直线	直线	直线	直线	直线	直线	直线	直线
单位制动能高减速器价格比		2.7	0.96	1.0	1.5	1.7	0.92	0.90	1.45

注:①n 为减速器节数,n = 3、4、5、6、7;

②T · JK 型单位制动能高 0.117 m/m 是对 80 t 重车制动能高实测值的平均数,其余各型为实测钩数 90% 以上大于设计值;

③单位能高价格比是以 1991 年底 T · JK_{2A} 型减速器消耗每米能高销售价格为 1 的比值;

④单位能高制动缓解一次耗电量是按Ⅲ级制动耗风量计算。

3. 减速顶

减速顶是一种不需要外部能源的自动控制车辆溜放速度的调速工具。目前广泛采用的主要有双向减速顶、单向减速顶、加速顶、可锁闭式加减速顶、可控顶等。

(1)减速顶

我国采用的减速顶由壳体和吸能帽两大部分组成。吸能帽安装在壳体内,壳体用螺栓紧固在钢轨的内侧或外侧,吸能帽由一个滑动圆筒和一套活塞组件组成,其内有速度阀和压力阀,在吸能帽的上腔充有油液和氮气。减速顶安装在钢轨内侧或外侧,安装在钢轨内侧的减速顶,叫内侧顶(如 T · DJ 型),安装在钢轨外侧的减速顶,叫外侧顶(如 T · DW 型)。T · DJ 型减速顶吸能帽斜对车轮的轮缘部分,其构造及安装位置如图 1 – 85 所示 。

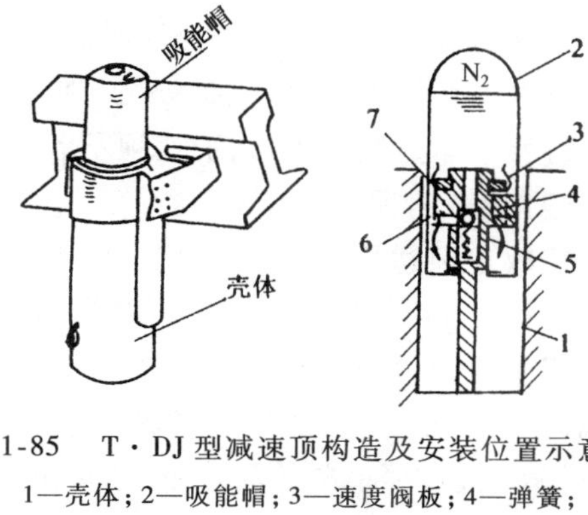

图 1-85 T · DJ 型减速顶构造及安装位置示意图

1—壳体;2—吸能帽;3—速度阀板;4—弹簧;5—安全阀;6—回程阀孔;7—回程阀板。

减速顶滑动油缸内部充以一定数量的液压油和氮气,它不需外部能源和检测控制设备,仅靠本身液压回路工作。当车速超过临界速度(根据不同的安装地点,设置不同的临界速度;连挂区的临界速度铁道部规定为 4 km/h ±1 km/h),车轮压减速顶时,减速顶吸收其动能,起到减速作用;否则,减速顶不起作用。单个减速顶制动能力不大,只有大量使用才能实现有效的制动,若有个别失效不会使车组失控。

①低于临界速度时

当车辆溜放速度低于减速顶调定的临界速度时,滑动油缸被车轮压下的速度相对较低,上腔产生的流量较小,其中通过速度阀环形缝隙流向下腔的流量只能产生较小的压差,速度阀板所受的液压力不足以克服支撑弹簧的顶压力,所以速度阀保持开启状态。同时由于下腔活塞杆占有一定体积,上腔油液不能完全被下腔容纳,多余部分的油液迫使上腔氮气压缩。由于油液流过速度阀时产生的阻尼很小,因此,减速顶基本不对车辆起减速作用。

②高于临界速度时

当车辆溜放速度高于减速顶调定的临界速度时,滑动油缸被车轮压下的速度相对较高,上腔产生的流量较大,其中通过速度阀环形缝隙流向下腔的流量能产生较大的压差,速度阀板所受的液压力足以克服支撑弹簧的顶压力,迫使速度阀迅速关闭。滑动油缸继续下滑产生的全部流量迫使上腔氮气急剧压缩,使压力迅速升高,直至将压力阀打开。此时油液以一定压力通过压力阀流到下腔而消耗功,因此,减速顶对车辆起减速作用。

③回程时

当车轮通过滑动缸最高点之后,滑动油缸由于上腔中被压缩的氮气膨胀而向上回升。下腔油液通过活塞杆的过流孔返回上腔,同时带动回程阀板靠向活塞的下端面将孔堵小起阻尼作用,使滑动油缸慢速回升。

(2)加减速顶

为适应我国铁路部分既有驼峰编组站车场坡度较缓的现状,我国研制成功了既能减速又能加速的连续调速工具——可锁闭式加减速顶,有效解决了车场内目的制动。可锁闭式加减速顶是由可锁闭式减速顶、压缩空气控制阀及加速顶三部分共同组成,以空气压缩机作为动力源,减速顶和加速顶成对安装在钢轨轨腰上。

加减速顶工作原理:

①当车辆溜放速度低于临界速度时,减速顶活塞杆的压力小(300 ~ 700 N),活塞杆控气阀向下移动直至顶住下阀芯,但活塞杆的压力不足以克服组合弹簧的力。所以控气阀停留在中间位置,使压缩空气进入加速缸起加速作用。

②车辆溜放速度高于临界速度时,减速顶起减速作用。活塞杆的压力大(15.5 kN 以上),推动控气阀下移,使组合弹簧压缩,控气阀封死压缩空气进入口,加速顶不起加速作用。

(3)可控减速顶

可控减速顶适用于中、小型驼峰,其特点是结构简单、耗电量小、模块化、自动化程度高。可控减速顶由减速顶和电磁阀两部分组成。在减速顶部分与电磁阀部分之间有通道连接。当电磁阀不通电时,减速顶对溜放车辆起制动作用;当电磁阀通电时,减速顶对溜放车辆不起制动作用。可控减速顶如图 1-86所示。

图 1-86 可控减速顶

4. 钢索牵引小车

钢索牵引小车是驼峰调车场内作为车辆推送设备而使用的一种车辆加速工具,它能自动(或人工)地从后面追赶离开调车线车辆减速器的货车轮缘,使其与调车线上的停留车连挂。如果车辆的速度超过小车的速度,则小车不起作用,如图1-87所示。

图1-87 钢索牵引小车

推送小车有4个特殊的小车轮,小车在线路上沿钢轨内侧轨底走行,小车的车轮和小车车体衔接,在小车车体的作用下,小车可自动保持车体平衡并能适应轨距的变化。推送小车两侧各有一个能上、下运动的推送臂,用来推送车辆的轮缘。小车向推送方向走行时,推送臂抬起,保持推送状态。当钩车速度高于小车的速度,从后面追越小车时,小车的推送臂落下。小车返回时,推送臂落下并锁闭。回到起始位置时,推送小车处于定位锁闭状态,以保证调车作业的安全。

小车的各种运动状态由控制台上的停机、返回、推送、追车4个按钮来控制,可手动亦可用计算机控制。

四、驼峰测量设备

为了对驼峰溜放车辆的速度进行准确控制,必须有一套能测出溜放车辆速度、重量、车辆走行性能(阻力)和线路空闲长度等的测量设备。

1. 测速设备

用于测定溜放车组在减速区段的实际速度,与车辆减速器要的出口速度进行比较,为电子计算机自动控制车辆减速器对车组施行制动或缓解提供数据。我国驼峰一般采用TZ—103型雷达来测量。雷达测速精度高,能连续测量瞬间速度,基本能满足驼峰溜放速度自动或半自动控制系统的运营要求。

2. 测重设备

测重设备是驼峰自动化基础设备之一。用于测定溜放车组的重量,它不仅为外力式减速器的控制提供重量等级参数,也可供编组作业自动化时统计编成车列的重量,还可根据车重粗略地确定车辆的走行阻力。我国目前多采用T·Z·Y型压磁测重器。测量的车辆可以按其重量分成4个等级：一级车小于或等于23.0 t；二级车为23.1～40.0 t；三级车为40.1～55.0 t；四级车大于55.0 t。

3. 测阻设备

在驼峰点式调速系统中，能否准确地测量和处理溜放车辆的阻力是影响调速系统效果的关键因素。因此，在点式控制制动位前都要设测阻区段，以便测出溜放车辆的运动加速度，进一步计算阻力值。车辆在不太长的测阻区段上的运动，可以看作是匀加速（或匀减速）运动。测量加速度时一般通过测量车辆在两点的速度 v_1、v_2 和经过两点的间隔时间 t 而求得。目前国内外采用较多的是电磁踏板测阻。对测阻区段始、终端速度的测量一般有雷达测速和踏板测速两种方法。

4. 测长设备

测长设备用于测定调车线上停留车的位置，确认线路空闲的长度，为控制车辆减速器施行目的制动提供依据。测长设备主要有轨道电路测长器、计轴测长器和音频测长器三种。我国主要采用TDC—103A型音频测长器。

在装设音频轨道电路的调车线上，向轨端送以某一固定频率的恒定电流时，轨端电压正比于轨道短路点的长度，因此按确定的模拟系数就可以换算出该轨道短路点的长度，从而得到调车线的空闲长度。

五、机械化驼峰控制设备

机械化驼峰调车场设置信号楼是为了便于集中操纵信号、道岔及车辆减速器。设有三级制动位和具有4个及其以上线束的驼峰调车场，一般设一个上部信号楼（亦称指挥楼或主信号楼），两个下部信号楼（亦称执行楼）。通过两级信号楼内集中操纵设备，操纵信号、道岔及车辆减速器。

1. 上部信号楼

上部信号楼设在第一制动位附近，靠近峰顶，其作用是操纵全场的信号，第一分路道岔，第二分路道岔及第一制动位的车辆减速器，能及时控制车辆的溜放速度。主要由驼峰控制台、分线盘（是室内外设备联系电缆的转接端子）、组合架（安装驼峰信号、调车信号、道岔自动集中及场间联系等电路所用的安全型继电器）、电源屏（是供给驼峰信号设备用的各种电源）等设备组成。驼峰控制台的外形为斜面结构，如图1-88所示，便于作业人员瞭望。其盘面如图1-89所示，设有模拟站场、道岔手柄、驼峰信号按钮、车辆减速器按钮、调车信号按钮、道岔集中操纵按钮和表示灯、信号复示器等。

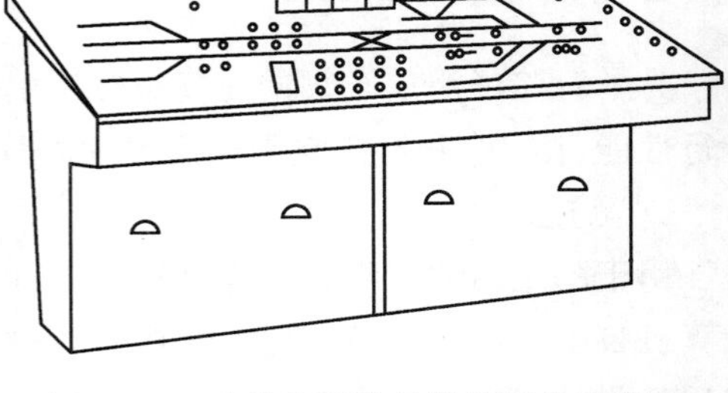

图1-88　驼峰指挥信号楼控制台示意图

现将驼峰控制台的有关按钮、表示灯及道岔手柄等分别介绍如下。

（1）道岔手柄及表示灯

道岔自动集中区内，每岔设一个三位式道岔手柄，当手柄置于中间位置，该道岔受自动集中或半自动控制，如将手柄扳到定位或反位位置，就可使道岔转换到定位或反位。道岔自动集中以外的道岔，每岔设一个二位式道岔手柄，以供作业员单独操纵。

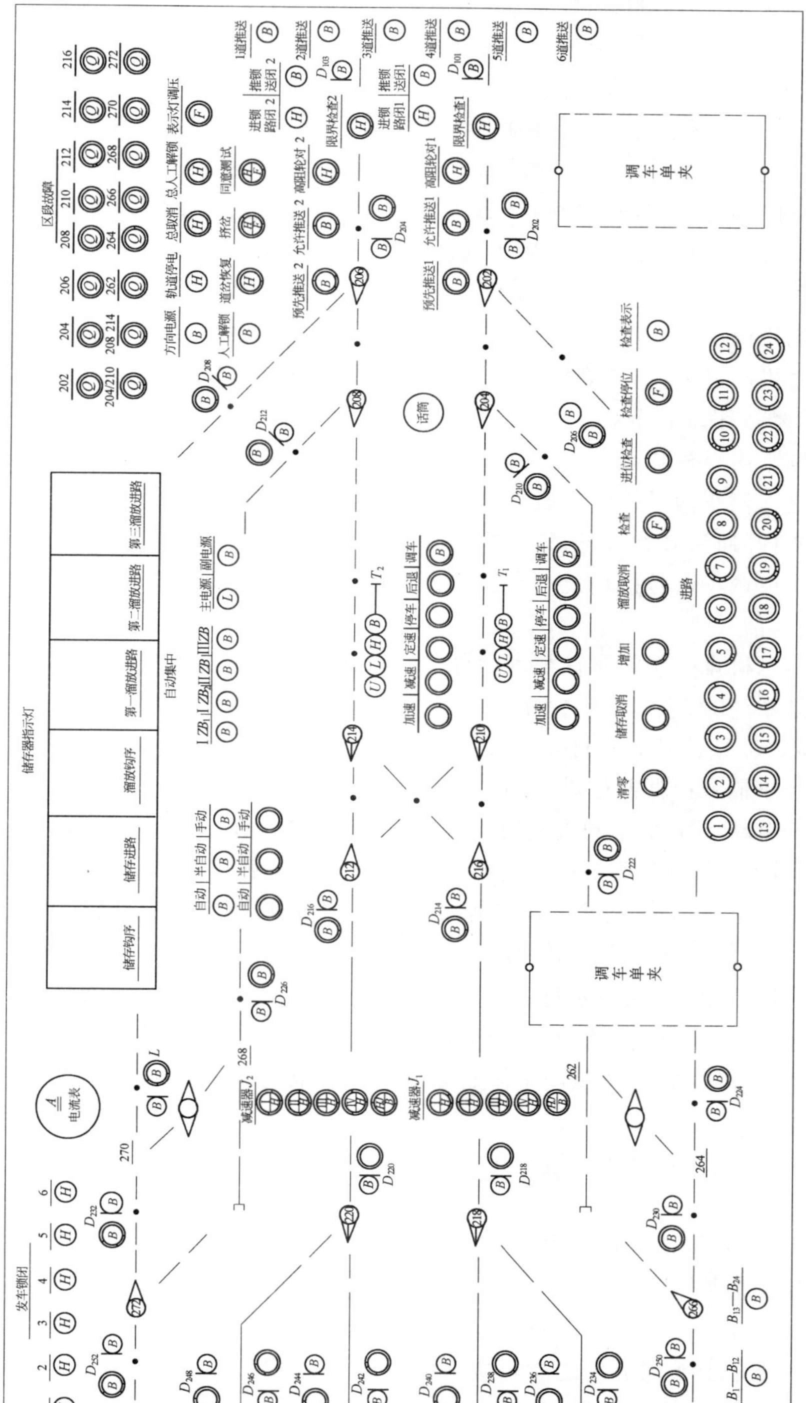

图 1-89　驼峰上部信号楼控制台盘面布置图

在每个道岔定、反位相对应的线路上，设有道岔位置表示光带，道岔定位时为绿色光带，反位时为黄色光带。

(2)驼峰信号按钮及表示灯

在控制台盘面上设有“定速”、“加速”、“减速”、“停止”、“后退”、“调车”6个二位自复式按钮，并装有复示驼峰信号机全部显示的信号表示灯。

如按压“定速”按钮，驼峰信号显示绿灯；按压“加速”按钮，显示绿闪灯光；按压“减速”按钮，显示黄闪灯光；按压“停止”按钮，显示红色灯光；按压“后退”按钮显示红色闪光灯光；按压“调车”按钮，显示月白灯光或显示月白闪光(去禁溜线)。

驼峰信号机均设一个驼峰信号表示灯，供作业员监督室外驼峰信号的显示情况，它完全复示现场驼峰信号机的显示，当驼峰信号机的灯泡主、副灯丝均断丝时，表示灯灭灯。

(3)调车信号按钮及表示灯

峰上每架调车信号机均设一个二位自复式带白灯按钮。按压该按钮，开放调车信号机。调车车列全部进入调车信号机内方后即自动关闭。调车按钮内表示灯平时灭灯，按压该按钮即点亮白灯；进路开通后开始闪光，信号开放后熄灭。

峰下每架线束调车信号机均设一个三位自复式按钮，按压该按钮，开放调车信号机；拉出该按钮，关闭调车信号机。

每架调车信号机设一个调车信号表示灯，平时灭灯；当调车信号开放后，表示灯点亮白灯；当蓝灯或月白灯断丝时，表示灯闪白光。

(4)车辆减速器按钮及表示灯

在对应每个车辆减速器部位设有制动、缓解按钮及表示灯。

采用空压车辆减速器，对不同重量的车辆施加不同的制动力，分为四个制动等级，每台车辆减速器设有四个制动按钮(均为二位自复式带红灯)和一个缓解按钮(二位自复式带白色灯)。

采用重力式车辆减速器，每个车辆减速器设有二位自复式的制动按钮和缓解按钮，并设有红色的制动表示灯、绿色缓解表示灯和红色的检修表示灯。

(5)道岔集中操纵按钮及表示灯

①进路按钮：为二位自复式按钮。调车场内每股道设一个进路按钮，以股道的编号为进路按钮号。储存车组的进路时，按照调车作业通知单的要求，按压相应的进路按钮，能够使进路命令存入储存器。

②清零按钮：为三位自复式按钮。在储存命令之前，先拉一下该按钮，使储存设备处于起始工作状态。

③储存取消按钮：为二位自复式按钮。在储存作业中，发现命令存错时，按下该按钮，取消刚存入的一钩错误命令；按压一钩，取消一钩。

④溜放取消按钮：为二位自复式按钮。在车组溜放过程中，如果发现某一钩进路错误(溜放时要在该钩车未压上头部道岔之前)，按下此按钮将这一进路取消。

⑤增加按钮：为二位自复式按钮。在自动溜放过程中，如需增加一钩车组命令，可按下该按钮，使红色表示灯点亮，然后即可按下有关进路按钮，增加一钩车组命令。

⑥检查按钮：为二位非自复式按钮。进路储存完毕后，按下该按钮，对所储存的进路命令按储存顺序自动循环检查；拉出该按钮，停止自动检查，并点亮最末储存钩的储存钩序及储存

进路指示灯。

⑦进位检查按钮：为三位自复式按钮。它的作用和检查按钮相似，只不过是按下一次只检查一钩，连续按下几次，就可以连续检查几钩。检查完毕后，拉出该按钮。

⑧自动、半自动、手动按钮：均为二位自复式按钮。用其来控制对驼峰自动集中道岔的操纵方式是自动、半自动还是手动。当需要采用某种操纵方式时，在按下相应的按钮后，该按钮的白色表示灯点亮。

⑨储存钩序、储存进路表示灯：在办理进路时，这两个表示灯分别用数字连续表示出储存的钩序和进路。

⑩溜放钩序、溜放进路表示灯：溜放时，这两个表示灯分别用数字连续表示出溜放的钩序和进路。

(6)与到达场联系用的按钮及表示灯

①预先推送按钮：为三位自复式带灯按钮，每条推送线设一个。当允许到达场建立预推进路时，作业员按压该按钮，按钮内白色表示灯点亮。当车列未推出到达场时，需要停止预推作业，只要拉出该按钮即可，同时表示灯熄灭。

②允许推送按钮：为三位自复式带灯按钮，每条推送线设一个。当允许到达场建立推送进路时，作业员按压该按钮，按钮内白色表示灯点亮。若拉出该按钮，即取消推送进路，停止推送作业，表示灯即熄灭。

③推送股道表示灯：对应到达场每一股道设一个。平时均灭灯，当某股道推送进路已建立，该股道表示灯白灯点亮。

④推送锁闭表示灯：对应每条推送线设一个。平时均灭灯，当按压“预先推送”按钮或“允许推送”按钮后，推送进路已经锁闭，该推送线的推送锁闭表示灯白灯点亮。

⑤进路锁闭表示灯：对应每条推送线设一个。平时均灭灯，当到达场的车列由股道推出并占用推送进路后，该推送线的进路表示灯红灯点亮。

(7)限界检查按钮

限界检查按钮为二位自复式带灯按钮，每条推送线设一个。当下部超过限界的车辆将限界检查器碰倒时，该按钮内红色表示灯点亮，同时电铃鸣响。当限界检查器恢复正常后，按压该按钮，电铃响，表示灯熄灭。如限界检查器尚未恢复而按压了该按钮，松手后电铃会再次鸣响，表示灯也再次点亮。

(8)轨道表示灯

在峰上轨道电路区段，设有轨道光带表示灯。平时灭灯；当进路锁闭后，该进路点亮一条白光带；进路解锁后白光带熄灭；有车占用或轨道电路发生故障时，该区段点亮红光带。

在峰下驼峰轨道电路区段的分路道岔手柄前，设有轨道光节表示灯。平时灭灯；当命令接收后点亮白灯，溜放钩车占用改点红灯，出清后即熄灭。

在控制台上除上述按钮及表示灯外，还有“区段故障解锁”按钮、“电源切换”按钮、“总取消”按钮、“总人工解锁”按钮、“轨道停电恢复”按钮、“表示灯调压”按钮等。

2. 下部信号楼

下部信号楼设于第Ⅱ制动位的末端、最外线束的外侧，它的主要任务是操纵并监督第Ⅱ部位车辆减速器动作、车组溜放情况及各股道车辆停留位置等。在下部信号楼内同样设有驼峰控制台、分线盘、组合架及电源屏。驼峰下部信号楼控制台盘面布置如图 1-90 所示。

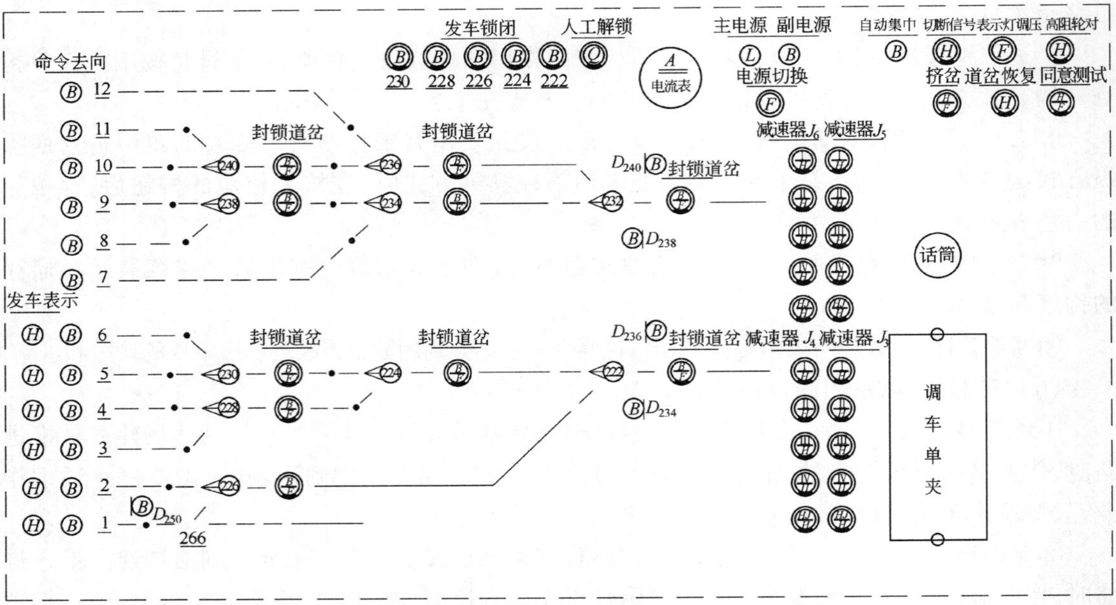

图 1-90　驼峰下部信号楼控制台盘面布置图

现将驼峰下部信号楼控制台的有关主要按钮、表示灯及道岔手柄等分别介绍如下：

（1）切断信号按钮：为二位自复式按钮。当发现危及作业安全时，按压该按钮即可关闭驼峰信号。

（2）调车信号机复示器及线路表示器：每架峰下调车信号机设一个信号复示器。平时灭灯；当峰下调车信号开放后，该复示器点亮白灯；随峰下调车信号机的关闭而熄灭。当上峰调车信号机开放后，所开通线路的表示器点亮白灯。此时，控制台上的线路表示器的复示器也点亮白灯。

（3）道岔手柄及表示灯：峰下管辖范围内的每个分路道岔，均设一个三位式道岔手柄及道岔位置表示灯，其作用与上部信号楼控制台采用的分路道岔手柄和表示灯相同。

（4）封锁道岔按钮：为二位非自复式带灯按钮，连接峰下各条股道的每组道岔均设一个。当某一编组线满线时，将连接该股道的道岔手柄扳向开通另一编组线的位置，然后按下该道岔的封锁按钮，将道岔锁在该位置。自动集中表示灯仍点亮白灯，溜放作业仍可进行。拉出该按钮，表示灯熄灭，道岔即解锁。

（5）进路表示灯：每条股道设一个进路表示灯。溜放进路的命令传到峰下至管辖内线束的第一分路道岔时，除该分路道岔手柄表示灯点亮外，该表示灯也点亮白灯，以供作业人员校核进路命令之用。

其余按钮及表示灯的作用，与上部指挥信号楼控制台相同。

在车辆减速器动力室内，根据所采用的车辆减速器类型（风动或液压）而分别设置相应的动力供应设备。另外，在信号楼还专门设有车辆减速器动力维修测试设备及配电装置。

六、半自动化驼峰设备

1. 设备组成

图 1-91 所示是有三个制动位的编组场，其中第Ⅲ制动位采用了半自动调速系统。该系统

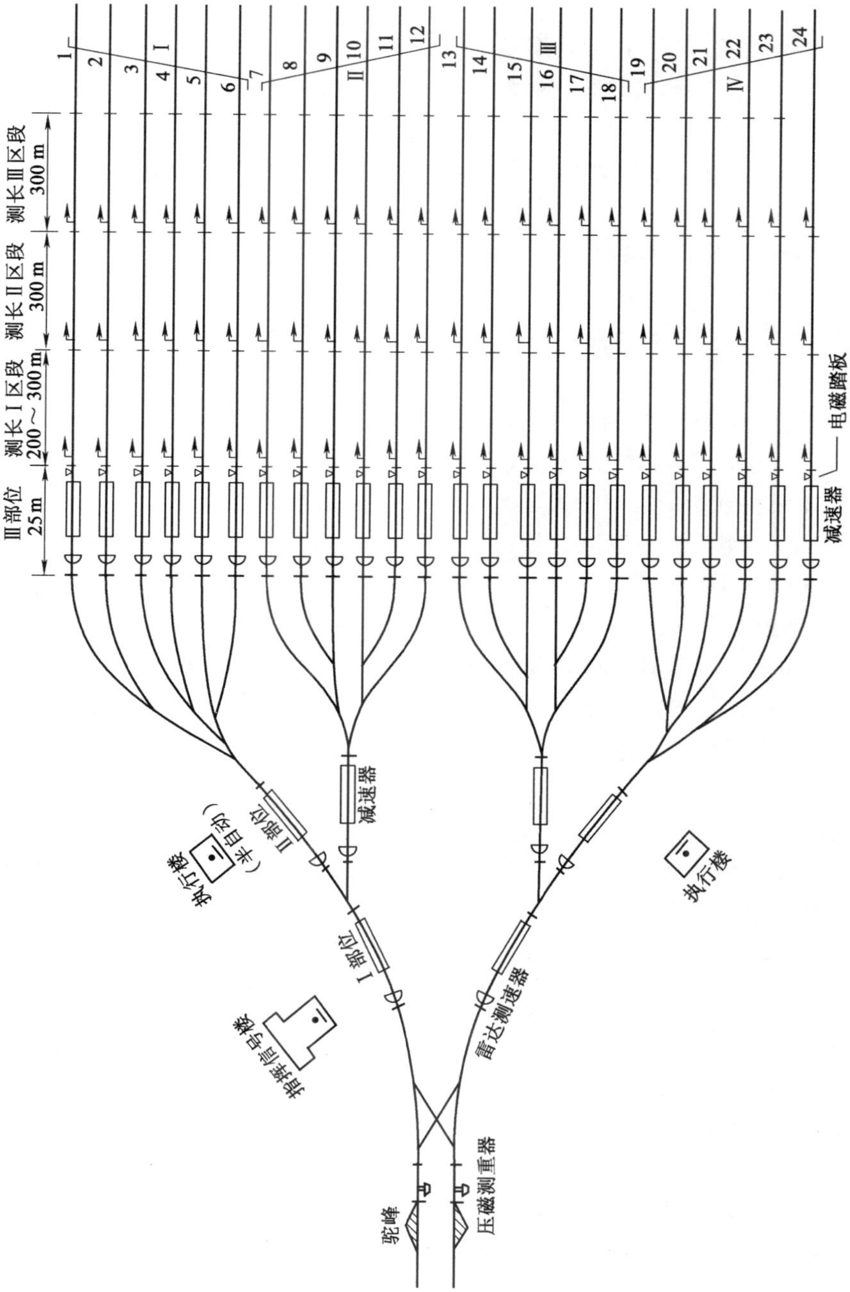

图1－91　半自动调速系统的设备布置

由车辆减速器、半自动控制机、雷达测速器、音频测长器、半自动控制台和轨道电路等组成。编组线的空闲长度是用音频测长器测的。为了保证测试精度，将编组线划分为三个测长区段，每段长度不超过 300 m。测长结果在控制台上给出数字显示，作为驼峰作业员调速的依据。

第Ⅲ部位的调速设备，采用 $T \cdot JY_1$ 型重力式车辆减速器。距其入口端 10 m 处设有测速雷达，用来测量车组经过车辆减速器时的溜放速度。经第Ⅲ部位调速后的车组，能停在编组线的预定地点或以安全速度与停留车连挂。为此，在调速过程中，始终用雷达监测车组的速度，并对其不断地进行调整，以使车组离开车辆减速器时的速度符合给定的数值。

2. 工作原理

车组离开车辆减速器时的速度，称为车辆减速器的出口速度（简称出口速度）。出口速度是否符合要求对调速效果影响极大。在自动调速系统中，出口速度是由计算机根据作业条件计算得出的。而在半自动调速系统中，出口速度则是由驼峰作业员根据作业条件给定的。

驼峰作业员根据编组线的空闲长度、车组的装载情况与走行性能、线路状况（坡度）和气象条件（风向、风速、气温）等因素，并结合自己的实践经验选定出口速度。然后，通过半自动控制台上的定速按钮将选定的出口速度输入到半自动控制机。这个被选定的出口速度，称为定速，以 $v_{定}$ 表示。当车组进入车辆减速器区段时，通过轨道电路使雷达和半自动控制机开始工作。雷达测出车组在车辆减速器上的实际溜放速度 $v_{雷}$ 后，由比较器对 $v_{定}$ 与 $v_{雷}$ 进行比较。根据比较结果，自动控制车辆减速器的制动或缓解。

（1）当 $v_{雷} > v_{定}$ 时，比较器输出制动命令，车辆减速器进入制动状态，使车组减速。

（2）当 $v_{雷} \leqslant v_{定}$ 时，比较器输出缓解命令，使车辆减速器缓解。车辆减速器缓解后，由于坡度或其他原因，车组又逐渐加速超过定速时，比较器会再次输出制动命令，使车辆减速器重复制动。

经过上述调速过程，最终使车组离开车辆减速器的速度等于作业员选定的出口速度 $v_{定}$，从而达到目的调速的要求，如果车组因制动而停在车辆减速器上，经过一定时间（20 s）确认后，鉴停电路发出鉴停信号，雷达和半自动控制机强迫关机，并使车辆减速器缓解。车组离开车辆减速器区段，由轨道电路自动切断雷达和半自动控制机的电源，调速设备恢复常态。

3. 驼峰半自动控制台

在半自动调速系统中，半自动控制台是重要的控制和表示设备。作业人员通过它可以了解编组线的空闲长度和车组的溜放速度，据此对车辆减速器进行适当的操纵，以达到调速的目的。

半自动控制台的盘面布置如图 1-92 所示，设有下列控制与表示器件：

（1）股道按钮，为二位自复式按钮。每股道设一个，并以股道号命名，它用来确定调速的股道。

（2）定速按钮，为二位自复式按钮。因“定速”分为 10 个等级，故设 10 个定速按钮，用来选择不同的定速。定速按钮是各股道共用的。

（3）制动按钮和缓解按钮均为二位自复式带灯按钮。每台车辆减速器各设一个制动按钮

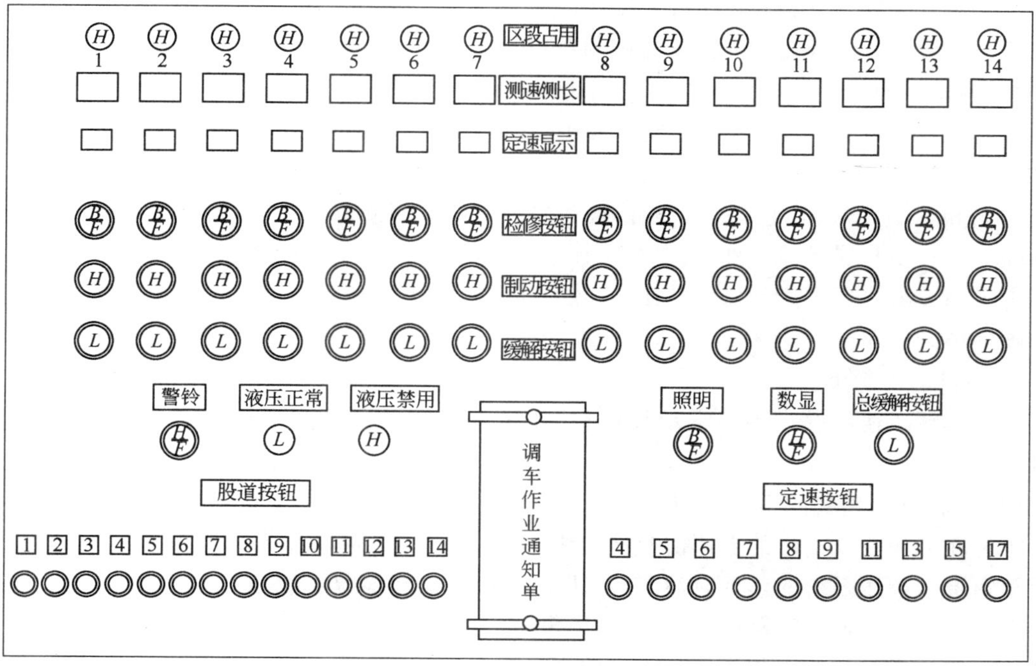

图 1-92　半自动控制台盘面布置图

和缓解按钮,用来人工控制车辆减速器的制动和缓解。

(4)检修按钮,为二位保留式带灯按钮。每台车辆减速器设一个。当车辆减速器需要检修时,可按下该车辆减速器的检修按钮,这时按钮内的白色表示灯点亮,表明该车辆减速器处于检修状态,而且转由液压室控制。

(5)总缓解按钮,为二位自复式带灯按钮。当驼峰解体作业结束时,按下控制台上的总缓解,从而切断全场车辆减速器的工作电源,使全场车辆减速器缓解,并取消半自动控制。

(6)切断报警按钮,为二位保留式按钮。当车辆减速器的液压偏离规定值并超出允许范围时,控制台上的液压禁用红色表示灯点亮,并响铃报警。这时,可按下切断报警按钮,使警铃停响。待液压恢复正常,液压禁用的红灯熄灭,液压正常的绿灯点亮时,再次响铃,通知作业人员液压已恢复正常。这时可拉出切断报警按钮,切断警铃。

(7)数显按钮,为二位保留式带灯按钮。按下数显按钮后,向数码显示电路供出 5 V 稳压电源。

(8)区段占用表示灯。车组占用车辆减速器区段时,该区段的红色占用表示灯点亮。

(9)测速/测长数码显示器。每台车辆减速器设一块超小型数字电压表,测速与测长共用。当车组未进入车辆减速器区段时,数字表显示该股道的空闲长度。当车组进入车辆减速器区段后,数字表则显示车组的溜放速度。车组离开车辆减速器区段,数字表又显示空闲长度。

(10)定速数码显示器。每股道设一个 CL002 型数码显示器,用来显示作业员给出的定速数值。

(11)液压正常表示灯(绿色),全控制台设一个,绿色点亮表示油压正常。

(12)液压禁用表示灯(红色),全控制台设一个。液压不正常并超出允许范围时,红灯点亮,同时响铃报警。

(13)制动表示灯(红色),设在制动按钮内。点亮时,表示该车辆减速器处于制动状态。

(14)缓解表示灯(绿色),设在缓解按钮内。点亮时,表示该车辆减速器处于缓解状态。

(15)检修表示灯(白色),设在检修按钮内。检修车辆减速器时,该表示灯点亮。

除上述控制与表示器件外,控制台上还设有照明按钮、报警电铃和作业单夹子等。

由于测长与测速的显示器件共用,不仅减少了器材数量,而且改进了盘面布置,使显示更加清晰易辨。

4. 半自动控制机

每台车辆减速器设一台半自动控制机,用来配合测速雷达完成对车辆减速器的半自动控制。

(1)半自动控制机的主要作用

①将驼峰作业员给出的定速值变换成相应的模拟电压,并根据车组在车辆减速器上的实际减速情况和调速系统的延迟时间,对定速进行修正,以保证调速精度。

②车组进入车辆减速器区段后,能对车辆减速器进行“比较控制”,实现半自动调速,即将雷达测得的车组实际速度与作业员给出的定速进行比较,及时地向车辆减速器输出制动或缓解命令。另外,当进入车辆减速器车组的速度低于 2.5 km/h,且持续时间超过 20 s 时,半自动控制机能发出鉴停信号,使雷达关机,并使车辆减速器缓解。

(2)半自动控制机的主要技术要求

①速度调整范围为 4 ~ 22 km/h。

②在调速范围内,将定速分为 10 个等级。每个等级的定速值,应根据各车站的具体情况由运营部门决定。

③对车辆减速器、雷达和控制电路总延时的最大补偿量为 1 s,从 0.1 ~ 1 s 分为 10 级,可根据实际情况选择。

七、自动化驼峰

自动化驼峰调车,就是驼峰解散车列作业的全过程实现自动化。它是实现编组站作业自动化的核心。

目前我国驼峰自动化主要体现为:现在车管理系统与速度控制系统实现交互;进路输入有多种方式;调车信息存储量增大;操作、显示和语言提示采用多媒体方式;控制系统的可靠性加大,功能增多,人机交往更方便;在调速方面大多采用点连式,全面甩掉铁鞋;尾部防溜有更多可靠的设备等。

1. 自动化驼峰的主要设备

驼峰调车自动化的主要内容包括驼峰机车推峰作业自动化、驼峰溜放进路控制自动化和车组溜行速度控制自动化。这些驼峰调车自动化功能,除必须具有合理的平、纵断面的驼峰咽喉区和编组场线路设备外,还必须有以下设备辅助实现。

(1)驼峰机车推峰速度自动控制设备

自动化驼峰调车机车的推峰速度通过无线电遥控装置进行自动控制。推峰速度的大小由电子计算机根据车组大小、排列顺序、走行性能、溜入股道以及溜行距离等因素，计算出每个车组从驼峰下溜的初速度并通过无线电发射机传输给驼峰调车机车。机车上无线电台接收到信息后，通过速度自动控制系统控制机车的推峰速度。

驼峰调车长和调车机车司机可通过监督设备，随时确认和监视作业过程和实际完成的情况，遇有特殊情况时可从控制台上直接控制调车机车推峰速度。

(2)车辆溜放进路自动控制设备

驼峰溜放车辆进路自动控制是驼峰解体作业过程的重要环节，也是驼峰自动化的基础设备之一。国内外绝大多数驼峰均采用道岔自动集中来实现溜放进路的自动控制。道岔自动集中设备包括控制信号设备和控制道岔设备两部分。只有当驼峰各分路道岔装设有自动选路设备时，才称为道岔自动集中。

溜放进路自动控制系统从现在车信息及数据管理自动化系统调入解体车列的调车作业计划后，驼峰调车长只要在键盘上输入解体车次或解体股道，该车列的解体调车作业计划自动输入溜放进路控制机存储，从而按顺序自动转换溜放进路上的道岔。通过安装在道岔前的车辆计轴器，核对溜经道岔的车数，发现提钩错误或追尾时，能自动纠正后续车组的溜放进路，报警装置同时报警，并做好记录，便于返钩时查找。

(3)车辆溜放速度自动控制设备

车辆溜放速度的自动控制是由系统控制计算机根据调车作业计划、车组、走行性能、溜放线路条件、停留车距离、车组间隔、车组重量、气象条件等因素计算出各制动位所需要的出口速度，自动输出指令控制系统调速设备，使溜放车组的速度符合系统要求，最终达到安全连挂。溜放速度自动控制是驼峰自动化的核心，主要包括调速工具和控制系统两大部分。

调速工具按其功能的不同，可分为三类：

①只能起减速作用的调速工具，如车辆减速器和减速顶；

②只能起加速作用的调速工具，如钢索牵引推送装置和牵引小车；

③既能减速又能加速的调速工具，如加减速顶和直线牵引电机加减速小车等。

自动控制系统主要由测速、测重、测长和测阻及测风设备组成。

2. 自动化驼峰目的制动调速方式及选择

目前，各国铁路驼峰自动化的调速方式不尽相同，主要是在解决目的制动方式上不同。各国现有的自动半自动化驼峰头部咽喉区，一般都采用车辆减速器方案，即在咽喉区设置一个或两个车辆减速器制动位。至于调车场内的目的制动，则根据各国铁路的驼峰运营条件和科学技术水平，采用各种不同的调速方式。

(1)目的制动的调速方式

①全车辆减速器方式(又称为点式或“打靶式”)

本方式的特点是在每股调车线上设置1~2组车辆减速器，用于对入线后的车组进行目的制动。如图1-93所示驼峰溜放速度自动控制方式采用了四个车辆减速器制动位，其中第Ⅰ、Ⅱ制动位以间隔制动为主，第Ⅲ、Ⅳ制动位为目的制动。

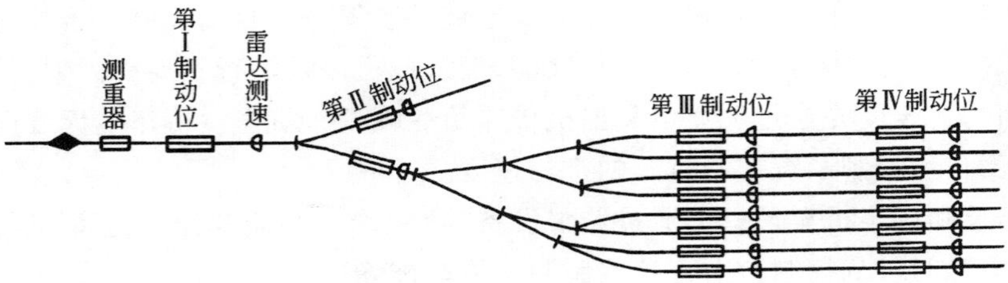

图 1-93　全车辆减速器控制方式示意图

点式控制方案的优点是能提高推峰速度和溜放速度，作业效率较高；车辆减速器对驼峰调车机车下峰整理和峰尾调车机牵出车列的速度没有限制。缺点是需要一套自动控制、测量、计算设备，投资较大；控制范围受到一定限制，当控制范围较大时，安全连挂率较低；对新型钢板车 C_{64}、P_{64}，油轮、大轮、薄轮货车的制动力衰减较大，影响作业效果和作业安全，需采取人工防护。

②全减速顶方式（又称连续式）

连续式调速方案的特点是调车场内不装设车辆减速器，用密集装设的减速顶代替车辆减速器。国外铁路还采用加减速顶或加减速小车等调速工具的连续方案。全减速顶的控制方式如图 1-94 所示。

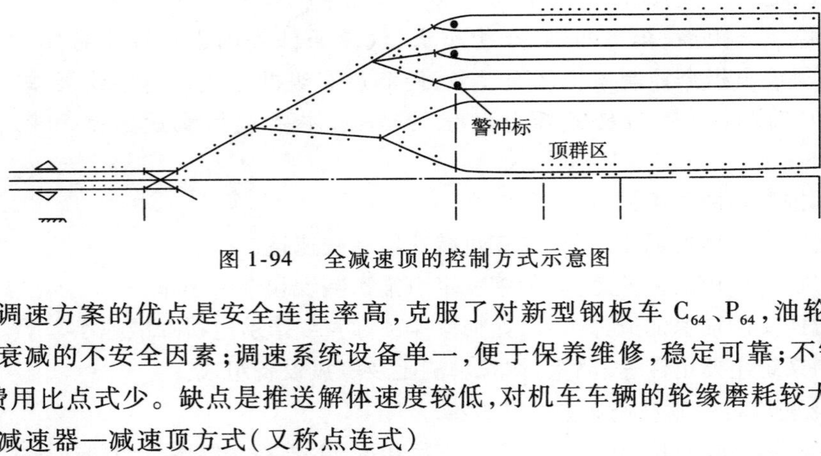

图 1-94　全减速顶的控制方式示意图

连续式调速方案的优点是安全连挂率高，克服了对新型钢板车 C_{64}、P_{64}，油轮、大轮、薄轮货车制动力衰减的不安全因素；调速系统设备单一，便于保养维修，稳定可靠；不需外部能源；投资、运营费用比点式少。缺点是推送解体速度较低，对机车车辆的轮缘磨耗较大。

③车辆减速器—减速顶方式（又称点连式）

这种控制方式的特点是驼峰溜放部分仍采用车辆减速器控制，而调车场内装设车辆减速器和减速顶或牵引小车，目的制动采用点连式控制方式，如图 1-95 所示。

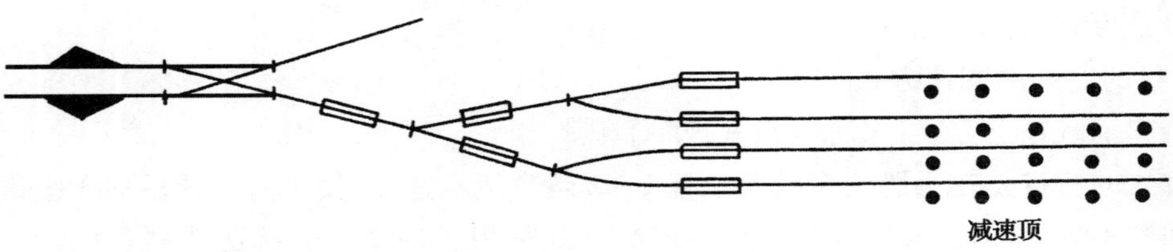

图 1-95　点连式控制方式示意图

点连式发挥了点式与连续式两种调速系统的优点，又弥补了各自的不足，解体能力增大。缺点是系统设备品类多，管理与维修不便；车辆减速器对新型钢板车 C_{64}、P_{64}，油轮、大轮、薄轮货车的制动力衰减较大，速控误差大。

(2)驼峰自动化调速方式的选择

选择驼峰自动化调速方式受到各种条件(统称为驼峰运营条件)的影响和限制，其中最主要包括有以下几个方面：

①驼峰溜放难行车和易行车的阻力差别。它们之间的阻力差别小，驼峰溜放速度就比较容易实现自动控制。

②车辆互相连挂(碰撞)的容许速度。溜行车组与原停留车安全连挂的容许速度越大，驼峰溜放的安全连挂率就越高。

③调车线长度(即自动控制的范围)。对自动化驼峰来说，调车线越短、目的制动控制范围越小，就越容易实现钩钩安全连挂。

④驼峰高度。驼峰越高，溜放速度越高，要求具有的制动能力也越大；反之，可采用制动能力较小的或既能加速又能减速的调速工具。

3. TW—2 型组态式驼峰自动控制系统简介

目前，我国自动化驼峰技术还不完善，对车辆溜放速度控制方式的选择也不统一，鉴于我国车辆、技术设备等多方面的考虑，其中点连式控制方式比较适合我国驼峰运营条件，因此为优选方案，下面仅就该方案的典型代表 TW—2 驼峰自动化系统加以介绍。

(1)设备概况

TW—2 型组态式驼峰自动控制系统是用于驼峰进路及调速自动控制的控制装置，由控制微机、雷达、车辆减速器、转辙机、信号机、轨道电路、操作工作站及报警打印机等环节组成，实现以自动、半自动、手动相结合的控制模式。

(2)主要技术条件

①具有自动给定车辆减速器出口速度，实现以自动定速控制为主要控制方式，同时具有人工定速半自动调速控制，手动直接操纵车辆减速器制动、缓解的手动调速控制功能。

②具有股道空闲长度、动长测量功能，空线故障报警限为大于 50 m。具有各部位车辆减速器区段雷达测速功能，测速范围为 3.5 ~ 30 km/h 。

③Ⅰ、Ⅱ部位调速范围为 13 ~ 25 km/h，调速精度为 ±2 km/h ，不少于 90%；Ⅲ部位调速范围为 4 ~ 22 km/h ，调速精度为 ±1.0 km/h ，不少于 99%，平均自动作业率不少于 99% 。

④具有途停判断与处理功能，溜放车辆占用轨道区段时间超过了最低走行速度 10 km/h ，(第一分路为 5 km/h)计算的时间限即判为途停，发生途停后系统切断推峰信号，同时将途停位置的上级道岔封锁在去往途停的方向，防止侧冲。

⑤自动定速控制正参数分为 9 个挡次，人工调节，适应气象变化。由键盘定速，分辨率为 0.1 km/h 。

⑥具有识别计划中的钩车辆数，对于长钩车自动放头拦尾控制，可识别计划中的重车标记，获取测重信息，计算车辆减速器出口速度给定值。

⑦系统可同时储存的最大计划数不少于 4 个车次，每个车次计划最大储存容量为 80 钩，

并可自动接收现车管理系统或调车作业通知单(以下简称为调车单)系统传输的调车作业计划。

⑧自动提供经车辆减速器的每钩车入口速度、人工或自动给定的出口速度、实际出口速度、控制动长值及实际轴数的报告。

⑨目的调速具有满线时打靶距离不够报警功能,钩车进入时停止放头拦尾控制,同时具有车辆减速器上的追钩报警与导向安全的自动处理。

⑩具有人工和自动办理机车上、下峰作业的操作,具有摘钩不适当及摘错钩的判别、报警功能。

(3)系统功能

①办理与到发场的场间联系;

②办理峰上及峰下机车走行进路的联锁;

③调车作业计划的自动接收或人工输入及计划的临时改变,按作业需要顺序调用计划;

④调用计划同时建立推送进路,自动或人工控制驼峰信号机;

⑤自动按计划执行包括溜放进路、上下峰进路、禁溜及迂回进路等内容的作业要求;

⑥自动控制间隔制动位车辆减速器(Ⅰ、Ⅱ部位),调整钩车间隔及保障Ⅲ部位车辆减速器入口速度;

⑦自动控制目的制动位车辆减速器(Ⅲ部位),调整钩车速度与股道内的停留车安全连挂;

⑧办理股道满线封锁及编发线发车锁闭。

(4)系统控制设备

在控制台室设有多台功能各异的终端和手动应急控制盘,其典型的布置如图1-96所示。

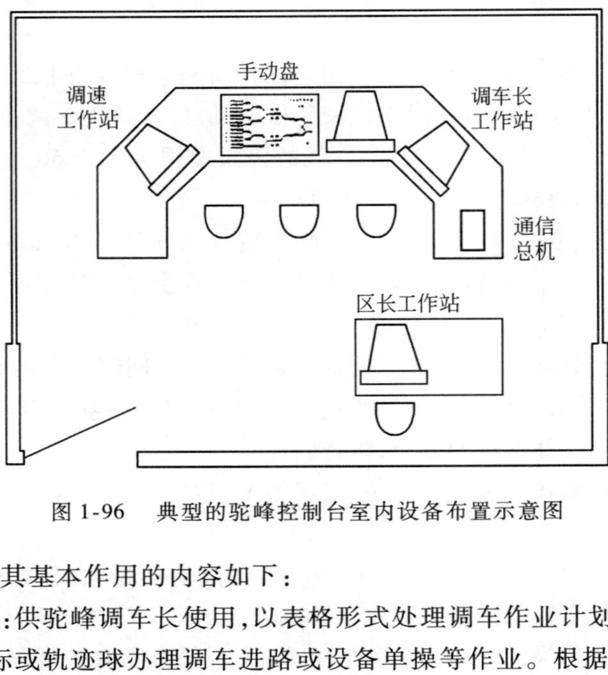

图1-96　典型的驼峰控制台室内设备布置示意图

系统控制设备及其基本作用的内容如下:

①调车长工作站:供驼峰调车长使用,以表格形式处理调车作业计划。以图形方式显示全场设备状态,并用鼠标或轨迹球办理调车进路或设备单操等作业。根据站场规模选择单屏或

双屏显示。

②调速工作站:供驼峰作业员使用,以图形方式显示有关车辆减速器的信息,可进行半自动定速等操作。

③区长工作站:供位于控制台室的区长使用,用于监督前台的溜放过程,进行报警查询等操作。

④手动盘:供应急手动和维修试验用,可对道岔及车辆减速器进行单操。

复习思考题

1. 铁路线路分哪几类?
2. 车站配置的线路有哪些?
3. 线路如何编号?
4. 什么是线路有效长?影响线路有效长的因素有哪些?
5. 如何计算牵出线、调车线、禁溜线的换算容车数?
6. 什么是道岔?道岔是怎样分类的?
7. 车站道岔怎样编号?
8. 车站道岔定位有何规定?
9. 何谓车站?
10. 车站如何分类?
11. 什么是限界?铁路上的限界有哪几种?
12. 何谓铁路信号?
13. 驼峰色灯信号机其显示意义是如何规定的?
14. 机车按原动力如何分类?
15. 货车按用途分为哪几类?
16. 车辆标记的作用是什么?特殊标记分为哪几种?
17. 车辆方位有何规定?
18. 车辆构造由哪几部分组成?
19. 何谓动车组?
20. 牵引供电系统主要由哪几部分组成?
21. 驼峰由哪几部分组成?
22. 驼峰按技术设备分哪几类?
23. 车辆限界检查器应设置在驼峰什么位置?
24. 驼峰道岔自动集中如何实现进路的自动控制?
25. 驼峰测量设备有哪些?
26. 半自动化驼峰设备由哪几部分组成?
27. 什么叫定速?
28. 半自动控制机有哪些作用?

29. 自动化驼峰控制设备主要有哪些?
30. 自动化驼峰目的制动调速方式有哪几种?
31. TW—2 型驼峰自动控制系统有何功能?
32. TW—2 型驼峰自动控制系统有哪些控制设备?

第二章 调车作业的相关知识

调车工作是铁路运输生产的重要组成部分，是保证实现列车编组计划、列车运行图的重要环节。本章主要介绍行车组织的基本要求、列车及货车技术作业程序、车站作业计划、编组列车等调车作业的相关知识。

第一节 行车组织的基本要求

一、行车组织原则

1. 铁路行车组织工作的原则

必须贯彻安全生产的方针，坚持高度集中、统一领导的原则，发扬协作精神，运输、机务、车辆、工务、电务、供电、信息等部门要主动配合，紧密联系，协同动作，组织均衡生产，不断提高效率，挖掘运输潜力，完成和超额完成铁路运输任务。

2. 行车工作原则

行车工作必须坚持集中领导、统一指挥、逐级负责的原则。

局与局间由铁道部，局管内各区段由铁路局，一个调度区段内由本区段列车调度员统一指挥。技术站的行车工作由值班站长统一领导，全站的调车工作由车站调度员统一指挥，接发列车工作由车站值班员统一指挥。

二、车站调车作业应遵守的规章、标准

车站的调车工作根据《技规》、《行车组织规则》(以下简称《行规》)、《车站行车工作细则》(以下简称《站细》)、《铁路车站行车作业人身安全标准》、《铁路调车作业》标准(以下简称《调标》)等有关规定，按车站的技术作业过程及调车作业计划进行。

三、列车编组计划

列车编组计划是全路车流组织计划。列车中车组的编挂，须根据铁道部和铁路局的列车编组计划进行。列车编组计划的编制，应在加强货流组织的基础上，最大限度地组织成组、直达运输，合理分配各编组站、区段站的中转工作，减少列车改编次数。

1. 列车编组计划的作用

(1)在装车地最大限度地组织直达运输和成组装车，以减少技术站的改编作业量，加速物资送达和货车周转。

(2)根据车流特点、设备条件和作业能力，正确规定装车站和技术站编组列车的办法，合理分配技术站编解调车工作任务。

(3)在具有平行径路方向上,按照运输里程及区段通过能力使用情况,规定合理的车流运行径路,以减轻主要铁路方向的负担。

(4)合理地组织管内零散车流,加速区段管内车流的输送,更好地为工农业生产服务。

2. 列车编组计划中的货物列车种类

(1)货运五定班列——发到站间直通,运行线和车次全程不变,发到日期和时间固定,实行以列、组、车或箱为单位的报价包干办法的列车,即:定点、定线、定车次、定时、定价的列车。货运五定班列分集装箱五定班列和普通货物五定班列。

(2)快运货物列车——快速运送鲜活、易腐及其他急运货物的列车。

(3)直达列车——在装(卸)车站或技术站编组,通过一个及其以上编组站不进行改编作业的列车。整列在同一车站装车,到达同一车站卸车,运行距离较短,途中不通过编组站的列车为整列短途列车。

①始发直达列车——在一个车站或在同一区段(或相邻区段)的几个站装车后组成的直达列车。

②煤炭直达列车——整列煤炭或以煤炭为基本组的始发直达列车。

③石油直达列车——整列石油或以石油为基本组的始发直达列车。

④空车直达列车——在一个或数个卸车站,或者在技术站由空车编组而成的直达列车。

⑤技术直达列车——在技术站以中转车及货物作业车等编成的直达列车。

(4)直通列车——在技术站编组并通过一个及其以上区段站不进行改编作业的列车。

(5)区段列车——在技术站编组并到达相邻技术站,在区段内不进行摘挂作业的列车。

(6)摘挂列车——在技术站编组并在相邻区段内的中间站进行摘挂作业的列车。只在指定的几个中间站进行摘挂作业的列车为重点摘挂列车。

(7)小运转列车——在技术站和邻接区段规定范围内的几个车站间开行的列车为区段小运转列车;在枢纽内各站间开行的列车为枢纽小运转列车,二者统称为小运转列车。

(8)超限列车——挂有装载超限货物的车辆并冠以超限列车车次的列车。

(9)重载列车——牵引重量在 5 000 t 及其以上的列车。

(10)自备车列车——车辆产权属于企业的始发直达、整列短途列车。

从卸车地直接组织的空车列车,比照上述规定,分为直达、直通或区段列车。

3. 执行列车编组计划的有关规定

(1)编组计划不得经常变更。如因车流或技术设备发生较大变化,必须调整时,要有计划有准备地进行,并及时向有关单位布置。铁路局变更编组计划时,变更内容要报铁道部备案。

下列人员才有权变更编组计划:

①铁道部运输局长有权变更跨局列车编组计划。

②铁路局主管处长有权变更本局管内编组计划,在征得有关铁路局同意后有权变更跨局区段、摘挂、小运转列车编组计划,变更后应报铁道部运输局。

(2)编组列车除单独指定连挂位置者外,不受车组号顺位的限制。临时排送的空车,应单独选编成组(摘挂、小运转列车除外)。按回送单据向指定到站回送的空车(特殊规定者除外),按该到站的重车办理。

(3)摘挂列车的始发站,应将到达途中各站的车组挂于列车前部(特殊规定者除外),并为途中留轴。留轴尚有余轴时,可加挂指定车流。

限速的机车、车辆,虽属直达、直通或区段车流,亦可利用摘挂列车挂运。

(4)列车的补轴(包括超轴)除另有规定外,应利用与该列车相同到站的车流补轴,相同车组应连挂在一起。如没有相同到站的车流补轴时,可用符合编组计划规定的最远到站车组补轴,但补轴车组到站不得超过该列车的到达站。

(5)车辆应按规定径路运行,对需要加冰、加油的冷藏车,可视作前方加冰、加油站的重车办理(特殊规定者除外)。

(6)为加速到达中间站(包括中间站挂出)需要快运的鲜活、易腐货物的运送,可优先用直达、直通、区段列车挂运。如特殊需要,各铁路局可在编组计划中指定车次,利用直达、直通、区段列车甩挂中间站车辆。

(7)凡遇下列情况之一者(另有规定除外),即视为违反列车编组计划。

①技术直达列车和全部组织的始发直达列车的车流,编入直通、区段、摘挂和小运转列车;直通列车的车流编入区段、摘挂和小运转列车;区段列车的车流编入摘挂和小运转列车(但装载限速的车辆,虽属直达、直通、区段车流,亦可利用摘挂列车挂运)。

②直通、区段、摘挂和小运转列车的车流,编入直达列车;区段、摘挂和小运转列车的车流,编入直通列车;摘挂和小运转列车的车流,编入区段列车(但到达中间站或由中间站挂出的仔牲畜、鱼种、薯秧及其他需快运的易腐货物的车辆,可优先用直达、直通、区段列车甩挂)。

③未按规定选分车组或未执行指定的编挂顺序(由于执行隔离限制,确实难以兼顾时除外)。

④未按补轴、超轴规定编组列车。

⑤违反车流径路,将车辆编入异方向列车。

⑥未达到编组计划规定的基本组重量、长度。

⑦其他未按编组计划规定编组的列车。

(8)在个别情况下,必须承认违反编组计划时,跨局列车由铁道部、局管内列车由局调度下达调度命令。对违反编组计划的列车,应记录车次、原因、责任者,以便核查。

四、列车运行图

列车运行图是铁路行车组织工作的基础。所有与列车运行有关的铁路各部门,必须按列车运行图的要求组织本部门的工作,以保证列车按运行图运行。

列车运行图是列车在车站到、发和区间运行时刻的图解。我国的列车运行图以纵轴表示距离,以横轴表示时间,以斜直线段和规定符号表示各种列车的运行线。左起上斜线表示上行列车,下斜线表示下行列车。列车运行线与车站中心线的交点表示列车在该车站的到发或通过时刻。

列车运行图规定了各区段列车的数量、列车占用区间的顺序、运行速度、列车重量和长度、列车在站到达、出发、通过时刻和停站时分,还规定了机车运用台数、机车整备时间、列车技术作业等时间。因此,列车运行图是铁路行车组织工作的基础,是联系各部门工作的纽带,也是铁路运输工作的综合计划。

1. 列车运行图的格式

按表格形式分为二分格、十分格、小时格三种。

(1)二分格运行图:运行图的横轴以 2 min 为单位加以划分时,称为二分格运行图。二分格运行图主要在编制新运行图时做草图使用。

(2)十分格运行图:运行图的横轴以 10 min 为单位加以划分时,称为十分格运行图。十分格运行图供列车调度员日常调度工作使用。

(3)小时格运行图:运行图的横轴以小时为单位加以划分时,称为小时格运行图。小时格运行图供编制旅客列车方案图和机车周转图使用。

2. 列车运行图的分类

(1)按区间正线数不同分为单线列车运行图、双线列车运行图及单双线列车运行图。

(2)按列车运行速度不同分为平行列车运行图与非平行列车运行图。

(3)按上下行列车数分为成对列车运行图与不成对列车运行图。

(4)按同方向列车运行方式不同分为连发列车运行图与追踪列车运行图。

由于列车运行图是按其特点和不同角度分类的,因此,一个列车运行图有几个名称。例如:某区段的列车运行图,可能既是单线的、平行的,又是成对的。

以上各类型的列车运行图都在一定范围内使用,但在一般情况下,由于旅客列车的运行速度总是高于货物列车的运行速度,所以最广泛采用的是成对非平行列车运行图。

3. 列车运行方向及车次

(1)列车运行,原则上以开往北京方向为上行。全国各线的列车运行方向,以铁道部的规定为准,但枢纽地区的列车运行方向,由铁路局规定。

(2)列车须按有关规定编定车次。上行列车编为双数,下行列车编为单数。在个别区间,使用直通车次时,可与规定方向不符。近期各种列车车次如表 2-1 所示。

表 2-1　列车车次编定表

<table>
<tr><th>顺号</th><th colspan="2">列车分类</th><th>车次范围</th><th>顺号</th><th colspan="2">列车分类</th><th>车次范围</th></tr>
<tr><td>一</td><td colspan="3">旅客列车</td><td rowspan="3">5</td><td colspan="2">特快旅客列车</td><td>T1—T9998</td></tr>
<tr><td rowspan="3">1</td><td colspan="2">高速动车组旅客列车</td><td>G1—G9998</td><td rowspan="2">其中</td><td>跨局</td><td>T1—T49998</td></tr>
<tr><td rowspan="2">其中</td><td>跨局</td><td>G1—G5998</td><td>管内</td><td>T5001—T9998</td></tr>
<tr><td>管内</td><td>G6001—G9998</td><td rowspan="3">6</td><td colspan="2">快速旅客列车</td><td>K1—K9998</td></tr>
<tr><td rowspan="3">2</td><td colspan="2">城际动车组旅客列车</td><td>C1—C9998</td><td rowspan="2">其中</td><td>跨局</td><td>K1—K6998</td></tr>
<tr><td rowspan="2">其中</td><td>跨局</td><td>C1—C1998</td><td>管内</td><td>K7001—K9998</td></tr>
<tr><td>管内</td><td>C2001—C9998</td><td rowspan="5">7</td><td colspan="2">普通旅客列车</td><td>1001—7598</td></tr>
<tr><td rowspan="3">3</td><td colspan="2">动车组旅客列车</td><td>D1—D9998</td><td colspan="2">(1)普通旅客快车</td><td>1001—5998</td></tr>
<tr><td rowspan="2">其中</td><td>跨局</td><td>D1—D3998</td><td rowspan="3">其中</td><td>跨三局及其以上</td><td>1001—1998</td></tr>
<tr><td>管内</td><td>D4001—D9998</td><td>跨两局</td><td>2001—3998</td></tr>
<tr><td>4</td><td colspan="2">直达特快旅客列车</td><td>Z1—Z9998</td><td>管内</td><td>4001—5998</td></tr>
</table>

续上表

顺号	列车分类		车次范围
7	(2)普通旅客慢车		6001—7598
	其中	跨局	6001—6198
		管内	6201—7598
8	通勤列车		7601—8998
9	临时旅客列车		L1—L9998
	其中	跨局	L1—L6998
		管内	L7001—L9998
10	旅游列车		Y1—Y998
	其中	跨局	Y1—Y498
		管内	Y501—Y998
11	动车组检测车		DJ5501—DJ5598
12	回送出入厂客车底列车		001—00298
13	回送图定客车底		在车次前冠以“0”
14	因故折返旅客列车		原车次前冠以“F”
二	行包专列		
1	行邮特快专列		X1—X198
2	行包快运专列		X201—X998
三	货物列车		
1	直达货物列车		80001—87998
			10001—19998
	其中	货运五定班列	80001—81748
		快运货物列车	81751—81998
		煤炭直达列车	82001—84998
		石油直达列车	85001—85998
		始发直达列车	86001—86998

顺号	列车分类		车次范围
1	其中	空车直达列车	87001—87998
		技术直达列车	10001—19998
2	直通货物列车		20001—29998
3	区段货物列车		30001—39998
4	摘挂列车		40001—44998
5	小运转列车		45001—49998
6	超限货物列车		70001—70998
7	万吨货物列车		71001—72998
8	冷藏列车		73001—74998
9	军用列车		90001—91998
10	自备车列车		60001—69998
11	抢险救灾列车		95001—97998
四	单机和路用列车		
1	单机		50001—52998
	其中	客车单机	50001—50998
		货车单机	51001—51998
		小运转单机	52001—52998
2	补机		53001—54998
3	试运转列车		55001—55998
4	轻油动车、轨道车		56001—56998
5	路用列车		57001—57998
6	救援列车		58101—58998
车次中字母的读音：G—高，C—城，D—动，Z—直，T—特，K—快，L—临，Y—游，DJ—动检，F—返，X—行			

第二节　列车、货车技术作业过程

一、列车技术作业过程

列车在始发站、终到站及途中经过的技术站的到发线上所办理的各项作业称为列车技术作业。这些作业项目、作业顺序与时间标准，统称为列车技术作业过程。

在铁路运输生产过程中，技术站列车的技术作业是一项很重要的工作。为了缩短列车技术作业的时间，提高作业效率，保证作业安全，车站应加强作业计划与指挥，提前做好准备；广泛采用先进工作方法，缩短单项作业时间；尽最大限度地组织平行作业，减少作业延续时间；加强各部门、各工种之间的联劳协作，避免作业中断，压缩各种等待时间。

1. 技术站货物列车作业的种类

为了保证列车运行的安全和货物的完整，货物列车在技术站需由列车检车员、车号员、货运检查员、列尾作业员等有关人员为列车进行一定的技术作业。技术站办理的货物列车技术作业种类有始发列车的出发作业、无调中转列车作业、部分改编中转列车作业和解体列车的到达作业 4 种。

2. 技术站货物列车技术作业的内容

(1)车辆技术检修作业(包括摘挂机车及试风)

车辆技术检修作业由驻站列检所的检车员负责，主要检查车辆技术状态是否符合《技规》规定，如发现车辆技术状态不良时，应尽可能进行不摘车修理。如需摘车修理时，应插上扣修色票，注明故障内容及送修地点，填写“车辆检修通知书”，及时通知车站摘车并送修。

出发机车应按规定时间提前出段，在机待线上或指定地点等候。待车辆技术检修完毕，撤除防护信号后，及时连挂车列并进行简略试验，准备发车。如需用到达机车进行试风时，应于试风完毕后摘下，车站值班员及时安排到达机车入段进路，使机车能尽快入段进行整备和检修作业。

(2)货运检查及整理

货运检查由车站货运检查人员负责。货运检查人员应认真执行区段负责制，检查列车中车辆装载加固、施封及篷布苫盖状态，以及车辆门窗的关闭情况，发现异状时，应及时处理，不能立即恢复时应按规定编写货运记录并通知车站甩车。

对无列检作业的列车，还应检查自动制动机的空重位置，不符合时应进行调整。

(3)车号员检查、核对现车

该项工作由车号员负责，主要是检查列车编组顺序表、货运单据和现车是否“三相符”；发现无调中转、部分改编中转和到达解体列车出现问题应及时报告车站调度员(或调车区长)并做好记录，通知发车站；发现自编始发列车出现问题应判明情况并通知车站调度员(或调车区长)重新进行调车作业，确保出发列车的质量，并为车站作业计划及统计工作提供可靠的资料。

对无调中转列车、部分改编中转列车和解体列车，车号员按照列车确报的编组顺序表检查现车；对始发列车则根据事先编制的列车编组顺序表核对现车。

(4)摘挂列尾装置

有些货物列车需要使用列车尾部安全防护装置，即列尾装置，以保证随时检查列车的完整。该装置主要由司机控制盒和尾部主机组成，在列车的始发站和终到站由列尾作业员负责尾部主机摘挂，并建立或消除机车和尾部主机的一一对应关系。

(5)车列及票据交接

车号员检查核对现车无误后，按规定将票据装入票据封套并用封条封好，连同列车编组顺序表、列车编组通知单与机车乘务员办理签字交接。办理到达列车时，机车乘务员要确认列车完整，并将加封的票据封套交付到达站的车号人员，发现不相符的情况应立即通知有关车站处理。

(6)准备发车及发车

车列及票据交接后，车站(助理)值班员将列车的有关情况通知司机，确认发车条件具备后发车。

此外，技术站对部分改编中转列车还要进行摘挂车辆的调车作业，对解体列车要进行车列解体前的排风、摘管等准备工作。

3. 列车技术作业过程应符合的要求

（1）各项作业应尽量平行作业，并在列车技术检修时间内完成。

（2）列车到达与始发技术检修时间、无调中转列车技术检修时间及部分改编中转列车技术检修时间均按照部定标准。

（3）排风、摘解软管于列车到达、列检试风（不超过 15 min）完毕后开始作业，并于技术检查时间内完成。

（4）各项作业应注明时间标准。

4. 货物列车技术作业过程

（1）无调中转列车技术作业过程

无调中转列车技术作业过程如表 2-2 所示。从表中可以看出，无调中转列车技术作业的总时间取决于车辆技术检修时间的长短。由于列车运行图对这种列车在技术站的停留时间通常安排得比较紧凑，为确保列车安全、正点出发，特别要加速车辆的检修作业。

表 2-2　无调中转列车技术作业过程

序号	作业项目	时间（min）				
		0	10	20	30	40
1	检车员、车号员、货运检查员、列尾作业员等出动					
2	车辆技术检修作业（包括摘挂机车和试风）					
3	列尾作业员技术作业					
4	车号员核对现车					
5	货运检查					
6	有关人员与到达司机办理运统 1 和货运票据交接					
7	准备发车与发车					
作业总时分						

（2）部分改编中转列车技术作业过程

部分改编中转列车技术作业过程如表 2-3 所示。加速部分改编列车技术作业的主要组织

表 2-3　部分改编中转列车技术作业过程

序号	作业项目	时间（min）				
		0	10	20	30	40
1	检车员、车号员、货运检查员、列尾作业员等出动					
2	车辆技术检修作业（包括摘挂机车和试风）					
3	列尾作业员技术作业					
4	车号员核查现车					
5	货运检查					
6	摘挂车辆					
7	有关人员与到达司机办理运统 1 和货运票据交接					
8	准备发车与发车					
作业总时分						

方法是合理解决车辆技术检修与调车作业的配合,争取最大的平行作业。此外,部分改编中转列车一般都要更换列车编组顺序表,车号员应根据列车确报和摘挂车调车作业计划,预先编制新的列车编组顺序表,待列车到达检查确认现车无误后,更换票据封套,加盖站名印,办理票据交接。

(3)解体列车技术作业过程

解体列车技术作业过程如表 2-4 所示。

表 2-4　解体列车技术作业过程

序号	作业项目	时间(min)				
		0	10	20	30	40
1	检车员、车号员、货运检查员、列尾作业员等出动					
2	车辆技术检修作业(包括摘挂机车和试风)					
3	列尾作业员技术作业					
4	车号员核对现车					
5	货运检查					
6	有关人员与到达司机办理运统 1 和货运票据交接					
7	准备解体					
作业总时分						

(4)始发列车技术作业过程

始发列车技术作业过程如表 2-5 所示。

表 2-5　始发列车技术作业过程

序号	作业项目	时间(min)				
		0	10	20	30	40
1	检车员、车号员、货运检查员、列尾作业员等出动					
2	车辆技术检修作业(包括摘挂机车和试风)					
3	列尾作业员技术作业					
4	车号员核对现车					
5	货运检查					
6	有关人员与出发司机办理运统 1 和货运票据交接					
7	准备发车及发车					
作业总时分						

二、货车技术作业过程

货车自到达车站时起,至由车站发出时止,在车站上所办理的各项作业称为货车技术作业。这些作业项目、作业顺序与时间标准,统称为货车技术作业过程。

1. 货车按技术作业的分类

货车按其在车站所办理的技术作业分为中转车和本站货物作业车两种。

(1)中转车

中转车是指在车站只办理中转作业,不进行货物装卸作业的运用货车。按其在车站有无调车作业,中转车又分为无调中转车和有调中转车两种,在车站不进行调车作业的货车为无调中转车,在车站经过调车作业后,再编入其他列车发出的货车为有调中转车。

①无调中转车

它包括技术站原列到开的列车上的货车(摘走的车辆除外);在技术站进行补、减轴调车作业的原中转列车上的货车(补、减轴的车辆除外);停运列车上的货车;在中间站进行拆组或组合的长大重载列车上的货车。

②有调中转车

凡不符合上述无调中转作业条件的货车均为有调中转车。

(2)货物作业车

货物作业车是指在车站进行装卸或倒装作业的运用货车。按其在站作业过程的不同,分为一次货物作业车和双重货物作业车两种。

①一次货物作业车:在本站只进行一次装车或卸车作业的货物作业车。

②双重货物作业车:在本站卸空后再装车,进行两次货物作业的货物作业车。

2. 货车技术作业过程及时间标准

(1)无调中转车技术作业过程

无调中转车技术作业过程,与其所在列车的技术作业过程相同。

(2)有调中转车技术作业过程

有调中转车随同列车到站后,经过到达、解体、集结(包括转场)、编组、出发作业后,从车站出发。有调中转车技术作业过程如表2-6所示。

表2-6　有调中转车技术作业过程

序号	作业名称	作业时间(h)
1	到 达	
2	解 体	
3	集 结	
4	编 组	
5	出 发	
总停留时间(h)		

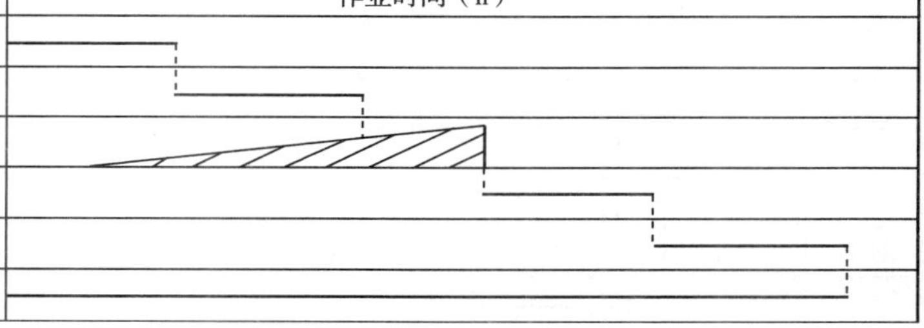

有调中转车在站平均停留时间($t_{有调}$)为五项作业平均时间之和,即:

$$t_{有调}=t_{到}+t_{解}+t_{集}+t_{编}+t_{发}(\text{h})$$

式中,$t_{到}$、$t_{解}$、$t_{集}$、$t_{编}$、$t_{发}$分别为到达、解体、集结、编组、出发作业平均时间。

(3)一次货物作业车技术作业过程

在技术站,一次货物作业车除办理有调中转车相同的5项技术作业外,还有向货物作业地点送车、装车或卸车、取车三项技术作业。其技术作业过程如表2-7所示。

表 2-7　一次货物作业车技术作业过程

序号	作业名称	作业时间（h）
1	到 达	
2	解 体	
3	送 车	
4	装（卸）	
5	取 车	
6	集 结	
7	编 组	
8	出 发	
总停留时间（h）		

一次货物作业车在技术站平均停留时间($t_{一次}$)为：

$$t_{一次}=t_{到}+t_{解}+t_{送}+t_{装(卸)}+t_{取}+t_{集}+t_{编}+t_{发}\text{(h)}$$

式中，$t_{送}$、$t_{装(卸)}$、$t_{取}$分别为送车、装车或卸车、取车作业平均时间。

(4)双重货物作业车技术作业过程

双重货物作业车比一次货物作业车增加两项技术作业：一是将卸空后空车送往装车作业地点的调移作业；二是多一次货物作业。其技术作业过程如表 2-8 所示。

表 2-8　双重货物作业车技术作业过程

序号	作业名称	作业时间（h）
1	到 达	
2	解 体	
3	送 车	
4	卸 车	
5	调 移	
6	装 车	
7	取 车	
8	集 结	
9	编 组	
10	出 发	
总停留时间（h）		

双重货物作业车在技术站共进行十项技术作业，其平均停留时间为：

$$t_{双重}=t_{到}+t_{解}+t_{送}+t_{卸}+t_{调移}+t_{装}+t_{取}+t_{集}+t_{编}+t_{发}\text{(h)}$$

式中，$t_{调移}$为卸车后调往装车地点的平均时间。

必须指出，货车技术作业过程从理论上讲，应该是最大限度地平行作业，但实际工作中，由于主客观原因往往出现等待时间，如待解、待送、待取、待编、待发等。这些等待时间虽然均属于非生产时间，但也应统计在货车技术作业过程中。因此，必须从改变调车机车运用、提高车站工作组织水平等方面入手，大力予以压缩，直至消除各种等待时间。

第三节 车站作业计划

车站作业计划是车站为保证完成铁路局日（班）计划，实现列车运行图、列车编组计划、月度货物运输计划和运输生产经营计划的行动计划。车站必须根据铁路局调度所下达的日（班）计划，正确地编制车站班计划、阶段计划和调车作业计划，并在铁路局调度的指挥下组织实现。

全路各编组站和作业量大的区段站、货运站、客货运站，均须按照《铁路运输调度规则》（以下简称《调规》）的规定，正确编制和执行车站作业计划。

一、班 计 划

班计划是车站完成一个班运输生产任务的作业组织计划。

1. 班计划内容主要包括：

（1）列车到达计划：各方向到达的列车车次（划分车场的车站要有场别）、时分、机车型号、编组内容（去向别重车数、车种别空车数、到达本站重车数）。

（2）列车出发计划：发往各方向的列车车次（划分车场的车站要有场别）、时分、机车交路及型号、机车号、编组内容（去向别重车数、车种别空车数）、车流来源。

（3）卸车计划：全站卸车数、主要卸车点大宗货物卸车数、卸后空车用途。

（4）装车计划：全站装车数、主要装车点大宗货物品类、车种、去向别的装车数、配空来源、挂运车次。

“五定”班列及直达、成组装车各主要装车点品类、车种、去向别的装车数、配空来源、挂运车次。

（5）客车底取送、摘挂、调转的车次、时间、车种、辆数。

（6）班任务主要包括以下内容。

①货车出入总数，阶段运用车计划，货车平均中转时间，货车一次货物作业平均停留时间；

②全站及各场别的到、发列数，编、解列数，无调直通列数；

③各货场和专用线别的装、卸车数；

④计划扣修车数，站、段、厂修竣车数，货车备用及解除计划。

（7）厂、矿、港交接站和国境站货车交接次数、时间、车种、辆数。

（8）工务、电务、水电、供电施工计划。

（9）其他临时重点任务。

2. 车站向铁路局调度所提供编制日（班）计划资料

为正确编制班计划，车站调度员、货运调度员和其他有关工种人员，按铁路局规定的内容和时间，向铁路局调度所有关工种调度人员提供编制日（班）计划资料。

车站值班站长（值班主任、调度室主任或车站调度员）每天将15:00（3:00）至18:00（6:00）本站出发列车计划和编组内容及预计18:00（6:00）的全站现车数、去向别重车数（其中到本局和邻局管内摘挂车流分到站）、车种别空车数、本站作业车数，按铁路局规定时间，电话报告铁路局调度所（计划调度员），与其核对15:00（3:00）至18:00（6:00）本站到达列车计划，共同确定18:00（6:00）至21:00（9:00）车站到、发列车计划，提出编制班计划的建议。

3. 车站值班站长（值班主任、调度室主任或车站调度员）每天按规定时间，抄收铁路局调度所下达的班计划。内容主要包括以下几方面：

（1）各方向到达的列车车次、时分、编组内容（去向别重车数、车种别空车数、本站作业车数）；

（2）发往各方向的列车车次、时分、机车交路及型号，机车号、编组内容（去向别重车数，车种别空车数，直达、成组车数），编组要求、车流来源、特种车辆及货物的编挂限制；

（3）摘挂列车的装卸、甩挂作业计划；

（4）按发货单位、品名、到站别的装车（包括直达和成组装车）计划及空车来源；

（5）卸车数（整列货物品名、收货人）及排空任务；

（6）施工日计划；

（7）重点任务、指示。

班计划由主管副站长（调度室主任或运转主任）亲自编制。车站值班站长（值班主任）或有关人员每天按车站规定时间，将编制车站班计划所需资料提供给主管副站长（调度室主任或运转主任）。

站长（或副站长）负责审批班计划，并部署重点任务和关键事项。

二、阶段计划

阶段计划是保证实现班计划的行动计划。

1. 阶段计划的主要内容

（1）各方向到达列车车次、时分、机车型号、进入场别、占用线别、编组内容、解体顺序和起止时分；

（2）发往各方向的列车车次、时分、机车交路及型号、机车号、编组内容、车流来源、占用发车场别、线别、编组作业起止时分；

（3）各货场及专用线别的卸车数、品名、收货人、送车时间、卸空时间、空车用途；

（4）各货场及专用线别的装车数、车种、品名、到站、空车来源、送入时间、装完时间、挂运车次；

（5）装载重点军用、超限超重、剧毒品等特种货物的车辆加挂车次、辆数、编挂限制；

（6）中转列车成组甩挂车次、时间、辆数、去向；

（7）各场（区）及货场、专用线间的车辆（包括检修、洗刷、加冰、倒装等车辆）的交换次数、取送地点、时间、辆数；

（8）客车底取送及摘挂的车次、时间、地点、车种、辆数；

（9）调车机车运用和整备计划，驼峰解体、牵出线编组及取送作业的安排；

（10）施工和维修计划。

2. 阶段计划的编制

（1）车站调度员（或助理调度员）于每天18:00、0:00、6:00、12:00向铁路局调度所报告包括重车分去向(其中到本局和邻局管内摘挂车流分到站)、待卸车和空车分车种的现车情况。铁路局调度于阶段计划开始前一小时,将下阶段的列车运行调整计划(包括到发列车车次、预到时分、编组内容、机车交路及型号、机车号)等有关情况通知车站值班站长(或车站调度员)。

(2)阶段计划中的到发线运用计划,由车站调度员和车站值班员共同负责确定,由车站值班员亲自掌握。车站调度员或车站值班员必须变更到发线使用计划时,须征得对方同意并在技术作业图表中作鲜明标记。

车站调度员和车站值班员在确定和变更列车到发线运用计划互相矛盾时,应由车站值班站长加以决定。旅客列车到发线应固定使用。变更旅客列车到发线使用时,应通知客运组织部门;通过的旅客列车由正线变更为到发线接发及特快旅客列车遇特殊情况必须变更基本进路时,应取得铁路局调度同意之后方能变更。

(3)阶段计划由车站调度员根据班计划和《调规》有关规定,按列车编组计划、列车运行图以及《技规》、《行规》编组列车的规定的《站细》规定的列车占线程序、各项技术作业的时间标准和调车区的划分、调车机车的作业分工,利用车站技术作业图表进行编制,值班站长负责审批。

3. 阶段计划下达

由车站调度员和车站值班员于阶段计划开始半小时前,将阶段计划和上级有关命令、指示、重点要求分别向有关工种人员布置下达。布置具体专项内容由各铁路局自定。

三、调车作业计划

调车作业计划是保证实现阶段计划的调车作业具体行动计划,由调车领导人负责编制。

1. 调车作业计划的编制要求

(1)要符合列车编组计划、列车运行图和《技规》的规定,执行作业标准,保证行车安全和调车人员的人身安全。

(2)要合理运用技术设备和采取先进工作方法,最大限度地实现解体照顾编组,解体照顾送车,使解、编、取、送作业密切配合,力争做到调车钩数少、调动辆数(带车数)少、占用股道少、行程短、作业方便,调车效率高,即平均钩分小。

(3)要做到及时、准确、完整。“及时”就是及时编制和下达计划;“准确”就是保证计划本身无漏洞、无差错,尽量不变或少变计划;“完整”就是要求调车作业通知单字迹清楚,项目齐全。

2. 调车作业计划的编制依据

调车作业计划的编制,应根据阶段计划和现车分布状况、到达列车编组确报、驼峰(牵出线)利用情况及调车场线路固定用途和存车情况、各装卸点作业进度及调车机车工作动态等实际情况,按照《站细》及有关规定进行编制。

3. 调车作业计划通知单的格式、内容及有关标记符号

调车作业通知单的格式及有关标记符号由铁路局规定,在填写时应严格按照《行规》和《站细》的相关规定及格式逐项填记齐全。

调车作业计划通知单格式见表 2-9。

表 2-9　调车作业计划通知单

______班______调　第______号

顺号	工作项目	股道	挂车数	摘车数	残存	记事
1						
2						
30						

计划:自　时　分至　时　分

实际:自　时　分至　时　分

编制人:　月　日

调车作业计划通知单的内容应包括以下几方面:

(1)月日:按实际日期填写;

(2)顺号:作业计划钩序;

(3)调车组别:按实际作业的班、调填写;

(4)作业内容(解体或编组车次)及起止时分;

(5)运用股道:按实际作业股道先后顺序填写;

(6)摘挂车数:填向×道应挂出辆数或应摘下、溜放、解散的辆数;

(7)注意事项及特殊限制:有关标记符号铁路局须作出统一规定,车站可进行补充;

(8)计划编制人姓名。

第四节　编组列车

编组列车是铁路完成运输任务的主要生产过程。为了提高运输效率,保证列车运行的安全,编组列车应按有关规定进行。

一、编组列车的一般要求

1. 编组列车的质量要求

编组列车,就是按列车种类、用途和运输性质,根据《技规》、列车编组计划和列车运行图规定的编挂条件、车组、重量或长度编组,将车辆或车组选编成车列。

(1)编组列车必须符合《技规》的有关规定

编入列车中的车辆的技术条件、隔离限制、关门车编入列车的位置及数量、列车尾部挂车条件、编入列车的机车的编挂位置、单机挂车等事项应符合《技规》规定。同时对于装载危险货物、易燃货物的车辆编入列车的隔离要求,编挂装载超限货物的车辆和特种车辆,还要执行铁道部的《铁路危险货物运输管理规则》(以下简称《危规》)、《铁路超限超重货物运输规则》的有关规定和临时指示。

(2)编组列车必须符合列车编组计划的有关规定

列车种类、编组内容、编入列车中的车辆的去向或车种、车辆的编挂位置等必须符合列车编组计划的规定。

(3)编组列车必须符合列车运行图的有关规定

列车的重量、长度必须符合列车运行图的规定。

2. 列车的重量及长度标准

(1)列车的重量标准(又称列车牵引定数),是根据机车牵引力、区段内限制坡度、运行速度要求等因素,按《牵引计算规程》的规定进行计算并试运转,考虑各种类型机车牵引重量的平衡,最后取整确定的。

(2)列车的长度标准是根据运行区段内各站到发线有效长,并预留 30 m 的附加制动距离确定的。

(3)实际编成的列车的重量,是列车内编挂的所有车辆的自重和载重的总和,但不包括工作机车(本务机车、补机、重联机车等)和有动力回送机车的重量;实际编成的列车的长度,是列车内编挂的所有车辆的换长的总和,但不包括工作机车(本务机车、补机、重联机车等)和有动力回送机车的换长。由于实际编成的列车与图定重量、长度不可能完全相符,因此,铁道部规定了尾数波动范围:货物列车牵引重量,允许上下波动 80 t,长度允许欠 1.3 辆以内。

①满轴列车和欠轴(重)列车

满轴列车是指实际编成的列车,其重量或长度符合列车运行图规定的重量或长度标准范围的货物列车。

欠轴列车是指实际编成的列车重量按运行图规定的牵引定数欠 81 t 及以上,同时,换长欠 1.3 及以上,且连续运行距离超过机车乘务规定区段 1/2 的货物列车。

在实际工作中,应编开满轴列车,原则上不准编开欠轴列车。

编组欠轴列车浪费机车牵引力,必须开行时,亦应得到列车调度员的命令准许。

②超重列车

超重列车是指实际编成的列车重量超过列车运行图规定的牵引定数超过 81 t 及以上,且连续运行距离超过机车乘务规定区段 1/2 的货物列车。

编组超重列车有利于节省机车运用台数,提高区段通过能力,但由于机车性能和司机技术水平的限制,可能会因造成运缓、坡停或会让不当等后果而打乱运行秩序。为此,编组开行超重列车时,在编组站、区段站应商得机务(或折返)段调度员的同意;在中间站应得到司机的同意,并且均须经列车调度员准许,以使其指挥行车时心中有数。

③超长列车

超长列车是指实际编成的列车长度超过列车运行图规定的区段换长的货物列车。

开行超长列车时,必须得到列车调度员的命令准许,事先向各有关站、段布置,特别要注意列车会让计划。编组超长列车时,必须考虑运行区段内的具体条件,编组的超长列车的最大长度不得超过区段内一个车站两股最短到发线有效长之和,并不宜编挂超限车辆和其他限速车辆。

单线区段应避免对开超长列车,以免给中间站会车带来麻烦。跨铁路局的超长列车应转发铁道部的命令。开行超长列车的运行办法,由铁路局在《行规》中规定。

摘挂列车、小运转列车、固定车底的循环列车、快运货物列车、军用列车、机械冷藏列车、限速列车、路用列车及“五定”货运班列等不受欠重的限制，但超重或超长时，仍应按有关规定办理。

3. 禁止编入列车的机车车辆

(1)插有扣修、倒装色票的及车体倾斜超过规定限度的车辆。

货车插有色票是表示该车定检到期或技术状态不良，需要检修。凡经检车人员检查确定，因技术状态不良或定检到期、过期需要扣修的车辆，或重车因技术状态不良需倒装而进行摘车修理的车辆，均应由检车人员在该车的表示牌框内，插上相应的色票。插有色票的车辆，一律不准使用。

车体倾斜是指车辆一侧或一端倾斜，车体倾斜可能使弹簧折断或车辆燃轴，若发现不及时则可能造成热切，致使车辆脱轨颠覆，造成严重损失。此外，车体倾斜超过规定限度，也可能侵入限界与信号设备、建筑物或邻线机车车辆碰撞，危及行车安全，因此，客车倾斜超过 50 mm，货车倾斜超过 75 mm 者均禁止编入列车。

(2)曾经发生冲突、脱轨或曾编入发生特别重大、重大、大事故列车内以及在自然灾害中损坏，未经检查确认可以运行的车辆。

这些车辆经过猛烈冲撞，其主要零部件如转向架、轮对、轴箱、车钩及车底架等可能已损伤或存在隐患，如不经车辆部门细致检查，并确定对行车有无妨碍就编入列车，将严重威胁运行安全。

(3)装载货物超出机车车辆限界，无挂运命令的车辆。

一件货物装车后，在平直线路上停留时，货物的高度和宽度有任何部位超过机车车辆限界或特定区段装载限界的，称之为超限货物。

在平直线路上停留虽不超限，但行经半径为 300 m 的曲线线路时，货物内侧或外侧的计算宽度(已经减去曲线水平加宽量 36 mm)仍然超限的，亦为超限货物。

装载超限货物的车辆，在运行上有特殊要求，如运行速度、会车限制、通过的线路、桥梁和隧道的限制等，所以必须有同意挂运的调度命令。

车站在挂运超限车以前，由车站值班员或车站调度员将批示命令号码、车种、车号、到站、超限等级等事项报告铁路局调度所，以便纳入日班计划，列车调度员根据批准的装运电报发布挂运命令，将管内具体运行条件以调度命令下达有关站段，以便做好准备工作。

(4)装载跨装货物(跨及两平车的汽车除外)的平车，无跨装特殊装置的车辆。

一件货物的长度或重量不能容纳于一辆平车上，须用两辆平车共同负担载重时，称为跨装。

为了使跨装货物的车辆能灵活地通过曲线，必须在车辆与货物之间使用特殊装置(货物转向架)。同时，为了防止因车钩弹簧压缩、伸张而造成货物的窜动，在货物跨装的车辆与车辆之间还必须使用车钩缓冲停止器。若无这些特殊装置，列车通过曲线或坡道地段时，货物则可能产生移动，从而引起不良后果。

在实际工作中，跨及两车装载的汽车或爬装的汽车，由于有车轮的小距离转动，可以缓解和适应车钩的伸缩，因此不受此条的限制。

(5)平车、砂石车及敞车装载货物违反装载和加固技术条件的车辆。

平车、砂石车、敞车或无车帮或无顶棚，货物的装载和加固必须保证能经受正常调车及列车运行中的震动和冲击，以保证货物在运输的全过程中不致发生移动、滚动、倾覆、倒坍或坠落等情况。

(6)未关闭侧开门、底开门的车辆，底开门的扣铁未全部扣上的车辆，以及平车未关闭端、侧板的(有特殊规定者除外)车辆。

侧开门不关，运行时车门可能超出限界，危及安全；底开门不关，易刮坏线路上的有关设备，甚至脱落。底开门有两个扣铁，若不全扣上经过震动仍可能开放，使货物散落，引起车辆脱轨。

平车不关侧板，运行中易掀动，如超过车辆限界，可能刮坏信号设备，碰撞邻线机车车辆，危及人身安全；端板不关，运行中可能掀动脱落，甚至造成脱轨或颠覆事故。装载超限货物时，应将侧板牢固捆绑在车体上，方准编入列车。

(7)由于装载的货物需停止自动制动机的作用，而未停止的车辆。

装载易燃、易爆货物的车辆，由于制动时闸瓦与车轮摩擦产生火花或高温，特别是在长大下坡道上，制动时闸瓦与车轮强烈摩擦，有可能使所装载爆炸品或怕受高温的货物发生火灾或爆炸事故，因此必须停止自动制动机的作用。

(8)厂矿企业自备机车、车辆、自轮运转特种设备过轨时，未经铁路机车车辆人员检查确认的车辆。

自轮运转特种设备是在铁路营业线上运行的轨道车及铁路施工、维修专用车辆(包括轨道起重机、架桥机、铺轨机、接触网架线车、放线车、检修车、大型养路机械等)。

企业自备机车、车辆的技术标准，是各企业根据本单位的作业特点而制定的标准，其维修、养护均不如国家铁路严格。所以企业自备机车、车辆、自轮运转特种设备过轨时，未经铁路机车车辆部门按国家铁路标准检查确认鉴定时，禁止编入列车。

(9)缺少车门的车辆(检修回送车除外)。

缺少车门，装车后容易造成货物窜出坠落或丢失，不能保证货物的完整和安全。

二、列车中车辆的编挂

1. 装载危险、易燃等货物的车辆编入列车的隔离限制，执行铁道部危险货物运输规章规定。编挂超限货物车辆或特种车辆时，按铁道部货物运输规章规定或临时指示办理。

隔离的作用：一是防止发生意外，使易燃、易爆物品与火源、热源隔离；二是万一发生意外时，能尽量减少或避免扩大损失。

小运转列车的机车及调车机车均装有防火装置，其运行路程较短，加之各铁路局情况差异很大，所以，在保证安全的前提下，小运转及调车作业隔离要求由铁路局规定。

为防止装载蜜蜂的车辆在列车中挂运位置失当造成蜜蜂死亡，在编组或改编列车时，对装有蜜蜂的货车不得与整车装运敌敌畏、六六六、1605、1059的农药车(即标有△(农)的车辆)编挂在同一列车内。如车流不足，分别挂运有困难时，蜜蜂车应挂于农药车前部，并隔离4辆及其以上。

2. 特快旅客列车不准编挂货车，编入的客车车辆最高运行速度等级必须符合该列车规定的速度要求。其他旅客列车原则上不准编挂货车，在特殊情况下，局管内旅客列车经铁路局准许，跨局的旅客列车经铁道部准许方可在列车后部加挂，但不得超过2辆。加挂货车的技术状态和最高运行速度,须符合该列车规定速度要求。

旅客列车中乘坐旅客的车辆,与机车、货车相连接的客车端门及编挂在列车尾部的客车后端门须加锁。

3. 禁止编入旅客列车的车辆:

(1)超过定期检修期限的车辆(经车辆部门鉴定送厂、段施修的客车除外)。

车辆超过定期检修期限,其各部位技术状态就会发生变化,如结构松弛、零部件裂纹、变形、轴箱内油脂变质和制动作用不良以及可能产生外部不易发现的隐患等,直接威胁旅客人身安全。为了满足运输旅客的需要,须尽快修复客车。而对于经车辆部门鉴定送厂、段检修的客车,可不受上述限制。

(2)装载危险、恶臭货物的车辆。

危险货物,是指具有易燃、爆炸、腐蚀、毒害、放射等性质的货物;恶臭货物,一般是指污秽品,如粪便、兽骨、湿毛皮、鱼介类和动物的内脏等。装有这些货物的车辆挂在旅客列车上,将会直接威胁旅客的生命财产或有碍于旅客的舒适和身体健康。因此,装载危险、恶臭货物的车辆,禁止编入旅客列车。

4. 编挂特种车辆的要求:

编挂超限货物车辆或特种车辆时,按铁道部货物运输规章规定或临时指示办理。

(1)机械冷藏车组应尽量挂于货物列车中部或后部。

机械冷藏车因有各种机械设备和管道,牢固性差,应尽量编于列车中部或后部,以确保运行的安全。

(2)轨道起重机,一律挂于列车中部或后部。

轨道起重机因其重心高,有的车钩无缓冲装置,起重臂横向摆动,走行部分又不如货车,故回送轨道起重机,一律挂于列车中部或后部。回送时,须由机务段(出厂时由承修厂)负责技术检查,填写轨道起重机回送状态鉴定书,并向车站办理回送手续。

其他特种车辆,因挂运时任务不同,所以编挂的要求也不尽相同,事前不可能作出统一的规定。遇有挂运时,应根据情况按临时指示办理。

三、列车中机车的编挂

1. 工作机车应挂于列车头部,正向运行(牵引小运转、路用、救援列车的机车除外);无转向设备的,可逆向运行。

双机或多机牵引时,本务机车的职务由第一位机车担当。

补机原则上应挂于本务机车的前位或次位,在特殊区段或需途中返回时,经铁路局批准,可挂于列车后部,如后部补机不接软管时,由铁路局规定保证安全办法。

2. 铁路局所属的机车跨牵引区段回送时,原则上应有动力附挂货物列车(电力机车经非电气化区段回送时除外)。在所担当的区段外单机运行时,应派线路指导人员添乘。杂小型及状态不良的,可随货物列车无动力回送。

旅客列车遇特殊情况须附挂跨铁路局的回送机车时,按铁道部命令办理。

回送机车应挂于本务机车次位。20‰及以上坡道的区段,禁止办理机车专列回送。

四、列车中“关门车”的编挂

为了保证列车在施行制动，特别是紧急制动时有足够的制动力，以确保列车在规定的紧急制动距离内停车，列车中的机车和车辆的自动制动机，均应加入全列车的制动系统。

列车的制动力可通过换算闸瓦压力来体现。按照《技规》的规定，计算制动距离为 800 m 的货物列车，当采用高摩合成闸瓦时，每百吨列车重量的换算闸瓦压力不得低于 180 kN；货车装用高磷铸铁闸瓦时的换算闸瓦压力按相应高摩合成闸瓦换算压力的 170% 计算。

由于旅客列车运行速度较高，为确保在规定的制动距离内停车，对制动力有更高的要求。当旅客列车的计算制动距离为 800 m、采用高磷铸铁闸瓦时，每百吨列车重量的换算闸瓦压力不得低于 660 kN。

列车每百吨闸瓦压力 =（编成列车实际闸瓦压力总值/列车重量）×100（kN）

车辆换算闸瓦压力见《技规》第 19 表。

关门车是指关闭制动支管上的截断塞门，本身失去制动力的车辆。产生“关门车”的原因主要是因装载的货物规定需停止制动作用，以及因自动制动机临时发生故障。

列车中编入关门车会影响全列车的制动能力，因此关门车在编入列车中时有一些规定和要求。

1. 货物列车中关门车的编挂

（1）数量的限制

主要列检所所在站编组始发的列车中，不得有因制动机故障而造成的关门车。

当编入列车中的关门车数不超过现车总辆数的 6%（尾数不足一辆按四舍五入计算）时，可不计算每百吨列车重量的换算闸瓦压力，不填发制动效能证明书；超过 6% 时，按《技规》第 201 条的规定计算闸瓦压力，并填发制动效能证明书交与司机。

制动效能证明书，在有列检所的车站，由列检人员负责计算和填写；在无列检所的车站，由车站计算并填写。

（2）编挂位置的限制

为保证列车在紧急制动时，能确保列车及时紧急制动，对“关门车”的编挂位置也须严格限制。

①关门车不得挂于机车后部三辆之内。

列车能否形成紧急制动取决于列车制动主管的减压速度。机后三辆之内编挂关门车，虽能通风，但进行紧急制动时，由于风管路长，不能产生或延迟紧急制动作用，容易发生危险。

②在列车中连续连挂不得超过二辆。

当列车制动时，在列车尚未全部停轮前，各车辆间产生瞬间冲动、冲挤现象。关门车本身不制动，冲挤就比较激烈，如关门车连续连挂过多，就很可能因制动冲挤而造成脱轨、断钩、脱钩等事故，故连续连挂以二辆为限。

③列车最后一辆不得为关门车。

列车最后一辆不得为关门车，是为了防止最后一辆车因车钩分离而造成车辆溜逸，产生严重后果。

④列车最后第二、三辆不得连续关门。

当列车制动主管意外不通，需要由列车后部排风紧急制动时，若列车最后第二、三辆连续关门，由于风管路长，不能产生或延迟紧急制动作用，造成不良后果。

对于不适于连挂在列车中部但走行部良好的车辆，经列车调度员准许，可挂于列车尾部，以一辆为限，如该车辆的自动制动机不起作用时，须由车辆人员采取安全措施，保证不致脱钩。

2. 旅客列车中临时关门车的处理

旅客列车不准编挂关门车，在运行途中如遇自动制动机临时故障，在停车时间内不能修复时，准许关闭一辆，但列车最后一辆不得为关门车。

3. 空重调整阀的调整

装有空重车手动调整阀的车辆，车辆总重（自重＋载重）达到40 t时，按重车调整，以加大制动力。

有列检作业的车站，由列检人员负责调整；无列检作业的车站，由车站货运检查人员检查，不符合时应进行调整。

复习思考题

1. 什么是列车编组计划？
2. 违反列车编组计划的情况有哪些？
3. 何谓列车运行图？
4. 列车运行图的横轴、纵轴、斜直线段和规定符号分别表示什么含义？
5. 列车运行方向及车次有何规定？
6. 何谓列车技术作业？
7. 何谓货车技术作业？
8. 货车按其在站所办理的技术作业可分为哪几种？
9. 技术站货物列车技术作业的内容有哪些？
10. 有调中转车都有哪些技术作业程序？
11. 何谓车站作业计划？主要包括哪些内容？
12. 调车作业计划的编制依据有哪些？
13. 编组列车的质量要求有何规定？
14. 列车的重量及长度标准是如何规定的？
15. 货物列车中关门车编挂有何规定？

第三章　驼峰调车作业

第一节　调车工作概述

一、调车工作的重要性

除列车在车站的到达、出发、通过及在区间内运行外，凡机车车辆进行一切有目的的移动（包括在站内或区间）统称为调车。由于调车工作地点经常变化、工作对象不固定、工作条件不同，以及参加调车工作的人员众多，因此，调车工作是铁路行车工作中比较复杂、技术性比较强的工作。

从整个运输过程来看，车辆在车站的停留时间，占车辆周转时间相当大的比重。货车在一次周转过程中，一般要进行多次调车作业。全路用于调车的机车台数、调车工作所支出的费用均较大。由于调车作业参加人员多，作业场所多变，条件复杂，调车事故在全路行车事故中占有相当大的比重，特别是调车冲突、脱轨、挤道岔等惯性事故时有发生。近年来，由于我国半自动化、自动化驼峰数量的不断增加，驼峰调车安全必须引起我们的高度重视。

由此可见，严格执行有关规章制度和作业标准，改进调车工作组织，不断提高调车工作人员的技术水平，充分利用调车设备与先进调车工作方法，对提高调车效率，保证调车安全，加速机车车辆的周转，增加运输能力，降低运输成本，完成运输生产任务起着十分重要的作用。

二、调车工作分类

1. 调车按其作业目的的分类

（1）解体调车：将到达列车中的车辆，按其去向和车种分解到调车场的固定线路内。

（2）编组调车：根据编组列车的有关规定，将车辆编成车组或车列。

（3）摘挂调车：在技术站对变更牵引重量或改变运行方向的中转列车，以及中间站对摘挂列车进行摘挂车辆的调车。

（4）取送调车：向装卸作业地点取送作业车或向车辆检修地点取送检修车。

（5）其他调车：如转线、转场、整理车场等。

2. 调车按其设备不同的分类

（1）牵出线调车。

（2）驼峰调车。

三、调车工作的基本要求

车站的调车工作，应按车站的技术作业过程及调车作业计划进行。参加调车工作的人员应做到以下几点：

1. 及时编组、解体列车，保证按列车运行图规定的时刻发车，不影响接车。

2. 及时取送客货作业和检修的车辆。

3. 充分运用调车机车及一切技术设备，采用先进的工作方法，用最少的时间完成调车任务。

4. 认真执行作业标准，保证调车有关人员的人身安全及行车安全。

四、调车区划分和调车机车分工

1. 调车区的划分

调车机车是调车作业的主要动力。为了解编列车和取送车辆等需要，在调车作业繁忙、配线较多的车站，配有两台及以上调车机车时，应根据车场设置特点、调车作业性质、车流特点和车站配线等情况，划分每台调车机车及相对固定的调车区域，简称调车区。每个调车区一般情况下只有一台机车按固定范围作业（驼峰有预推进路除外），可避免调车机车的相互干扰、抵触，便于机车乘务人员和调车人员熟悉作业区域、设备特点和工作条件，有利于调车安全。但对于车流量大、作业繁忙的车站，设有半自动化、自动化驼峰调车场，为提高调车效率，及时完成调车任务，在同一驼峰或峰尾调车区配备二台或以上调车机车，这样的半自动化、自动化驼峰调车场，在驼峰头部设有双推设备、在峰尾设有两条及以上牵出线（平行进路），保证调车机车间平行作业，减少交叉干扰，提高效率，保证安全。

划分调车区的基本原则是：保证各调车机车在作业上互不干扰和抵触，调车机车、驼峰、牵出线及调车线负担的任务相对均衡合理；保证加速解编作业，减少重复作业，充分挖掘潜力；保证调车作业和接发列车作业的安全。

划分调车区的办法，应根据车站的调车任务、车流和配线等情况而定，并在《站细》中规定。一般采用以下两种方法。

(1)对于调车作业互不干扰，设有牵出线和一定数量的调车线的独立车场，可单独划区管理。在调车量较大的货场、交接场和专用线，在配有专用的取送调车机车时，也可划为单独的调车区。

(2)对于两端均配有牵出线和驼峰，或一端设有牵出线、一端设有驼峰的车场，可实行横向划区或纵向划区。

①横向划区的办法是在调车场中部特设分界标或利用固定建筑物作为调车区的分界线，两端各为一个调车区，并在《站细》中规定，两调车区之间应设立安全区。两端可同时向该线进行溜放或推进作业，但不得连挂或推动分界车组，为了保证重点，尽量使主区一端有较长的线路。

②纵向划区是当调车（编发）场的任何一端有两条以上牵出线或驼峰溜放线，且分别配有固定的调车机车时，一般是按照每条牵出线或驼峰溜放线直接接通的线束来划分，每个调车区分配几条线路，以线路警冲标或分界道岔为界，规定一定的任务，固定一台调车机车，这样便于各台调车机车平行作业。遇有交叉作业时，按越区作业办理。

在集中联锁的车站，一般以独立的集中操纵楼来划分调车区，固定一台或多台调车机车共同作业。调车（编发）场为双方共同作业区域，在横列式车站到发场亦为双方共同作业的区域，在共同区域作业时，双方应做好联系。

每一调车区应有牵出线，原则上应与其他进路隔开。

纵向划区的优点是便于掌握调车线的使用，避免同一线路两端同时作业而产生的不安全因素；缺点是对于线路少、车流方向多的车站，将会产生线路不足，增加重复改编作业。适用于调车线较多的车站。

横向划区的优缺点与纵向划区相反，适用于调车线较长，数量较少的车站。

2. 调车机车分工

（1）调车场两端调车机车的分工

①一端解体、一端编组，或一端以解体为主，一端以编组为主。适用于调车场一端设有驼峰，另一端设有牵出线的车站。由驼峰负责解体，牵出线负责编组，可以充分发挥驼峰和牵出线设备的效能。

②一端负责解编某一方向的列车，另一端负责解编另一方向的列车。适用于横列式车站调车场两端设有简易驼峰或牵出线，而两个方向的改编作业量又大致相等的车站。其优点是可以充分利用调车设备，均衡两端调车机车负担，减少重复作业，便于采用解编结合的调车方法。

③以一端调车机车为主，另一端调车机车为辅。解编作业基本上由主调车机车担当，另一端调车机车负责车辆取送、车组摘挂作业，必要时协助主调车机车进行解编作业。适用于解编作业量不大的车站。

（2）调车场同端调车机车的分工

当在调车场的任何一端，具有一条以上的牵出线或驼峰溜放线，配属一台以上的调车机车，共同担负调车场一端的解编工作时，为使各台调车机车平行作业，互不干扰，调车场同端的调车机车的作业也应进行分工，其分工方式有以下两种。

①固定作业区域。将每台调车机车固定在一条牵出线或驼峰溜放线上，专门担负一定方向的列车解体或编组工作。这种方式有利于建立良好的作业秩序，作业计划组织比较简单。例如，调车场尾部有两条牵出线，两台机车作业时，可划分为两个调车区。担当各方向解编任务不够均衡或车流波动较大时，难免会产生忙闲不均、作业不够协调、调车机车能力不能充分利用等情况。

②不固定作业区域。这种分工方式不固定每台调车机车占用的牵出线或驼峰溜放线。由于不固定作业区域，相应地也就不固定担负一定方向的解编任务，而是由调车领导人根据作业计划的要求，考虑各台调车机车的作业进度，灵活掌握、机动分配每台机车的作业区域和所担负的任务。这种方式只要运用得当，就能够克服前一种方式的缺陷，更好地发挥调车机车的生产效能。例如，双推单溜的驼峰，两台调车机车的作业就可不固定作业区域，但是，它也给调车作业增添了复杂性，即要求调车工作领导人具备较高的计划组织水平且调车组人员具有比较全面熟练的作业技能。

五、调车场线路固定使用

调车场内的线路主要用途有两个：一是按照列车编组计划的规定，用于集结和编组车列（车组）；二是存放本站货物作业车、场间交换车、扣修车、倒装车和装载特种货物或超限货物的车辆等。

在调车线不够充裕的情况下,应首先保证用于集结和编组的线路数,尽量减少停放其他车辆的线路数。

用于集结和编组的线路,尽可能按照列车编组计划的规定,每编组一个到达站的列车或车流方向,固定使用一条调车线,有利于解体照顾编组,减少重复改编作业。若可供使用的线路数少于规定的车流方向数时,应首先满足主要车流单独集结的需要,对其余车流量较小的方向,可合并使用一条线路。

用于存放其他车辆的线路,应在保证调车安全,不会大量产生重复作业和严重交叉干扰的条件下,尽量做到一线多用。

调车场内各条线路的有效长度和平,纵断面等条件不尽相同,固定其具体用途时,一般应考虑以下条件:

(1)适应车流量大小的需要;

(2)均衡牵出线的作业负担;

(3)减少调车作业的干扰;

(4)照顾车辆的溜行性能;

(5)便于车辆检修和其他作业。

总之,调车场内的线路固定使用与车流性质、大小、线路的条件等有着密切的关系。因此,车站应根据列车编组计划的要求及具体条件确定调车线固定使用,并纳入《站细》。

调车场线路的使用,按照“定而不死,活而不乱”的原则,采用“固定与活用结合”的办法是最为合理有效的。尤其在调车场线路严重不足的车站,效果更为显著。这种办法就是在一般情况下,车辆应按固定线路分解,但在必要和有利时,调车领导人也可以有计划地组织借用其他线路。而当活用线路的必要性消失后,仍恢复线路的固定使用,以免影响调车场正常作业秩序。

六、调车工作的“九固定”

调车工作要固定作业区域、线路使用、调车机车、人员、班次、交接班时间、交接班地点、工具数量及其存放地点。

1. 固定作业区域

在调车作业繁忙、配线较多,配有两台或两台以上调车机车的车站,为避免同时作业相互间的干扰,而把每台调车机车的活动固定在一定区域内,这有利于作业人员熟悉本区作业性质和设备状况,也有利于提高调车效率和保证调车作业的安全。

2. 固定线路使用

固定线路使用是指调车线按列车编组计划的要求、车流性质和车流大小,根据线路配置情况和使用方便以及特殊用途的要求等合理安排线路的使用方案,以便有效地使用线路,减少重复作业,缩短调车行程,提高调车效率。

3. 固定调车机车

为便于调车工作,要求担负调车作业的机车起、停快,前后瞭望条件好,能顺利通过小半径曲线。因而,调车用机车车身短、轴距小,前后均有头灯、防滑踏板、扶手把等。作固定替换用的调车机车及小运转机车,应符合调车机车的条件(有前后头灯、扶手把、防滑踏板等）。

4. 固定人员、班次

调车作业是由多工种人员配合进行的，包括调车组人员、调车机车的乘务人员和扳道人员等。由于单位不同、工种不同，他们只有长期固定在一起作业，才有利于相互了解、密切配合、协调作业，进而有利于提高作业效率和保证作业安全。

5. 固定交接班时间和地点

调车组和调车机车乘务组的交接班时间必须统一，交接班地点必须固定，并纳入《站细》。这样可以避免交接班人员相互等待，有利于缩短非生产等待时间。

6. 固定工具数量及其存放地点

调车工具如铁鞋、铁鞋叉子等，固定其数量和存放地点，不仅便于交接清楚、使用保管，而且当损坏或短少时，也便于及时发现和补充，以保证正常的作业需要。

七、使用无线调车灯显设备作业的一般规定

调车作业应采用无线调车灯显设备，并使用规定频率，其显示方式须符合有关规定的要求。无线调车灯显设备应与列车运行监控记录装置配合使用，无线调车灯显设备的使用、维修及管理办法由铁路局规定。

1. 使用无线调车灯显设备作业时，取消手信号显示，对灯显以外的作业指令采用通话方式。调车人员应正确及时发出信号指令和用语，做到用语标准、吐字清晰（作业用语由铁路局规定）。遇无线调车灯显设备发生故障时，应及时改用手信号作业。

2. 使用无线调车灯显设备指挥调车作业时，应执行单一指挥的原则，指挥机车的调车信令和用语，只能由调车长发出。当发现危及人身和行车安全时，其他调车人员应及时发出停车信号或用语，司机接收到停车信令后应立即停车。

3. 使用无线调车灯显设备作业时，不允许发出与工作无关的用语；其他无关人员不允许使用；不允许私自变更频率；调车长不允许向连结（制动）员放权使用；调车作业人员不到位，不允许指挥动车或作业；不允许简化调车作业程序。

4. 调车长于交接班或作业前要认真组织调车人员、司机对无线调车灯显设备检查试机。

5. 使用无线调车灯显制式（见图 3-1）的信号显示方式如下：

（1）一个红灯——停车信号。

（2）一个绿灯——推进信号。

（3）绿灯闪数次后熄灭——起动信号。

（4）绿、红灯交替后绿灯长亮——连结信号。

（5）绿、黄灯交替后绿灯长亮——溜放信号。

（6）黄灯闪后绿灯长亮——减速信号。

（7）黄灯长亮——十、五、三车距离信号。

①十车距离信号（加辅助语音提示）；

②五车距离信号（加辅助语音提示）；

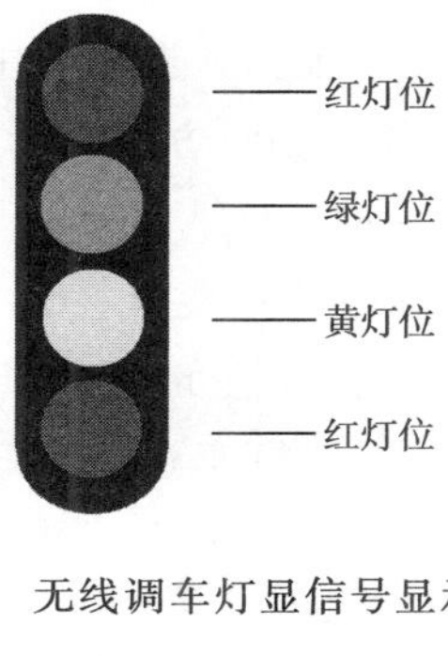

图 3-1　无线调车灯显信号显示方式

③三车距离信号(加辅助语音提示)。

(8)两个红灯——紧急停车信号。

(9)先两个红灯后熄灭一个红灯——解锁信号。

八、一班工作制度

为了保证调车工作的顺利进行,各站应结合具体情况,建立健全班工作制度,以做到从一班的点名开始到交班总结会完了实现整个作业的标准化和程序化。

1. 休息、着装制

必须保证班前充分休息,班中按规定着装。

2. 点名预想制

按时参加班前点名,开好预想会。

3. 包线检查制

按作业分工认真执行包线检查,实行对号交接班。

4. 交班总结制

实现交班条件,做好班后总结。

第二节　调车作业基本规定

驼峰作业人员在调车作业中要严格执行《技规》、《调标》等有关规定,不得违章作业,以确保驼峰调车作业安全。

一、调车工作的领导与指挥

调车工作是一项由多工种联合行动的复杂工作。为了保证安全、高效、高质量地完成调车工作,调车工作必须实行统一领导和单一指挥。

1. 统一领导

统一领导就是在同一时间内,一个车站的调车工作,由车站调度员(未设车站调度员的,由车站值班员)统一领导。各场(区)的调车工作,由负责该场(区)的车站调度员或该场(区)的调车区长领导。

各调车区相互关联的调车工作,应按车站调度员的指示进行,各调车区长不得越权去领导其他区的调车工作。遇有占用正线、到发线及影响接发列车进路的调车作业时,必须与车站值班员联系,并得到对方同意后方可进行。

2. 单一指挥

单一指挥就是在同一时间内,在同一调车区,同一台调车机车的调车作业计划的接受、传达、作业方法的确定以及对调车行动的指挥,只能由调车长单一指挥。未配调车长的车站,由本务机车进行调车作业时,可由车站值班员或助理值班员担任指挥工作。遇特殊情况,上述人员不能指挥调车作业时,可由有任免权限的单位鉴定、考试合格的连结员代替。

二、调车作业计划与准备

1. 调车作业计划

(1)调车作业计划的布置

①调车领导人应正确及时地编制、布置调车作业计划。布置调车作业计划,应使用调车作业通知单。

②使用无线调车灯显设备的车站,调车作业计划布置方法由铁路局规定。

③一批作业(指一张调车作业通知单)不超过三钩时,可用口头方式布置(中间站利用本务机车调车除外),有关人员必须复诵。

④中间站利用本务机车调车,应使用附有示意图的调车作业通知单。

(2)调车作业计划的交接

调车领导人与调车指挥人必须亲自交接计划。由于设备原因亲自交接计划确有困难以及设有调车作业通知单传输装置的车站,交接办法在《站细》中规定。

(3)调车作业计划的传达

调车指挥人应根据调车作业计划制定具体作业方法,连同注意事项,亲自向司机交递和传达;对其他有关人员,应亲自或指派连结员进行传达。具体传达办法在《站细》内规定。

调车指挥人确认有关人员均已了解调车作业计划后,方可开始作业。

(4)调车作业计划的变更

①一批作业(指一张调车作业通知单)变更计划不超过三钩时,可用口头方式布置(中间站利用本务机车调车除外),有关人员必须复诵。变更股道时,必须停车传达。仅变更作业方法或辆数时,不受口头传达三钩的限制,但调车指挥人必须向有关人员传达清楚,有关人员必须复诵。

②驼峰解散车辆,只变更钩数、辆数、股道时,可不通知司机,但调车机车变更为下峰作业或向禁溜线送车前,须通知司机。

③作业中变更计划,影响编组顺序、股道停留车顺序和车数时,调车指挥人要取得调车领导人的同意;变更正线、到发线的调车作业计划时,须事先取得车站(场)值班员同意。

④岔线、段管线、货物线内的作业计划与实际情况不符,调车指挥人与调车领导人联系有困难时,可自行制定计划,并传达清楚。作业完了及时向调车领导人汇报。

2. 调车作业准备

调车作业前的准备是安全、迅速地进行调车工作的前提。只有做好准备工作,才能顺利地执行调车计划,保证安全地完成任务。调车作业必须做好下列准备:

(1)提前排风、摘管,核对计划,确认进路,检查线路、道岔、停留车及车辆防溜等情况。

作业开始前要事先做好排风、摘管工作。排风是指由专人拉动待解车列每辆车的缓解阀,将副风缸、制动缸的风排净,防止因副风缸内余风漏泄发生制动,造成车辆作业中抱闸,危及溜放车辆的安全;摘管是指按调车作业计划的要求,将摘开车组处的车辆软管摘开,方便提钩作业,以免在解散或溜放过程中停车摘管,延长解体时间。

在调车作业开始前,为了使调车人员进一步清楚作业计划和分工,有关人员应进一步核实、确认计划,明确各自的作业分工,并做好安全预想。特别是对调车指挥人不能亲自传达布置的人员，更要认真核对计划，防止错漏。在填写或抄收、传收“调车作业通知单”的过程中，也要认真核对，防止抄错、传错。

确认进路、检查线路、道岔和停留车位置等工作，都是确保调车作业安全的重要环节。在集中区调车时，要确认进路上所有调车信号机都处于开放状态；在非集中区调车时，要确认扳道人员的开通信号，无扳道人员时调车组人员要确认道岔开通位置。确认进路，调车人员必须做到钩钩确认。

在轨道电路分路不良区段进行调车作业时，调车组人员（司机）还应确认调车车列（机车）到达指定地点后，再通知准备进路人员排列进路。防止因轨道电路分路不良造成道岔途中转换，危及调车安全。

要提前检查线路、道岔、停留车位置，尤其是去货物线、专用线、段管线取送车辆时，应事先派人检查线路、道岔、车辆、大门、货物堆放距离及安全防护用具使用情况，因路途较远或受人员、设备的限制，可在进入上述线路前停车检查，具体办法应在《站细》内规定。货物线、专用线、段管线由于作业特点、人员和管理方面的问题，不确定的因素较多，作业条件变化大，因此要认真检查确认，不得简化作业过程、臆测作业和盲目图快，同时要有联控制度，以防疏漏，确保安全。

检查停留车辆的防溜措施，主要是指去货物线、专用线、段管线及其他停有采取防溜措施车辆的线路上摘挂车辆时，应先检查停留车是否采取了防溜措施。牵出车列时，要检查车下有无铁鞋、止轮器，人力制动机是否松开，防止因拉鞋、轧止轮器或抱闸造成事故。对摘下需要采取防溜措施的车辆，要检查是否按规定采取了防溜措施，是否牢靠固定、防盗措施齐全。

（2）人力制动机的选闸、试闸，系好安全带。

人力制动机制动时，要事先做好选闸和试闸工作。在选闸和试闸中，一般要做到“六选六不选”即选标不选杂、选前不选后、选重不选空、选大不选小、选高不选低、选旧不选新和“一闸两试”（停车试和走行试）等方法。这样才能保证溜出的车组有足够的制动力，防止选闸不当、制动力不够或未试闸等，致使人力制动机制动力不强或不制动造成事故。

为了保证调车作业人员的人身安全，使用人力制动机制动的人员，必须按规定挂好安全带。

（3）准备足够的良好铁鞋。

铁鞋制动时，包线制动员要根据溜放车组的空重及辆数的多少，提前在上鞋地点备好足够的良好铁鞋。

（4）无线调车灯显设备试验良好。

作业开始前必须进行试验，主要包括调车组人员之间的实验和调车长与司机之间的实验，实验各项功能，保证作用良好、电池组电力充足，以防作业过程中发生故障，影响调车作业的正常进行。

三、溜放调车的限制

驼峰解散车辆时，溜出的车辆减速或停车，是靠人力制动机、铁鞋、车辆减速器或减速顶实现的；同时，由于所溜出车辆的型号及装载的货物性质复杂，再加上线路条件不一，所以给驼峰解散车辆带来了一些难题。为了确保人身、调车作业的安全和货物完整，在驼峰解散车辆时，对一些特殊的车辆、装载特殊货物的车辆以及特殊线路上，禁止溜放；对某些车辆溜放或由驼峰解体调车应限速连挂。

禁止溜放的车辆、线路及其他限制如下：

1. 装有禁止溜放货物的车辆。

由于装载货物的特性，溜放调车使用人力制动机、铁鞋、车辆减速器或减速顶制动时，会产生高温、火星和冲撞，这可能使装载爆炸品、压缩气体、液化气体及特种货物（按组级代号办理的军用弹药、炸药、毒剂、七〇七等货物）的车辆经撞击、摩擦、受热后可能引起爆炸、燃烧和造成严重人身伤亡事故。因此，在溜放调车和驼峰解散车辆时，应按部颁《危规》之附件6的规定进行作业。禁止溜放和溜放时限速连挂的车辆见表3-1。

表3-1 铁路车辆禁止溜放和限速连挂表

顺号	种类	禁止溜放 （调动这些车辆时禁止溜放和由驼峰上解体）	限速连挂 （溜放或由驼峰上解体调车， 车辆连挂速度不得超过2 km/h）
1	爆炸品	有整体爆炸危险的物质和物品；有进射危险，但无整体爆炸危险的物质和物品；有燃烧危险并有局部爆炸危险或局部迸射危险或这两种危险都有，但无整体爆炸危险的物质和物品	不呈现重大危险的物质和物品； 有整体爆炸危险的非常不敏感物质； 无整体爆炸危险的极端不敏感物品
2	气体	罐车（含空罐车）和钢质气瓶装载的易燃气体、毒性气体	①非易燃无毒气体 ②钢质气瓶以外其他包装装载的气体类危险货物
3	易燃液体	乙醚、二硫化碳、石油醚、苯、丙酮、甲醇、乙醇、甲苯	①除禁止溜放栏内规定以外的装入玻璃或陶瓷容器的易燃液体 ②汽油
4	易燃固体、易于自燃的物质和遇水放出易燃气体的物质	硝化纤维素、黄磷、硝化纤维胶片	三硝基苯酚［含水≥30%］，六硝基二苯胺［含水>75%］，三乙基铅，浸没在煤油或密封于石蜡中的金属钠、钾、铯、锂、铷、硼氢化物
5	氧化性物质和有机过氧化物	过氧化氢、过氧化钠、过氧化钾、氯酸钠、氯酸钾、氯酸铵、高氯酸钠、高氯酸钾、高氯酸铵、硝酸胍、漂粉精和有机过氧化物	除禁止溜放栏内规定以外的装入玻璃容器的氧化性物质和有机过氧化物
6	毒性物质和感染性物质	玻璃瓶装的氯化苦、硫酸二甲酯、四乙基铅（包括溶液）、一级（剧毒）有机磷液态农药、一级（剧毒）有机锡类、磷酸三甲苯酯、硫代磷酰氯	①禁止溜放栏内的货物装入铁桶包装时 ②除禁止溜放栏内规定以外的装入玻璃或陶瓷容器的毒害性物质
7	放射性物质	二、三级运输包装或气体的放射性货物	
8	腐蚀性物质	罐车装载以及玻璃或陶瓷容器盛装的发烟硝酸、硝酸、发烟硫酸、硫酸、三氧化硫、氯磺酸、氯化亚砜、三氯化磷、五氯化磷、氧氯化磷、氢氟酸、氯化硫酰、高氯酸、氢溴酸、溴	除禁止溜放栏内规定以外的装入玻璃或陶瓷容器的腐蚀性物质
9	特种车辆	非工作机车，轨道起重机，机械冷藏车，大型的凹型和落下孔车，空客车及特种用途车（发电车、无线电车、轨道检查车、钢轨探伤车、电务试验车、通信车），检衡车	

续上表

顺　号	种　类	禁止溜放 （调动这些车辆时禁止溜放和由驼峰上解体）	限速连挂 （溜放或由驼峰上解体调车， 车辆连挂速度不得超过 2 km/h）
10	特种货物	按规定“禁止溜放”的军用危险货物和军用特种货物	
11	其他车辆	搭乘旅客的车辆，铁道部临时指定的货物车辆	乘有押运人员的货车
12	贵重、精密货物	由发站和托运人共同确定的贵重的以及高级的精密机械、仪器仪表	电子管、收音机、电视机以及装有电子管的机械
13	易碎货物	易碎的历史文物，易碎的展览品，外贸出口的易碎工艺美术品，易碎的涉外物质（指各国驻华使、领馆公用或个人用物品，外交用品，国际礼品，展品，外侨及归国华侨的搬家货物）	鲜蛋类，生铁制品，陶瓷制品，缸砂制品，玻璃制品以及用玻璃、陶瓷、缸砂容器盛装的液体货物.

注：除顺号 1、2、9、10、11“禁止溜放”外，其他“禁止溜放”的货物车辆可向空线溜放。

2. 非工作机车、动车、轨道起重机、大型养路机械、机械冷藏车、大型凹型车、落下孔车、客车和特种用途车（如试验车、发电车、轨道检查车、检修车、除雪车等）。

上述车辆有的因车体结构特殊，不宜通过驼峰或不能使用铁鞋、人力制动机制动，有的因车内装有精密仪器，如发生冲撞后果严重，因此对上述车辆禁止溜放，并在“调车作业通知单”上记明，调车指挥人应将上述内容向有关人员作专门布置，并在调车作业中严格掌握。

3. 乘坐旅客的车辆及停有该车辆的线路。

由于溜放调车时，车辆速度难以控制，容易发生冲撞等问题，为了保证旅客的人身安全，对乘坐旅客的车辆及停有该车辆的线路禁止溜放。

4. 超过 2.5‰坡度的线路（为溜放调车而设的驼峰和牵出线除外）。

溜出的车组在超过 2.5‰坡度的线路（为溜放调车而设的驼峰和牵出线除外）上运行，会逐渐加速，不易在预定地点停车，若制动不及时，可能造成冲突等事故，所以禁止溜放。

5. 停有正在进行技术检查、修理、装卸作业车辆及无人看守道口的线路。

因被溜放车组的减速与停车，是靠人力制动机和铁鞋制动等来实现的，如果人力制动机失灵、铁鞋脱落或调速不当失去控制，就将严重地威胁旅客和有关作业人员的人身安全，车辆也可能轧上防护用具造成脱轨事故，所以禁止溜放。

在无人看守道口的线路上车组溜出后，无法控制行人、车辆穿越线路，在情况突变时对溜出车组难以控制停车，容易造成人员伤亡、撞坏车辆或车辆脱轨事故，所以禁止溜放。

6. 停有装载爆炸品、压缩气体、液化气体车辆的线路。

因上述物品对撞击、摩擦特别敏感，一旦调速不当发生冲撞，可能发生爆炸或毒气泄漏，造成重大损失，所以禁止溜放。

7. 停留车辆距警冲标的长度，容纳不下溜放车辆（应附加安全制动距离）的线路。

停留车辆距警冲标的长度，容纳不下溜放车辆（应附加安全制动距离）的线路，也就是通常所说有“堵门车”的线路，由于制动距离不足，调速困难，容易造成事故，所以禁止溜放。

8. 中间站正线、到发线及与其衔接而未设隔开设备的线路。

在中间站正线、到发线及与其衔接而未设隔开设备的线路溜放作业，溜放车辆一旦失控，有可能溜入区间，危害十分严重；同时中间站正线、到发线主要是用来接发列车时使用的，也不宜大量用其进行调车作业。

9. 调车组不足 3 人时，禁止溜放作业。

因在进行溜放作业时，至少要有一人指挥，一人提钩，一人制动，调车组里至少有 3 人，这样才能保证溜放调车的安全。

10. 不准采用牵引溜放法调车。

主要考虑这种调车方法隐患大，作业效率不高，全路已很少使用，调车人员对此种调车方法不熟悉，为确保调车安全，做了此项规定。

四、车辆通过驼峰的限制

1. 客车（21、22 型除外）、动车组及 D_{17} 及 D_{19g} 落下孔车禁止通过驼峰。

D_{17} 型落下孔车车体全长 25.942 m，转向架为五轴构架，转向架中心距离为 17.5 m，比一般货车长 75% 左右（普通货车的转向架中心距离一般为 10 m 左右）。当它经过驼峰时，其车钩与相邻车钩钩舌高差和夹角必然偏大，因而损坏钩托板螺栓、钩舌销等配件，甚至造成断钩或自动脱钩。同时峰顶净平台一般为 5 ~ 10 m，D_{17} 型落下孔车转向架中心距离大于峰顶净平台，经过驼峰时，车体构件距钢轨面距离最小仅有 200 mm，极易出现“爬峰”事故，刮坏驼峰设备或车辆，因此严禁通过驼峰。

2. 客车（21 和 22 型）、凹型车、其他落下孔车及装载活鱼（包括鱼苗）、跨装货物的车辆（跨及两平车的汽车除外）等，是否可以通过驼峰，由车站会同车辆段等有关单位做出具体规定，并纳入《站细》。

目前，我国驼峰，除机械化（半自动、自动化）驼峰尺寸标准基本定型以外，其他驼峰，特别是大量的简易驼峰，因受条件限制，推送坡、峰顶平台、加速坡等各部分的坡度和长度不尽一致。因此，对 21 和 22 型客车、凹型车、其他落下孔车及装载活鱼（包括鱼苗）、跨装货物的车辆等，是否可以通过驼峰，不宜做统一规定。

凹型车、其他落下孔车，因为车体中部较低，如载重 90 t 的 D_{10} 型凹型车，全长 25.908 m，转向架中心距离为 14.8 m，底部构件距轨面水平距离只有 196 mm，对这些车辆只能通过计算或试验来确定是否可以通过驼峰。试验时应用重车，也就是考虑了车辆负重后的弯曲量，切实保证安全。

装载活鱼（包括鱼苗）的车辆，在通过驼峰时，如果坡度很大、很陡，活鱼和水将会大量从容器中溢出，造成活鱼死亡，所以也必须进行试验。

跨装货物的车辆（指重量或长度不能由一车装载的跨装货物车辆），是否能通过驼峰，应考虑竖曲线状态的影响。对两辆及其以上的车辆连成一体的跨装货物，车辆通过坡度较大的竖曲线驼峰时，应经过计算或试验，确定是否可以通过驼峰，以防产生货物窜动、车辆脱轨或车钩损坏等严重后果。

对以上车辆经过计算或试验后，将不准通过驼峰的车辆纳入《站细》，以便贯彻执行。

3. 涂有禁止上驼峰标记的车辆，禁止通过设有车辆减速器（顶）的驼峰。

我国机械化（半自动、自动化）驼峰的各部尺寸，全路已基本定型，而出厂车辆走行部及下部也有标准,因此对禁止通过机械化(半自动、自动化)驼峰的车辆,可以于出厂时确定,并涂打禁止上峰的标记。禁止通过机械化(半自动、自动化)驼峰的车辆,因其走行部侵入减速器所规定的限界,如强行通过,车辆与减速器相互间发生擦伤,甚至碰撞脱轨。

4. 机械冷藏车,如因迂回线故障等原因,必须通过设有车辆减速器(顶)的驼峰时,以不得超过 7 km/h 的速度推送过峰。不得附挂机械冷藏车溜放其他车辆(推峰除外)。

机械冷藏车内各种机械、仪表设备和各种管道,牢固性差,尽可能避免通过机械化(半自动、自动化)驼峰,应经迂回线送至峰下。如因迂回线故障等原因必须通过时,应由机车推送下峰,速度不得超过 7 km/h。除推峰外,不得附挂机械冷藏车溜放其他车辆,主要是避免溜放作业中车列急起、急停造成的车辆冲动,以保证车内精密仪器、机械不受损伤和车辆连接管路的完好。

5. 曲线外轨、调车场以外的线路和外闸瓦车、直径 950 mm 及以上的大轮车,严禁使用铁鞋制动。

(1)曲线外轨严禁使用铁鞋。因车辆轮对在曲线上行驶时,由于离心力的作用和车辆改变运行方向的需要,外侧车轮挤压外侧钢轨,着力点不平衡,外轨“上鞋”,容易被车轮撞掉;同时当轮对运行于曲线时,外侧车轮较内侧车轮走行距离长,以保持轮对的平衡移动,如外轨“上鞋”阻止外轨车轮走行,就破坏了平衡,容易造成车辆脱轨。

(2)调车场以外的线路,主要因钢轨型号不一,所以严禁使用铁鞋制动。

(3)外闸瓦车禁止使用铁鞋。因外闸瓦车的闸瓦钎子距轨面最低为 25 mm,铁鞋高度为 110 ~ 125 mm。因此,铁鞋放在轨面上时,容易被闸瓦钎子撞掉或被推着滑行,起不到制动作用。

(4)车轮直径在 950 mm 及其以上的大轮车严禁使用铁鞋。这是因为铁鞋托座弧面是根据一般轮对直径 840 mm 制作的,而直径 950 mm 及其以上的大轮车使用普通铁鞋时,车轮踏面与托座弧面不密贴,既影响制动效能,又可能撞掉铁鞋。

(5)其他不准使用铁鞋制动的情况,由各站自行规定,纳入《站细》。

五、调车速度的规定

调车速度掌握得是否正确,直接关系到调车作业安全和效率。因此,必须严格按照《技规》、《调标》、《危规》及有关规章规定的限制,准确地掌握调车速度,在任何情况下都不准超速作业。

调车作业要准确掌握速度及安全距离,并遵守下列规定:

1. 在空线上牵引运行时,不准超过 40 km/h;推进运行时,不准超过 30 km/h。

调车作业时,车辆的自动制动机多数情况下不加入机车操纵控制系统,车列的停车和减速全凭机车自身的制动力,又因调车机车在作业中经常牵出和推进交替进行,另外有调车作业所经过的线路标准、道岔号等一般较低。因此,空线上牵引运行时,速度不准超过 40 km/h。当在空线上推进运行时,除了受上述条件限制外,还因机车处于后部,司机不便于瞭望前方的进路和信号,只依靠车列前端负责瞭望的调车人员向调车指挥人显示的信号或发出指令,再由调车指挥人显示信号或发出指令,由于中转信号需要时间,一旦有危险情况,可能造成司机制动推迟,容易造成事故,所以必须降低速度,规定不准超过 30 km/h。

2. 调动乘坐旅客或装载爆炸品、压缩气体、液化气体、超限货物的车辆时，不准超过15 km/h。

为了保证旅客的安全与舒适，防止装载爆炸品、压缩气体、液化气体、超限货物的车辆在紧急制动时因产生剧烈冲动而发生意外或货物窜动，所以规定调动上述车辆时，不准超过15 km/h。

3. 接近被连挂的车辆时，不准超过 5 km/h。

连挂车辆时，为了避免损坏机车车辆，保证所装载的货物不至于发生窜动、倒塌和损坏，必须严格控制速度。因此接近被连挂的车辆时，不准超过 5 km/h。

4. 推上驼峰解散车辆时的速度和装有加、减速顶的线路上的调车速度，在《站细》内规定。经过道岔侧向运行的速度，由工务部门根据道岔具体条件规定，并纳入《站细》。

因我国各站驼峰设备峰高、道岔区长短、制动方法等条件各不相同，因此推上驼峰解散车辆的速度就不同。此外，考虑到各站安装的加、减速顶的类型不一，为保证调车作业的安全与效率，调车时的限制速度，须由车站在《站细》内规定。

由于调车作业进路上的道岔型号复杂，工务部门比较熟悉各种道岔的结构、尺寸标准、性能等，所以由工务部门根据道岔具体条件规定，并纳入《站细》。

5. 在尽头线上调车时，距线路终端应有 10 m 的安全距离；遇有特殊情况，必须近于 10 m 时，要严格控制速度。

尽头线的终端不是车挡就是尽头站台，一旦速度掌握不当，可能造成前段车辆冲上车挡或与尽头站台发生冲突。

6. 电力机车在有接触网终点的线路上调车时，应控制速度，机车距接触网终点标应有10 m的安全距离。

为了防止担当调车作业的电力机车越过终点标进入无电区，将高压电带入无电区造成损害、塌网等事故，电力机车在有接触网终点的线路上调车时，调车人员与司机应严格控制速度，保证机车距接触网终点标应有 10 m 的安全距离。

7. 遇天气不良等非正常情况，应适当降低速度。

天气不良是不利于调车的客观因素，对调车的影响程度很难预先确定，因此调车领导人和调车指挥人可根据气候情况适当降低速度。

六、调动部分特殊的规定

编制调车作业计划时，要认真与列车预确报和货票核对，对“禁止溜放”、△W和隔离标记要填写齐全、准确、清晰。

1. 调动注有“△W”的车辆时应按下列规定办理：

(1)注有“△W”的车辆调车作业时不允许溜放，设有调车指导的车站应在调车指导监督下进行作业，未设有调车指导的车站应派业务熟练的干部监督作业，严防违章调车。

(2)编组和编挂注有“△W”的车辆时，机车与编挂的车辆应连结软管，连结软管的车数与所牵引车数的比例不少于1:5，即五辆车内至少有一辆连结软管。

(3)在接近、连挂注有“△W”的车辆以及带有这种车辆连挂其他车辆时，要在 10 车处一度停车后，再行连挂作业。

(4)其他车辆向停有注"△"车辆的线路溜放或送车时，应与"△"车辆(组)留有 10 m 安全距离，不允许溜放连挂。

2. 调动军用人员车辆时，作业前通知部队做好准备。

3. 调动"140 产品"车辆时，调车机车与"140 产品"车应隔离 4 辆以上，并按"△"车辆的调车作业方法办理，禁止通过驼峰溜放。

七、越区、转场作业的规定

越区和转场作业，是车站调车作业中一项比较复杂的工作。越区作业，是指调车机车或带有车辆越出本调车机车固定的作业区域，进入其他调车区作业；转场作业，是指调车机车或带有车辆由一个调车场去到发场或另一个调车场的作业。越区既可以在同一车场也可以在不同车场间进行，转场既可以在同一调车区内也可以在不同调车区内进行。越区或转场调车，不仅关系到调车区和车场之间作业的安排，而且有时还要经过许多线路和道岔，跨越正线和其他车场，如果没有做好联系和防护，不但要影响调车效率，而且会危及行车安全。因此，要求在越区或转场作业时，两区(场)调车领导人或车场值班员之间必须事先做好联系，停止相抵触的作业，确认线路，准备好进路，并做好防护。没有做好联系和防护，不准越区或转场作业。

划区(场)的车站，均应根据车站的技术设备、作业特点等情况，制定越区(转场)的联系、防护办法，纳入《站细》，作业时必须按照《站细》中的有关规定办理。

越区或转场要做好以下工作：

(1)越区、转场作业前，调车领导人先将越区(转场)的时间、地点、辆数及有关事项与进入区、场的调车领导人联系，取得同意后，再向本区有关人员布置。

(2)越出、进入或经由场、区的扳道人员，应按本区、场的调车领导人的布置，停止相抵触的作业，确认线路空闲，并准备进路。

(3)越出区的扳道人员，在接到进入区进路准备妥当或同意转场的通知后，方可通知本区调车指挥人指挥越区(转场)作业。

(4)划区(场)的车站，不论有无固定信号设备，均应制定越区(转场)的联系办法，并纳入《站细》。作业时必须按《站细》中的有关规定办理。

(5)越区、转场时，为保证调车车列的制动力，10 辆以下是否连结软管及连结软管的数量，11 辆以上必须连结软管的数量由车站及机务段共同确定，并纳入《站细》。

八、机车车辆停留及防溜

1. 机车车辆的停留

(1)列车及机车车辆必须停在警冲标内方。

如果越过警冲标，就妨碍邻线机车车辆的运行，有可能发生侧面冲突，所以规定列车及机车车辆必须停在警冲标内方。

遇下列特殊情况，在不影响接发列车和调车作业的条件下，准许临时停在警冲标外方：

①调车作业中，车辆临时停在警冲标外方时，一批作业完了后，应立即送入警冲标

内方。

因溜放车组速度不当或借线停留，车组未进入警冲标内方，在确认不妨碍其他作业进路时，准许临时停在警冲标外方。这样，可以在保证安全的前提下，提高调车效率。但最迟在该项作业，即一批作业完了后，必须立即将该车组送入警冲标内方，以免遗忘，造成不应有的损失。

②因特殊情况需在警冲标外方进行装卸作业时，须经车站值班员、调车区长准许，在不影响列车到发及调车作业的情况下方可进行，装卸完了后，应立即送入警冲标内方。

(2)禁止停留机车车辆的线路：

①正线、安全线、避难线、机车固定走行线上禁止停留机车车辆。到发线上停留车辆时，须经车站值班员准许。

正线是列车通过车站的主要经路，车站要不间断地接发列车，首先是能经常保持正线空闲，这样才能保证列车调度员对列车运行的调整。

安全线、避难线的设置目的，是为了防止列车和机车车辆冲突。如该线上停留机车车辆，不仅失去了它的作用，反而增加了冲突的机会。

机车固定走行线，是为了减少机车出入段时与接发列车或调车作业互相干扰而设置的，如该线停放机车车辆，势必造成机车出入段要变更走行经路，这样不仅影响机车整备和出入段，而且对车站接发列车工作造成影响。在非集中联锁车站，车站值班员忘记机车走行线停有车辆，再向固定走行线放行机车，可能造成撞车事故。

到发线上停留车辆时，须经车站值班员准许，在中间站上并须取得列车调度员的准许方可占用，该线路的两端道岔应扳向不能进入的位置并加锁(装有轨道电路除外)。

②牵出线、渡线、道岔联动区及轨道衡，是否可以停留机车车辆及停放时的安全措施应纳入《站细》。

(3)有特殊要求车辆的停留：

①装载爆炸品、压缩气体、液化气体的车辆及救援列车，必须停放在固定的线路上，两端道岔应扳向不能进入该线的位置并加锁；集中操纵的道岔可在控制台上进行锁闭。

爆炸品、压缩气体、液化气体等危险品，对冲击、火焰很敏感，万一发生意外，其后果严重。为此，要求装载这些物品的车辆，必须停放在固定线路上，两端道岔扳向不能进入该线的位置并加锁，以防其他车辆进入。在选择这些车辆的固定线路时，应远离房舍住宅及其他建筑物，并应与列车运行和调车繁忙的线路保持一定间隔。

救援列车担负着事故救援的紧急任务，为保证在需要时能及时出动，亦必须停放在固定线路上。该线路不得停放其他机车车辆，将两端道岔置于其他机车车辆不能进入该线的位置并加锁。

②装载“140 产品”的车辆在站停留时，不得与邻线的内燃机车和装载“七〇七产品”、爆炸品的车辆并列停站。在站停留时，其周围的警戒区内不得有明火。“140 产品”车放气时，要求 50 m 内不得有明火。

③临时停留公务车线路上的道岔也应扳向不能进入该线的位置并加锁；集中操纵的道岔可在控制台上进行锁闭。

为了保证公务车上工作人员的工作和休息，对临时停留公务车的线路，除应将道岔置于不能进入该线的位置并加锁外，一般不准利用该线进行与其无关的调车作业。集中操纵的道岔可在控制台上进行锁闭。

2. 停留车辆的防溜

(1)编组站、区段站在到发线、调车线以外的线路上停留车辆，不进行调车作业时，应连挂在一起，并须拧紧两端车辆的人力制动机，或以铁鞋(止轮器、防溜枕木等)牢靠固定。因装卸车对货位等情况不能连挂在一起时，应分组做好防溜措施。

编组站、区段站在到发线、调车线以外的线路上，一般情况下车辆停留时间较长，且无专人看管，很可能会因为邻线机车车辆走行时的振动或遇大风天气等特殊原因，容易造成停留车溜逸，危及站内的行车安全。上述规定，既能保证停留车辆安全，缩短占用线路长度，又便于以后取送作业。

(2)编组站和区段站的到发线、调车线是否需要防溜以及作业量较大中间站执行上述规定有困难时，由铁路局规定。

编组站和区段站到发线、调车线上，由于接发列车、调车作业繁忙，车辆无动力停留时间较短，同时调车线的主要作用是列车解体和编组作业，作业繁忙基本不间断。我国较大型的编组站驼峰尾部均安装了可控停车器或停车顶，其他编组站和区段站一般采取铁鞋或人力制动机防溜。因此编组站和区段站到发线、调车线是否需要防溜以及作业量较大中间站执行上述规定有困难时，由铁路局规定。

第三节　驼峰调车作业程序和方法

一、驼峰调车的基本原理

驼峰是利用车辆的自身重力和驼峰的位能(势能)，辅以机车推力来解散车列的一种调车设备。利用驼峰解散车列时，调车机车需将车列推上峰顶，在推送中，依次摘开各溜放车组的车钩后，各车组凭借车辆自身重力和驼峰高度产生的位能，使受到向下作用力的车辆溜入调车场，如图 3-2 所示。

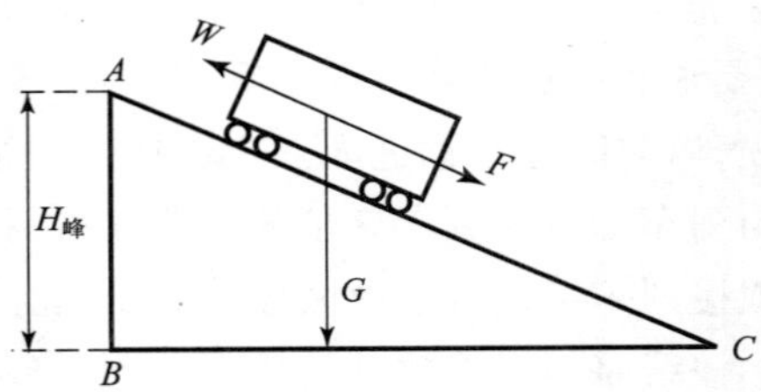

图 3-2　车辆从驼峰上溜放时的作用力示意图

二、驼峰调车作业的特点

各类驼峰调车与牵出线调车相比，具有以下几个方面的特点：

1. 车辆溜行动力：牵出线调车主要靠机车的推力；驼峰调车主要靠车辆自身的重力，机车推力只起辅助作用。

2. 提钩地点：在牵出线上溜放调车时，机车推动车列逐钩移向调车场，提钩地点不固定；驼峰解体车列时，提钩地点基本上固定在压钩坡至峰顶这一区域内。

3. 溜放速度控制：在牵出线上溜放调车时，车组脱离车列的速度为该车组的最高速度，调车长控制速度的范围较大，可以采用调节溜放速度的方法来适应各种不同车辆走行性能的需要，车辆走行性能对溜放距离的影响不明显；在驼峰上，驼峰调车长只能在峰顶附近较小范围内调整车辆溜放速度,由于车辆的溜放主要靠自身的重力,因此,车辆走行性能对其溜放速度的影响较大。

4. 车组间隔调节:牵出线溜放车组的间隔,主要由调车长掌握推送速度和脱钩时机来形成,其次靠制动员拧人力制动机来调节;驼峰溜放车组的间隔,主要靠机车变换推峰速度,前后车组在峰上脱钩的时间间隔形成,半自动化、自动化驼峰还靠车辆减速器加以调节。

5. 将多次牵出转化为一次上峰:牵出线调车遇钩数多、重量大时,往往需多次牵出;在驼峰上解体,无论钩数多少、重量多大,均可一次上峰解完。

三、驼峰调车作业程序和作业方法

1. 驼峰调车作业程序

利用驼峰分解车列的调车作业通常都要经过连挂车列、预推车列(牵出车列)、解散车列和下峰作业等作业程序。其作业程序如图 3-3 所示。

(1)连挂车列:驼峰机车从峰顶或从等待作业的地点按调车作业计划驶至到达场连挂待解车列。

(2)推送车列(牵出车列):在采取双推单溜作业方案的驼峰,将车列预推到驼峰信号机前等待。在到达场与调车场横向配置的车站,还需有将车列牵出至峰前牵出线的过程。

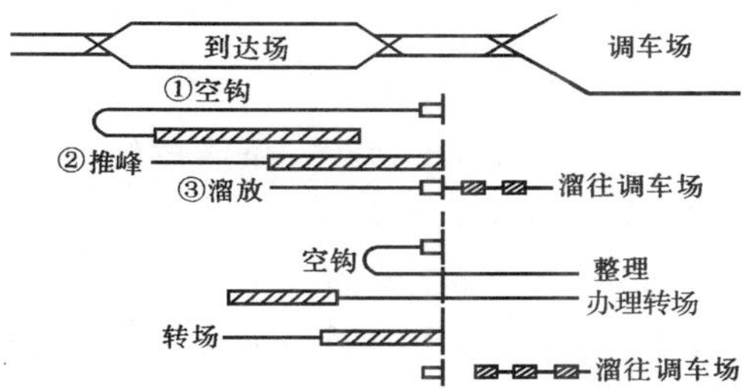

图 3-3 驼峰调车作业程序示意图

(3)解散车列:驼峰调车机推送车列经过峰顶,使被解体的车组脱钩后,依靠车组本身的重力自行溜向调车场内指定的线路。有时,在溜放过程中还要向禁溜线内送禁溜车。

(4)下峰作业:驼峰分解一个或几个车列后,机车下峰整理调车场,消除车组之间的"天窗"和各股道的"堵门车",为驼峰继续作业创造条件。有时,还要取送禁溜车和交换转场车。

2. 驼峰作业方法

随着驼峰设备条件和配属的调车机车台数不同,驼峰作业组织就有不同的方法。对驼峰作业方法的共同要求是:在确保驼峰调车安全的基础上,各项作业程序尽可能做到快速、平行和不间断进行,以提高驼峰的作业效率和解体能力。驼峰调车作业方法主要有单推单溜、双推单溜和双推双溜三种。

(1)单推单溜作业法

这种方法的特点是驼峰只有一条推送线和一条溜放线,使用一台调车机车担当解体,并负责下峰整理。驼峰调车机车没有等待时间,机车效能可以充分发挥,但驼峰设备的利用率比较低,改编能力较小。单推单溜作业法如图 3-4 所示。

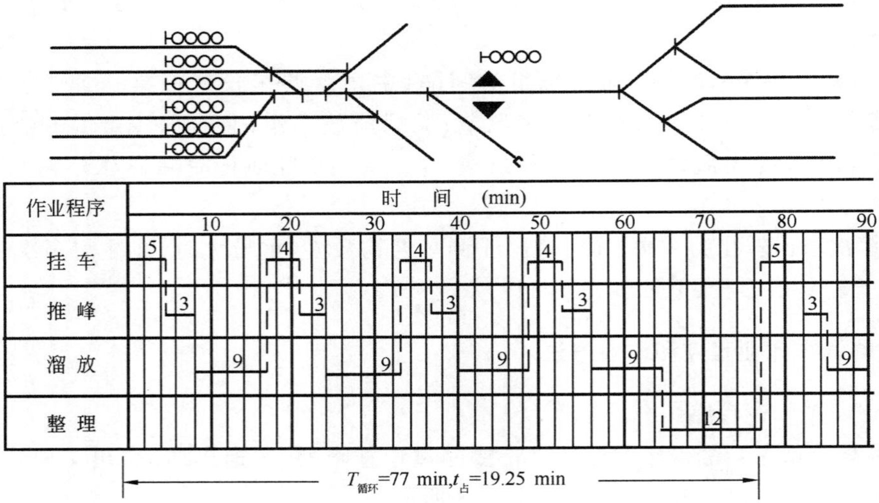

图 3-4　单推单溜作业法示意图

(2)双推单溜作业法

这是具有两条推送线,一条溜放线,使用两台驼峰调车机车兼办峰下整理作业的一种方法。它的特点是两台驼峰调车机车可以轮流在峰上分解车列。采用这种方法虽然驼峰调车机车有一部分等待时间,但能大大提高驼峰利用率,相应提高驼峰的改编能力;如编组站衔接的方向较多,还可避免交换转场车的重复改编作业。双推单溜作业法如图 3-5 所示。

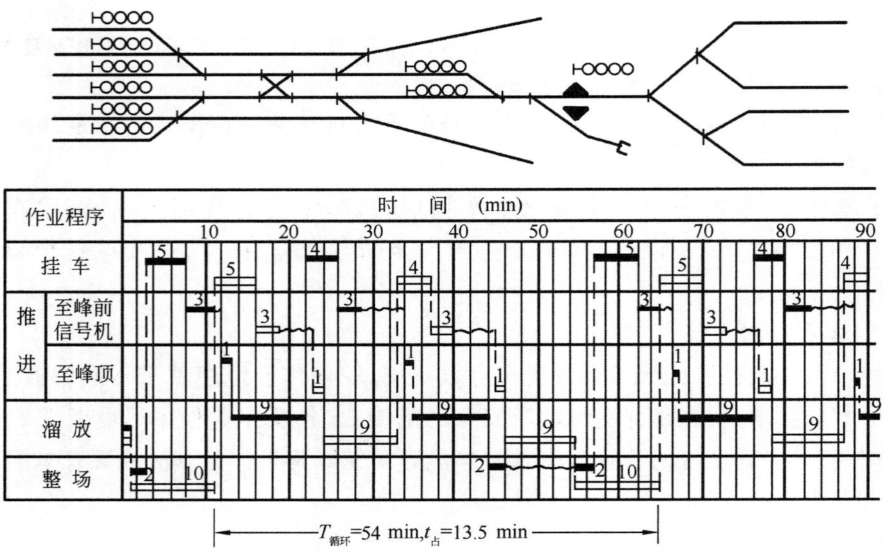

图 3-5　双推单溜作业法示意图

(3)双推双溜作业法

这种方法的主要特点是将调车场和到达场按纵向划分为两个作业区,各区各成一个独立系统。驼峰调车机车分区平行作业,互不干扰;基本上是两个单推单溜作业法的合并。但当车站衔接方向较多时,两作业区之间难免产生大量的交换车,大大增加重复分解的调车作业。双推双溜作业法如图 3-6 所示。

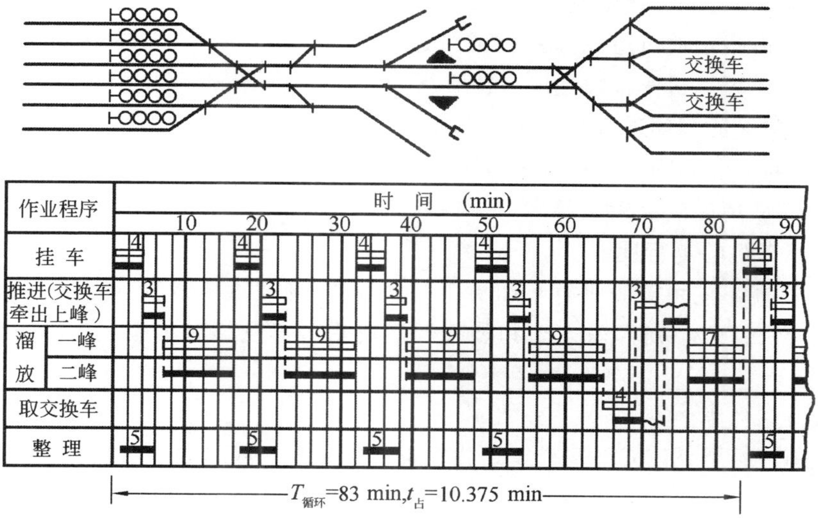

图 3-6　双推双溜作业法示意图

四、峰上作业

1. 驼峰溜放车组间隔

在驼峰溜放中，相邻车组之间应保持一定的间隔，以便转换道岔和施行车辆减速器制动。车组间隔太小会危及调车安全；车组间隔太大，又会影响驼峰效率。车组间隔包括峰顶间隔和溜放间隔。

(1)峰顶间隔

峰顶间隔是指相邻车组在峰上先后脱钩，自前行车组脱钩至后行车组脱钩，机车推动车列的走行距离，如图 3-7 所示。它是形成溜放间隔的基础。

(2)溜放间隔

溜放间隔是指相邻车组自峰顶脱钩，直至进入分歧道岔后，在溜放过程中形成的间隔距离。这是转换道岔和施行车辆减速器制动所必要的技术间隔。

在驼峰平纵断面一定、车组大小相同的条件下，溜放间隔主要取决于车组走行性能和共同溜行的距离。例如，相邻车组走行性能相同，溜放速度相等，溜放间隔等于峰顶间隔，相邻车组排列顺序为前易后难时，溜放间隔大于峰顶间隔；否则反之。

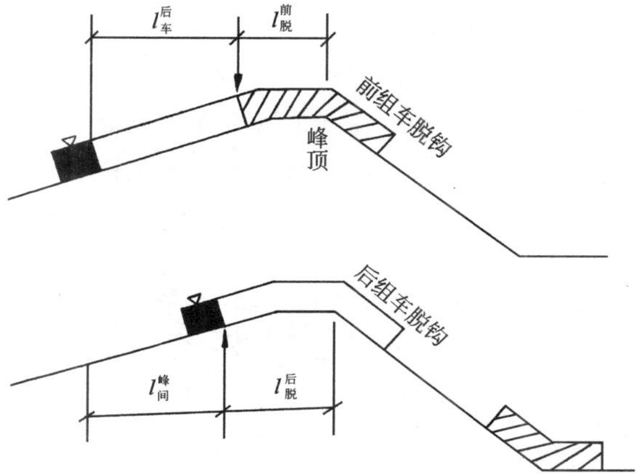

图 3-7　相邻车组峰顶间隔示意图

2. 影响车辆溜放速度的因素

驼峰溜放调车时，推峰速度过大，会增加制动困难；过小，则车组可能在警冲标外方停下，或不能溜入线路内指定地点造成"堵门"或"天窗"过大。因此，推峰速度的大小影响着驼峰调车作业的安全和效率。机车推峰速度应使难行车在溜车不利条件下能溜入难行线警冲标内方的计算停车点，并保证车辆进入车辆减速器速度和车辆经车辆减速器制动后的出口速度不超过规定，这就需要考虑车辆溜放过程中各种因素对车辆溜放速度的影响。

影响车辆溜放速度的因素主要有：

(1)车辆或车组的走行性能。

按其走行性能不同可分为难行车和易行车。例如，满载重质货物的车辆相对单位运行阻力较小、走行较快，称为易行车；空车和装载轻浮货物的车辆相对单位运行阻力较大、走行较慢，称为难行车。

(2)溜入线路的阻力。

根据线路阻力的大小，可将调车线划分为难行线和易行线。如经过道岔、曲线较多或溜行方向为上坡道的线路，阻力较大，称为难行线；反之，经过道岔、曲线较少或溜行方向为下坡道的线路，阻力较小，称为易行线。

(3)车组大小。

根据车组大小可分为大、中、小车组。7 辆及以上为大车组，4 ~ 6 辆为中车组，1 ~ 3 辆为小车组。通常是小车组溜行速度快，大车组溜行速度慢。

(4)气温、风向和风力。

在低温轴油凝固或逆风时，车辆溜行阻力显著增加；顺风时阻力小，甚至起加速作用。

(5)车组的溜行距离。

在以上条件相同的情况下，从峰顶到车组预定停车地点的距离越长，车组溜行的阻力越大。

3. 驼峰提钩工作

峰上提钩和牵出线提钩不同，必须掌握提钩时机和提钩方法。

(1)提钩时机与脱钩点

驼峰分解车列时，提开钩的车组，在车组重心进入加速坡后，由于自身重力的作用，即脱离车列向峰下溜去。车组在峰上脱离车列开始溜行的地点，称为脱钩点。掌握脱钩点，是掌握提钩时机的重要依据。车组在峰顶脱钩时的受力情况如图 3-8 所示。当车组越过峰顶部分向下溜放的作用力略大于车组在推送坡部分所受的反向力时，车组即脱离车列溜出。

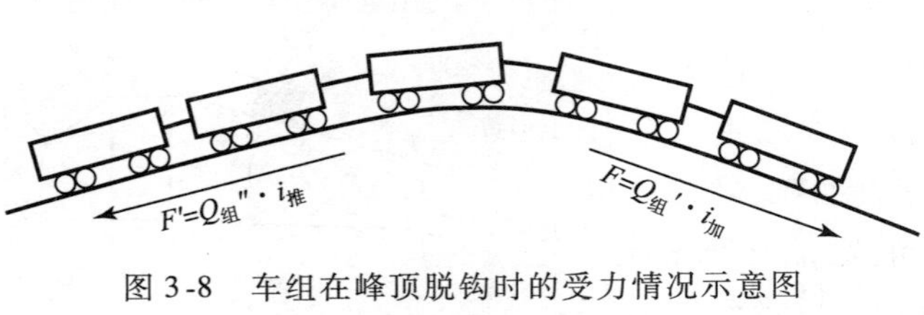

图 3-8 车组在峰顶脱钩时的受力情况示意图

因为加速坡的坡度一般要大于推送坡一倍以上，所以一般情况下，车组重量的 1/3 越过峰顶时（如车组前后车的重量基本相同，则可将总重量看成车组的总车数），车组开始脱钩。由此可见，脱钩点与车组的大小和重空有关。一般规律是：小组车在越峰 1/2 左右，大组车在越峰 1/3 左右脱钩；当车组内重、空车排列顺序为前重后空时，按长度确定的脱钩点将提前；反之，则推后。

提钩时机应在被摘车组进入脱钩点之前。因为，车组未到脱钩点前，车钩呈压缩状态，易于提开车钩；车组一旦越过脱钩点，车钩即呈伸张状态，不易提开。提钩不宜过早或过晚，提钩过早，有可能因车列震动而使钩销回落，或遇有紧急情况需要暂停时，对已提钩的车组无法控制而影响安全；提钩过晚，车组一旦进入或越过脱钩点，车列必须回拉（俗称“钓鱼”），影响作业效率。因此，正确掌握提钩地点和时机，是保证驼峰作业安全、提高调车效率的关键。

（2）提钩作业

①提钩方法：提钩工作应根据调车作业通知单进行，在峰上由专设的提钩人员来担当。在大型编组站上，由于作业繁忙，应实行两人提钩制。一名为主提钩，负责全面提钩工作，另一名负责复检和护钩工作。对于大组车的提钩，应事先安排好人员，在提钩时应与峰上互对安全信号，以保证大组车溜放的安全。峰上提钩应按计划准确掌握提钩时机，正确提钩，其作业方法一般采用以下几种。

一确认：主要确认信号显示，摘钩车数、大组车摘钩车号与计划是否相符；注意推峰速度，车组走行状态。

二检查：检查软管是否摘开，提钩杆作用是否良好，闸链是否松开，是否外闸瓦车、大轮车，是否禁溜车或禁止过峰车。

三提钩：根据车组大小、车辆走行性能、气候条件、难易行线、间隔距离、禁溜车等情况掌握好提钩时机，正确提钩，做到不错不漏。

②如遇软管未摘开，应立即使用提钩摘管器将软管摘开；遇有提钩车号不对、车轮抱闸、人力制动机制动未得到制动人员汇报及危及安全时，应立即报告驼峰调车长处理，来不及时立即按下切断器再行报告。

五、峰下制动工作

由于驼峰在设计时均采用“三难”标准（难行车在难行条件下能溜入难行线计算停车点），因此有大量车辆或车组自峰顶溜下进入调车线计算停车点时，还有能量剩余，这将给其与停留车安全连挂造成麻烦，如速度过快还可能撞坏车辆。因此，有必要在峰下设置调速工具，以满足车组自峰顶溜放技术间隔和调车线内安全连挂的需要。

调速工具是用来调控车辆溜放速度的，其在驼峰调车中的作用有间隔制动、目的制动和调速制动 3 种。

（1）间隔制动是保证前后溜放钩车间有必要的间隔距离。该距离能确保道岔来得及转换，使车辆减速器能及时转换制动或缓解的状态，以便车辆顺利通过溜放部分进入调车线。

（2）目的制动是为调车场内的停车制动创造条件，使车辆能停在调车线内的预定地点，不与停留车辆发生冲撞或相距太远而造成过大的“天窗”。

（3）调速制动是用以调整溜放钩车的速度，使车辆经过道岔和车辆减速器时不超过容许速度。

第四节　半自动化驼峰调车作业

一、铁路调车半自动化驼峰作业程序

驼峰设备和控制装置虽各有不同，但作业程序大体相同，经过多年现场工作人员的总结，《调标》规定了半自动化驼峰作业程序，如图 3-9 所示，有关人员应严格按照执行。

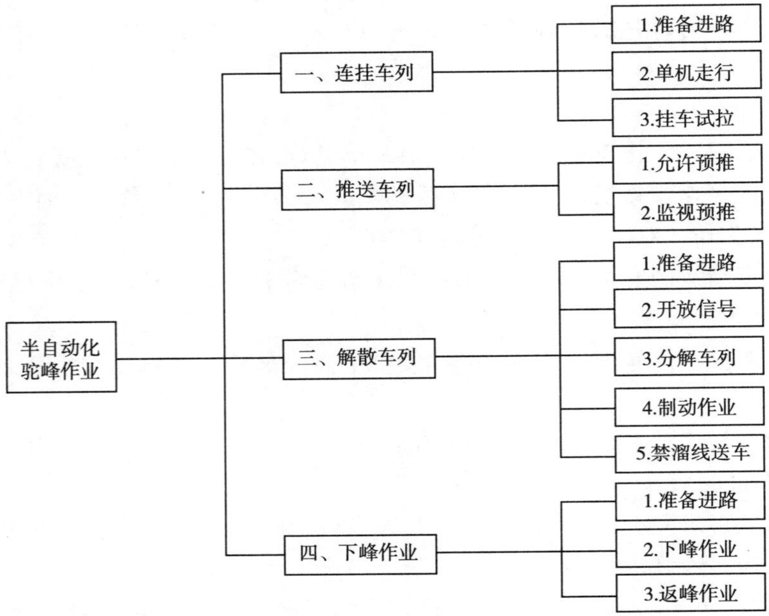

图 3-9　铁路调车半自动化驼峰作业程序图

二、每批作业前的准备

1. 驼峰调车长在接收计划后，要认真确认“调车作业通知单”上的各种标记符号，于每次作业前与驼峰作业员及有关人员进行逐项核对，并将作业方法通知有关人员。驼峰调车长要对控制台面进行认真检查，其具体检查的事项有：

(1)驼峰各种信号机显示状态是否良好；

(2)驼峰有关道岔是否在规定位置；

(3)自动、半自动作业时有关道岔、手柄是否在中间位置，作业楼自动表示灯是否亮灯；

(4)其他按钮表示灯是否按规定显示。

2. 指示作业楼作业员对所管辖的道岔、车辆减速器、表示器要进行试验，检查各个按钮是否灵活，风压表是否达到规定的标准等，保证设备良好。

3. 驼峰调车长加强与有关场(区)值班员联系好作业股道、调车时机、作业方法；去到达场作业时，通知到达场值班员车次、股道、辆数、经由、推送线等。

4. 驼峰调车长接到调车作业通知单后，即可按照调车作业通知单的计划任务进行预排进路工作。

三、驼峰一次解散车列作业

1. 连挂车列

(1)驼峰调车长根据计划的要求,与到达场值班员联系挂车股道、车次及经路。

(2)调车长在没有得到连结员准备好的报告时,不准指挥机车挂车。

2. 推送车列

(1)驼峰调车长在确认推峰进路空闲、正确后,按下“允许预推”按钮。

(2)确认允许推送表示灯点亮,排列预推进路,开放驼峰辅助信号。

(3)监视驼峰信号的显示,监督司机按信号显示准确掌握推峰速度。

3. 解散车列

(1)准备进路

①车列压上接近表示后,驼峰调车长与有关人员核对计划,布置峰尾防溜及重点注意事项(具体内容见各站《站细》规定)。

②根据作业要求确定储存自动进路、半自动进路或手动进路的作业方法。

(2)开放信号

①驼峰调车长确认计划正确、进路准备妥当。

②驼峰调车长开放驼峰主体信号,指示司机推峰。

(3)指挥推峰

①驼峰调车长根据停留车位置,车组走行性能,难、易行线,气候条件及峰上作业等情况,正确及时操纵驼峰信号,掌握好推峰速度,并执行逐钩抹消制度。

②密切注视提钩和调速制动情况,根据车组的特点,随时向有关人员通报。

③根据车组溜放情况和有关人员报告,及时发出指令,遇危及安全的紧急情况,应立即关闭驼峰信号机,先停车后处理,未得到有关人员处理完全了的回示,不允许开放信号。

(4)禁溜线送车

①驼峰调车长根据调车作业计划和连结员的报告,掌握作业进度,及时关闭驼峰信号,停止推峰作业。

②确认机车车辆停妥在禁溜线的道岔外方,扳动开通禁溜线的道岔,确认无误后,开放驼峰信号指挥机车向禁溜线推送。

③连结员要提前检查确认禁溜线线路及车辆,对送入的车辆,先防溜后摘钩;挂车时,连挂后再撤除防溜措施,然后显示后退信号,确认妥当后向调车长显示“好了”信号;当机车车辆越过禁溜线调车信号机,先关闭驼峰信号机,再继续作业。

④禁溜线停留机车、车辆时,须在最外方车轮下安放止轮器或拧紧人力制动机等,并将防溜措施记入提示板。

4. 下峰作业

(1)根据计划或作业需要,布置制动员、作业员下峰作业计划,待“自动”或“半自动”溜入的最后一钩车溜入股道警冲标内方后,按下“手动”按钮,指示作业员排列手动进路。

(2)作业员在确认车辆减速器已缓解,进路道岔排列正确后,向驼峰调车长汇报“叉号道进路好了”。驼峰调车长确认“开通进路”表示灯显示正确后,开放有关线束调车信号,确认无误后开放驼峰信号。

(3)提前派人检查线路、车辆,当调车长确认停留车位置困难时,应派人显示停留车位置信号。末端车辆距警冲标较近时,须做好防护。

(4)调车长确认下峰信号后,向司机显示起动信号,指挥机车下峰。

(5)返峰作业时,作业员确认驼峰进路空闲,正确排列进路;驼峰调车长确认进路表示灯正确,开放调车信号,机车带车辆需越过推送线进入到达场道岔区时,要得到到达场值班员同意后,开放驼峰后退信号,确认机车车辆越过驼峰主体信号后,关闭驼峰后退信号。

四、推峰速度的掌握

推峰速度的大小直接影响调车作业的安全和效率。推峰速度过高,前后车组之间的间隔过小,将会出现道岔来不及转换而使车组进错股道,甚至造成追尾冲突。反之,如果推峰速度过低,不仅延缓车列解体时间,有时还会使车组溜不进股道而在道岔区停车或入线后堵门,造成作业中断,大大降低驼峰作业效率。

机车推峰速度应使难行车在溜车不利条件下进入难行线警冲标后计算停车点,并保证车辆进入车辆减速器不超速,出口速度不超过允许速度。

在掌握和确定推峰速度时,除要考虑影响车辆溜放的因素外,诸如车组在车列中的排列顺序、相邻车组共同溜行的距离、峰下制动员的作业条件等,都应考虑到。

1. 定速推峰方法

半自动化驼峰由于平纵断面比较合理,难易行线的阻力相差不大,峰下又设有车辆减速器,因此,基本上可以采用5~7 km/h的定速推峰方法,这既有利于推峰速度的调节,又能在保证安全的基础上提高作业效率。

2. 变速推峰方法

(1)对位于小组车后面的长大车组应加速推峰。因为长大车组由峰顶溜下时,一般要在车组长度的1/3左右越过峰顶时才脱钩,再加上大组车前后相互牵制,加速较慢,如采用定速推峰会使前后车组间隔拉大,降低驼峰作业效率。因此,需要适当提高推峰速度。

(2)对于溜入同一线束并位于大车组后面的小车组,应适当减速,使其与前行大车组之间有必要的间隔,以防止追尾冲突。

(3)如遇车组排列顺序为前难后易,前远后近时,变速推峰的方法是,对前行车组应加速,对后行车组应减速。当车组排列顺序为前易后难、前近后远时,应以较低的速度溜出前行车组后暂停推峰,增大峰顶间隔,然后再以较高的速度溜放后行车组。

五、准备进路

1. 作业程序

正确及时地排列进路,应严格执行"一看、二储、三核对、四开始"的作业程序。

一看:先看机车动态,再看轨道照明盘,盘面有否异常;第一钩进路道岔手柄开通位置是否正确;看有无压标车;看风压表;看储存钩序有无残存。

二储:按调车作业计划,办理储存进路。

三核对:按压检查按钮,与作业员核对储存进路是否正确。

四开始:作业开始时按压“自动”按钮,准备作业。

2. 排列进路

半自动化驼峰对峰下分路道岔的控制可以分为自动、半自动和手动作业方式,作业中可以根据具体作业要求确定作业方式。在自动作业中,根据作业的需要,随时可改为半自动作业和手动作业;在半自动作业时,也可随时改为手动作业。

(1)自动作业方式

自动作业方式是最基本的运用方式。驼峰调车长接到调车作业通知单后,即可根据调车作业通知单按自动作业方式进行预排进路。该方式是上部信号楼作业员先将各钩车的进路命令部分或全部储入储存器中,溜放作业开始时,按压“自动”按钮,在溜放过程中,进路命令随钩车的溜放,自动地顺序输出,使各级分路道岔都能够在钩车到达前自动地转换到所需位置。它包括以下几项作业内容:

①储存作业:在车组开始溜放前,将各车组的进路命令预先储存至进路储存器中。储存的命令是否正确可由储存钩序灯与储存进路灯监督,发现错误可及时更正。

②检查作业:进路命令储存完毕,可用自动方式或手动方式进行检查,核对所存的命令是否正确,发现错误可立即更正。

③溜放作业:经过检查,证明进路命令全部正确后,即可按下“自动”按钮,输出第一钩命令,然后使驼峰信号机开放“推峰信号”,车组便可连续溜放。

④增加作业:在溜放作业中,如发现某一车组的命令“漏排”或需将车组“分钩”(一钩分为两钩),则应按下“增加”按钮,然后按压有关的进路按钮,临时增加一钩车组的进路命令。

⑤溜放取消作业:在溜放作业中,如发现某钩命令有错,在该车组即将下溜前,立即按下“溜放取消”按钮,取消该钩错误命令,接着按下“增加”按钮和“进路”按钮,将错误命令更正过来。

(2)半自动作业方式

这种方式的特点是:驼峰调车长发出的进路命令,经过编码后不储入记忆单元,而直接送到命令输出环节。待该钩车组下溜其命令从输出环节取消后,驼峰调车长才能发出下一钩车组的进路命令。即所谓“排一钩,溜一钩”的作业方式。半自动作业方式在下列情况下使用:

①由于储存器局部发生故障(如分配环节或记忆环节故障),无法预先储存命令。

②受气候影响,瞭望条件不好(如雾天作业),作业员不易判定连续溜放的几钩车组的溜放速度,因而无法进行速度调整,只好采用单钩溜放。

③自动溜放过程中的“增加作业”,新增加的车组命令,也是不经储存而直接输出的,故也属于半自动作业。

(3)手动作业方式

当设备故障不能进行自动或半自动作业;驼峰调车机车进行上、下峰作业;调车机车需跨越推峰线或道岔维修检查等情况需扳动个别道岔时使用。

在已储存一批进路的作业进行中,如有机车需跨越已准备的进路时,可按下“手动”按钮,原亮灯的自动表示灯即熄灭,储存器的指示灯停留,即可操纵道岔手柄转动道岔,开通所需进路。等车过后,恢复原有进路,按下“自动”按钮,自动表示灯亮灯,储存进路继续运转,储存器指示灯继续依序显示。

六、峰上调车进路的办理和解锁

驼峰头部咽喉的全部调车信号机，均由上部信号楼集中控制。峰上道岔和部分分路道岔(图1-81中210号、214号、218号和220号)也由上部信号楼控制。线束内的分路道岔则由各负责该线束的下部信号楼操纵。

1. 道岔操纵

峰上每组单动联锁道岔均设一个两位式道岔手柄操纵。峰上渡线道岔按双动处理，只设一个二位式手柄(如图1-81中262/264号和268/270号道岔)。峰下的渡线道岔则按单动处理，其前端均做分路道岔用(如210号、214号)，故设三位式道岔手柄；而渡线后端是峰上道岔，则设二位式道岔手柄操纵。

2. 信号控制及进路办理

每架峰上调车信号机，设一个两位自复式调车信号按钮，控制该信号的开放和关闭。

办理调车进路时，首先用道岔手柄将进路上的道岔扳至所需位置，然后按下调车信号按钮，即可锁闭进路开放信号。由于不设自动选路的电路，所以长调车进路需按各基本进路逐段办理。

3. 进路的解锁

(1)正常解锁和中途返回解锁

信号开放后，调车车列按信号机的显示正常通过进路，则进路上的各区段将随车列的顺序通过而逐段解锁。

如调车车列未走完进路的全程，中途即根据反向开放的调车信号返回，进路将随车列的返回而自动解锁。

(2)取消进路和人工解锁

信号开放后，若车列未接近时，可同时按下“总取消”按钮和进路始端的调车按钮，即可使信号关闭，进路由终端至始端不延时解锁。

信号开放后若车列已接近，这时如想解锁进路，必须办理人工解锁。即同时按下“总人工解锁”按钮和进路始端的调车按钮，信号立即关闭，进路延时30 s后解锁。

(3)区段故障解锁

当因设备故障或其他原因(如停电或更换继电器等)造成区段不能正常解锁时，可破除铅封按下故障区段的区段故障解锁按钮，并同时按下“总人工解锁”按钮，故障区段立即解锁。

区段故障解锁按钮还有另一个重要用途，即当设备故障不能用正常办法关闭信号时，可按下进路上任一区段的区段故障解锁按钮和“总人工解锁”按钮，使信号关闭，但进路并不解锁。

4. 进路处理

(1)调车机由调车线返峰，经过峰下第一分路道岔时，由于错误操纵，提前按下“自动”按钮(即“自动”储存的第一钩进路命令被吃掉)，此时须按下“手动”按钮后再按“自动”按钮，消除余令，然后按下“增加”按钮和第一钩进路按钮，方可进行溜放作业。

(2)溜放未提开钩时，若车组未压上第一分路道岔轨道电路区段，驼峰调车长可直接显示后退信号，指挥调车机车退到能提开钩处停车，然后开放驼峰信号，继续进行“自动”作业。

若车组已压上第一分路道岔或其后面的轨道电路区段，驼峰调车长首先指挥机车后退，待车列退清第一分路道岔轨道电路区段时，按下“手动”按钮后再按“自动”按钮，消除余令；然后按下“增加”按钮和尚未溜下车组的进路按钮，便可指挥机车继续“自动”溜放作业。

（3）当两钩车在某一道岔区段发生追尾时，驼峰调车长应立即关闭驼峰信号，各有关人员应采取应急措施，在查清原因后，按下“手动”按钮后再按“自动”按钮，消除余令，然后根据储存器的显示作业。

七、峰下制动

半自动化驼峰溜放部分设置车辆减速器进行间隔调速，调车线内采用半自动调速系统，多设于编组场的第三和第四制动位，用作目的调速。

1. 影响车辆减速器作用的因素

（1）夹板开口尺寸超过允许限度；

（2）夹板、车轮有油垢；

（3）风压调整阀未调到规定压力；

（4）风压不足或管道漏风达不到规定压力；

（5）观速误差较大，采用制动等级不当；

（6）制动或缓解的时机不当；

（7）冰雪、严寒等气候变化的影响等。

2. 操纵车辆减速器的技术要求

（1）按规定正确使用间隔制动位车辆减速器，随时确认按钮缓解状态，执行逐钩抹消制度。

（2）根据溜放车组、空重、停留车位置、气候条件等情况，监视车组走行，正确调速，保证溜放车组间隔距离。

（3）按规定掌握好出口速度，做到不追尾、不途停。

（4）发现车辆夹停、堵门、设备故障等情况，及时报告驼峰调车长，危及安全时立即按下“切断信号”按钮，关闭驼峰信号，停车处理。

溜放车组间隔距离及车辆减速器出口速度由《站细》规定。

3. 间隔制动

驼峰解散车列进行溜放作业时，驼峰作业员按照调车作业计划逐钩目测溜放车组的走行速度、前后车组的间隔情况，并考虑车组溜行距离、走行性能和阻力等因素，正确判断制动和缓解的时机，及时按下“制动”或“缓解”按钮，进行“拉档”或“调速”。

（1）操作前检查

各按钮是否在定位，各种表示灯显示状态是否正常，确认油压、风压；逐台按压车辆减速器的“制动”按钮、“缓解”按钮以及“总缓解”按钮，确认车辆减速器的制动和缓解状态。

（2）车辆减速器操作

半自动化驼峰使用的车辆减速器有重力式与外力式两种。

①重力式车辆减速器

重力式车辆减速器制动力的大小与被制动车辆的重量成正比，没有制动级别，故控制台上只有制动、缓解和检修按钮。作业中驼峰作业员可根据情况需要,掌握制动时机和时间长短调节制动力。

②外力式车辆减速器

在控制台盘面上,每组车辆减速器设5个控制按钮,均为两位自复式带灯按钮。其中4个制动按钮,1个缓解按钮;制动按钮分为Ⅰ、Ⅱ、Ⅲ、Ⅳ级制动位,各级制动位的风压逐级升高。在作业中由驼峰作业员根据情况需要,操纵控制台上的按钮,变更车辆减速器制动等级和时间长短,调节制动力。当按下某一级别的制动按钮,控制电路使车辆减速器在该风压等级始终处于制动状态,按钮的红色表示灯一直点亮;若需变更制动等级,可按压选定等级的按钮,该按钮亮灯后,原按钮表示灯熄灭。根据车组的速度和间隔若需要缓解,按下"缓解"按钮即行缓解,该按钮的白色灯点亮,缓解后表示灯熄灭。

(3)调速作业安全

车辆减速器对车组施行制动的作用有两种:一是"拉档",保证车组间隔;二是"调速",降低车组走行速度。

使用车辆减速器制动时,首先要考虑车组走行性能、排列顺序、溜放距离及气候条件,根据"拉档"和"调速"的要求,初步确定车组溜出车辆减速器的速度(出口速度)和需要重点掌握的车组;其后要随时注意车组接近车辆减速器时的溜行速度和车组间隔,选择制动等级(外力式车辆减速器)、制动时间和制动轴数,还要选择制动的时机。

第Ⅰ部位车辆减速器主要用于调整车组间隔及进入第二部位车辆减速器不超过《站细》规定的速度。

第Ⅱ部位车辆减速器主要为目的制动创造条件,将入线速度控制在18 km/h以下,并调整间隔,防止尾追。

为了安全准确地达到上述目的,驼峰作业人员在操纵车辆减速器时应执行:一清、二看、三听、四调、五监、六喊、七锁的作业程序。

①一清:作业员对停留车位置清楚;对空、重车清楚;对难、易行车,难、易行线清楚。

②二看:作业员要看准走行速度,看准车组间隔。

③三听:听车辆走行有无抱闸等异常声响。

④四调:根据天、地、人、车、货等情况,正确使用风压级数将车组间隔调整到三车以上距离,出口速度符合《站细》规定。

⑤五监:监视车组正确进入股道。

⑥六喊:发现不宜用铁鞋制动的车辆或装载易于窜动货物的车辆,或溜放车组前慢后快,或其他异状等情况及时用广播通知峰下采取措施。

⑦七锁:发生堵门车、压标车后,立即将道岔扳向开通其他线路的位置并进行封锁。

4. 目的制动

半自动目的制动效果的好坏,一是决定于设备的控制误差和设备的稳定性、可靠性,二是决定于驼峰作业员的判断力和操作水平。驼峰作业员确定的速度正确与否,直接影响溜放车组连挂效果。如驼峰作业员所确定的速度正确,就能使溜放车组与停留车安全连挂,否则,不是超速,就是"天窗"过大。所以驼峰作业员必须对半自动控制设备的性能及操作方法精通熟练,并有较强的观速、观距基本功。

(1)半自动作业方法

解体作业开始前,驼峰作业员根据调车作业计划及测长数码显示器表示所反映的停留车位置,并充分考虑车组大小、车辆走行性能、进入股道、溜放距离、风向、气候条件等因素,结合实践经验确定出口速度。

当车辆进入车辆减速器前,雷达测得实际速度与给定的出口速度,通过半自动控制机进行比较,如雷达测得车辆实际速度大于给定的出口速度时,控制电路即向车辆减速器下达制动命令,使车辆减速器处于制动状态。当雷达测到的速度等于或小于给定出口速度时,控制电路即向车辆减速器下达缓解的命令,使车辆减速器处于缓解状态。

(2)手动控制操作方法

①手动制动和缓解

手动制动时应根据测长数码显示器所表示的停留车位置、车组走行的难易、线路状态、气候等条件,按压该股道适当级别的"制动"按钮以控制车辆减速器制动(如为重力式车辆减速器,则只能通过制动时间来控制),需要缓解时按压"缓解"按钮。

②手动控制优先于半自动控制

手动控制优先于半自动控制,使用手动控制即自行取消半自动定速。如需恢复半自动控制,必须在车组出清车辆减速器区段后,才能重新定速。

(3)半自动作业中应注意的事项

①机车上、下峰作业时,第Ⅲ制动位车辆减速器要处于缓解状态;对长大车组,若入口速度较低,作业员可在车组进入车辆减速器后的适当时机再给定出口速度。

②测长故障时,要通知电务人员进行维修;作业员对测长发生故障的股道定速或手动控制时,停留车的位置由人工判断。

③维修人员需要检修车辆减速器时,应先与驼峰作业员联系。经驼峰作业员同意后,按下车辆减速器的允许检修按钮(检修表示灯白灯亮),此时,车辆减速器转由液压室控制,设备进入检修工作状态。检修试验结束时,维修人员将选速开关恢复,断开试验开关并通知驼峰作业员,设备恢复使用。

八、场间作业联系

1. 场间推送作业

(1)预先推送

①办理方法

驼峰场同意到达场办理预先推送作业时,驼峰调车长按下"预先推送"按钮,驼峰控制台点亮推送锁闭白灯,锁闭预推进路。此时,到达场信号楼控制台上与推送线相应的"允许推送"绿色表示灯点亮,到达场值班员即可办理预推进路,当预推进路建立并锁闭、驼峰辅助信号机显示黄灯后,驼峰楼控制台对应的推送股道表示灯白灯点亮。驼峰调车机车司机按照驼峰辅助信号机、复示信号机的显示,进行预推作业,当车列推到驼峰主体信号前规定地点,预推信号自动关闭,同时到达场和驼峰场预先推送表示灯熄灭。

②预推取消

办理预先推送后,当车组未进入推送进路前要想取消推送进路,拉出"预先允许推送"按钮,即可取消。

(2)允许推送

①办理方法

当驼峰场允许预推的车列或到达场的车列推向驼峰时,驼峰调车长可按压“允许推送”按钮,允许推送按钮表示灯和推送锁闭表示灯点亮白灯,锁闭驼峰场推送进路,再按压开放驼峰信号机的“定速”按钮,驼峰信号机显示绿色灯光。

到达场收到驼峰场发来的“允许推送”信息后,到达场控制台上与推送线相对应的允许推送表示灯点亮绿灯。这时到达场方能建立推送进路。到达场的推送进路排通并锁闭后,设于到达场股道上的驼峰辅助信号机应完全复示驼峰主体信号机的显示。到达场的推送进路建立后,驼峰控制台上点亮相应股道的推送股道表示灯(白灯)。

推峰机车根据驼峰辅助信号机的灯光显示,将车列推出股道占用推送进路后(压入到达场道岔区段),驼峰控制台推送锁闭表示灯(红灯)点亮(此时,驼峰调车长已不能人工取消“允许推送”条件)。车列出清到达场完全进入驼峰场后,自动取消允许推送条件,到达场的推送进路一次解锁。

②取消推送进路

当解体车列未占用推送进路时,驼峰调车长可以办理人工取消。这时,驼峰调车长只要拉出允许推送按钮,到达场的推送进路经 30 s 延时后解锁。

2. 场间调车作业联系

向两场间无岔区段调车,不需征得对方同意,只要该区段无车和本信号楼控制台的调车照查表示灯灭灯,即可办理该调车进路。

3. 驼峰场与出发场作业联系

当某一编组线满线后,将该线路末端分路道岔扳向另一位置,按下“封锁道岔”按钮(按钮表示灯亮白灯),此时道岔线路均被封锁。当出发场按下“检发”按钮后,发车表示灯亮红闪灯光,驼峰楼按下“发车锁闭”按钮(按钮表示灯白灯亮)后,发车表示灯亮稳定红色灯光。此时出发场可办理发车作业,驼峰场不能办理取消。当开放发车信号,列车出清发车线后,发车表示灯红灯灭,拉出封锁道岔按钮,道岔股道自行解锁。

第五节　自动化驼峰调车作业

自动化驼峰调车,就是驼峰解散车列作业的全过程实现自动化。它是实现编组站作业综合自动化的核心。

自动化驼峰主要包括:调车推峰速度自动控制、车辆溜放进路自动控制、车辆溜放速度自动控制等。其中,车辆溜放速度自动控制是自动化驼峰的核心内容,目前我国自动化驼峰技术还不完善,对车辆溜放速度控制方式的选择还不统一,鉴于我国车辆、技术设备等多方面的考虑,其中点连式控制方式为优选方案,本节就该方案的典型代表 TW—2 驼峰自动化系统加以介绍。

TW—2 驼峰自动化系统为组态式,适合于大、中、小各种驼峰,下面所介绍的作业功能如果针对某一具体的驼峰场没有相应功能,可以忽略。

一般情况下,驼峰作业是按调车作业计划进行,以推峰作业为主体,包括溜放、取送禁溜车或迂回线送车及股道内取送车。这些作业通常是按区长或车站调度员的书面计划进行。钩计划由溜放钩,股道送车、股道取车钩及禁溜线或迂回线取送车钩等组成,驼峰调车长只要将自动接收或自储的计划选出来进入溜放状态,所有按钩逐条执行过程中的进路、信号、间隔调速及安全连挂调速控制将自动完成,驼峰调车长只要严密监督作业过程,必要时在手动盘上进行应急干预处理。

一、铁路调车自动化驼峰作业程序

《调标》规定了自动化驼峰作业程序,如图 3-10 所示,有关人员应严格按照执行。

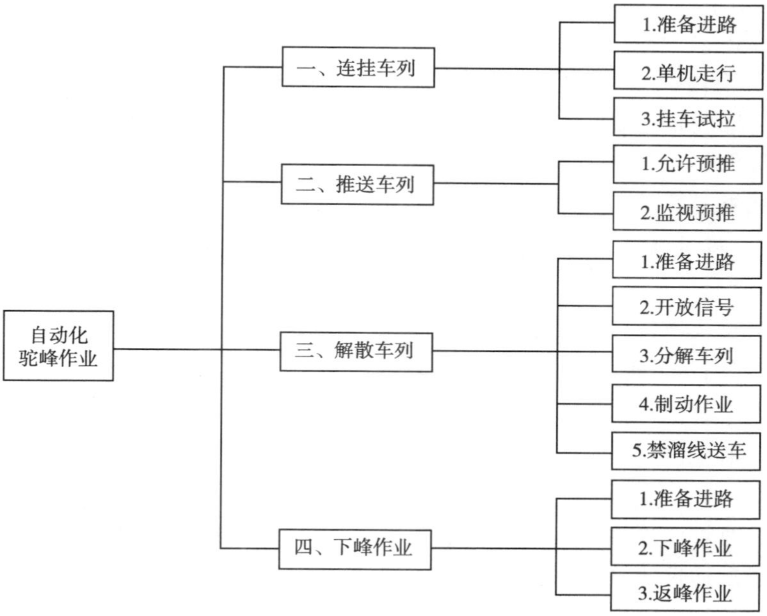

图 3-10 铁路调车自动化驼峰作业程序图

1. 连挂车列

(1)准备进路

①联系经路

驼峰值班员根据计划要求,与到达场值班员联系挂车股道、车次及经路。设有两条以上推峰线的车站应讲明推峰线别(能从设备上确认的,联系办法由《站细》规定)。

②准备进路

信号长(员)根据计划和车站值班员指示,正确排列进路,开放信号。

(2)单机走行

①指示动车

调车长确认信号开放,向司机显示起动信号。

②单机返岔

信号长(员)确认机车动态,正确排列挂车进路,开放信号。

(3)挂车试拉

①确认车列

连结员跟随机车至到达场解体车列前下车(设固定人员除外)确认车列。

②指挥挂车

调车长接近车列下车,确认排风完了,显示连结信号,指挥机车连挂。

③试拉联系

调车长与连结员联系,得到回示信号后,向司机显示试拉信号。连结员确认车列全部起动,向调车长回示好了信号。调车长确认连结员回示好了信号,向司机显示停车信号。

2. 推送车列

(1)允许预推

①联系预推

信号长(员)确认机车进入挂车股道,报告车站值班员。车站值班员联系驼峰值班员,准备推峰进路。驼峰调车长确认推峰进路正确,按下允许预推按钮。

②开放信号

信号长(员)确认允许预推表示灯点亮,排列预推进路开放驼峰辅助信号。调车长确认驼峰辅助信号开放,向司机显示起动信号。

(2)监视预推

①驼峰调车长从设备上监视预推,发现异常及时处理。

②调车长(连结员)确认驼峰辅助信号显示状态。

3. 解散车列

(1)准备进路

①输入计划

驼峰调车长通过计算机终端输入调车通知单至驼峰自动控制系统并储存。车站运营管理信息系统与驼峰自动控制系统联机时,调车作业通知单可自动输入,内容由《站细》规定。

②驼峰调车长核对计划

调出储存的调车作业通知单并进行核对和修正;车列压上接近表示后核对计划;布置峰尾防溜及重点注意事项。

③驼峰调车长办理自动进路

应及时封锁因作业需要或设备故障的股道;将各溜放进路上的道岔置于自动位置(被封锁的道岔除外),将与迂回线有关的道岔置于安全位置;确认进路显示器、调速显示器控制台设备表示正常。

(2)开放信号

①驼峰调车长通知各作业点准备作业,输入溜放开始命令。

②驼峰调车长操作和确认设备进入溜放自动控制状态,开放驼峰主体信号,指示司机推峰。

(3)分解车列

①驼峰调车长指挥推峰

根据停留车位置、气候条件、难易行线、车组去向及大小车组间隔、车组走行性能、峰上作业等情况，以及调速显示器上报警栏内的显示内容、进路显示器的显示内容，正确及时地操纵驼峰信号，掌握好推峰速度，认真监视溜放窗口，注意提钩和调速制动情况。根据车组溜放情况和作业员报告，随时向有关人员发出指令，遇有危及安全的紧急情况，应立即关闭驼峰信号机，先停车后处理，未得到有关人员处理完了的回示，不允许开放信号。

②监视推峰

调车长监视驼峰信号的显示，监督司机按信号显示准确掌握推峰速度。

③连结员提钩作业

按作业计划准确掌握提钩时机，正确提钩，做到一确认（信号显示、摘钩车数、大组车摘钩车号、推峰速度、车组走行）；二检查（软管、提钩杆、抱闸车、长轴距车及禁止溜放和过峰车辆）；三提钩（掌握提钩时机，不错不漏）。遇有提钩车号不符、危及安全时，应立即报告驼峰调车长处理，来不及时应立即按下“切断信号”按钮再行报告。遇有漏摘软管或没有提钩链的车辆，使用提钩摘管器进行摘管、提钩。

④进路处理

当发现进路显示出现命令错误、无命令、多命令时，驼峰调车长应作相应处理，遇设备异常应关闭驼峰信号并通知有关人员处理；解体过程中，驼峰调车长可对未溜放的钩车计划进行各种修改；当钩车在三部位车辆减速器上或三部位前停车时，驼峰作业员应注意监视；当发生道岔恢复时，道岔被“软封”在返回的位置，驼峰调车长应立即关闭驼峰主体信号，指示停车，通知有关人员处理后，办理道岔恢复；当出现报警时，应采取相应处理措施。

其他需要注意的事项由各站自定，对“长轴距”（换算长度 1.6）车辆应重点掌握。

（4）制动作业

①自动溜放时，车辆减速器处于自动控制状态，驼峰作业员应按规定正确使用，并执行逐钩抹消制度。

②驼峰作业员根据停留车位置、气候条件、难易行线、车组去向及大小、走行性能等情况随时监视各部位的入口速度、出口速度，当溜放车组出现危及安全情况时，应立即按下“切断信号”按钮，关闭驼峰信号。

③作业中驼峰作业员要随时监视控制台、进路显示器、调速显示器上的各种显示状态及溜放车组走行状态，发现车辆夹停、途停、堵门，设备故障等情况，及时报告驼峰调车长，危及安全时立即按下“切断信号”按钮，关闭驼峰信号，停车处理。

（5）禁溜线送车

①指挥送车

驼峰调车长根据调车作业计划和连结员的报告，掌握作业进度，及时关闭驼峰信号，停止推峰；机车车辆停妥后，驼峰调车长开通禁溜线的道岔，确认开放信号将车辆送入禁溜线，关闭信号；调车长确认信号显示状态，监视机车车辆运行；连结员提前检查确认禁溜线线路及车辆，对送入禁溜线的车辆，先防溜后摘钩。

②联系返峰

驼峰调车长确认送车完了，开放信号，继续解散作业。

4. 下峰作业

(1)进路准备

①下峰联系

驼峰值班员根据计划或作业需要,向有关人员布置下峰作业计划。

②准备进路

驼峰调车长输入整理开始命令,确认车辆减速器已缓解,进路信号正确。

(2)下峰作业

①检查线路

连结员、制动员提前检查线路、车辆,当调车长确认停留车位置困难时,应派人显示停留车位置信号。末端车辆距警冲标较近时,须做好防护。

②指示下峰

调车长确认下峰信号后,向司机显示起动信号,指挥机车下峰。推送车列下峰时,连结员在车列前瞭望,正确及时显示信号。

③连挂车辆

单机挂车时,调车长接近车列下车,向司机显示连结信号,指挥机车挂车;推进挂车时,车列前部应有人瞭望,正确及时显示十、五、三车距离信号;连续连挂时,可不停车连挂,要确认连挂状态,车组间距超过 10 车时,应顿钩或试拉,末端车辆距警冲标较近时,应采取安全措施。

④确认摘车

将车辆送到适当地点停车,确认连结员回示好了信号后,调车长向司机显示起动信号。

(3)返峰作业

①准备进路

驼峰调车长确认返峰进路空闲,正确排列进路。

②开放信号

驼峰调车长确认进路表示灯正确,开放调车信号,机车带车辆需越过推峰线进入到达场道岔区时,要得到到达场值班员同意后,开放驼峰后退信号。

③返峰停车

驼峰调车长确认机车车辆越过驼峰信号后,关闭驼峰后退信号。

二、TW—2 驼峰自动化系统主窗体的使用

1. 主窗体的概述

通过对主窗体的操作可以运行和关闭其他窗口,如维护窗口、测长窗口、股道封锁窗口、溜放窗口 1、溜放窗口 2、调车单窗口、图形窗口 1、图形窗口 2 等;可以查看主机与工作站之间的通信信息内容(供维护用);可以对本工作站的操作权限进行设置。通过主窗体可以监视 A 机和 B 机是否正常工作,是否同步工作;可以查看是否发生板故障;可以显示自动定速修正量。在主窗体内,还可以显示报警信息、调车作业概要信息、驼峰调车长操作回示信息等。主窗体显示如图 3-11 所示。

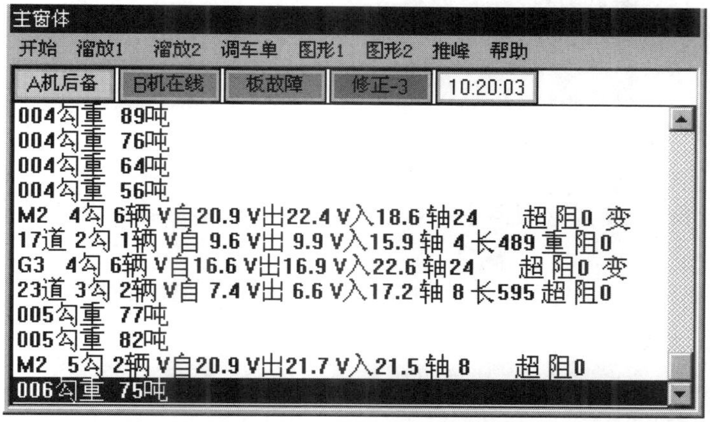

图 3-11　主窗体示意图

2. 主窗体菜单的使用

(1)“开始”菜单

当使用鼠标点到“开始”这一项时,右侧将下拉出一个菜单,出现以下选项:

①信息窗:当使用鼠标点到这一选项时,右侧将出现“运行”和“终止”菜单项,由此可以打开或关闭维护窗。

②测长窗:当使用鼠标点到这一选项时,右侧将出现“运行”和“终止”菜单项,由此可以打开或关闭测长窗。此窗口可以显示驼峰场内各股道的全长和测长值等,只是显示,无操作。

③股道封锁窗:当使用鼠标点到这一选项时,右侧将出现“运行”和“终止”菜单项,由此可以打开或关闭股道封锁窗。通过此窗可以实现股道封锁、解锁。

④结束所有子程序:这项菜单命令用于已经打开的其他窗口,包括溜放窗口、调车单窗口、维护窗口、测长窗口、股道封锁窗口。

⑤语音报警控制面板:选择是否允许语音报警以及音量大小。

⑥查看通信信息:通过这项菜单命令,可以打开或关闭通信信息窗口,其中显示主机与工作站之间接收和发送的十六进制信息内容。当发生某些异常情况时,可借助这些信息判断发生错误的原因,帮助解决问题。打开和关闭这个窗口时都使用这项命令。

⑦系统权限设置:使用这项命令可以对各个工作站的操作权限进行设置。该项操作仅供维护人员使用,操作人员请勿进入。

⑧系统退出:使用这项命令退出主窗体。

(2)“溜放 1”菜单

通过该选项可以打开溜放窗口(详见溜放窗口使用)。

(3)“溜放 2”菜单

通过该选项可同时打开第二个溜放窗口,通常在双推双溜时或双推单溜一个峰解体,另一个峰需要预推时使用(详见溜放窗口使用)。

(4)“调车单”菜单

通过该选项可以打开调车单窗口(详见调车单窗口使用)。

(5)“图形 1”菜单

通过该选项可打开图形窗口(详见图形窗口使用)。

(6)“图形2”菜单

通过该选项可打开另一个图形窗口,该项选择使用于一个站场由两个调车员分区操作的场合(例如头部和尾部),通常该选项不被使用。

(7)“帮助”菜单

①如何使用主窗体:使用这项命令打开主窗体帮助窗口,帮助使用者掌握对主窗体的操作方法。

②系统概述:使用这项命令打开一个窗口对TW组态式驼峰自动控制系统进行简单介绍。

3. 主窗体按钮的操作与显示

在主窗体的上方,有一排按钮,其说明如下:

(1)A、B机工作状态

该系统以双机热备方式工作,对应每个系统设一个按钮,可以有4种显示状态。

①显示为红色时,表示对应的计算机自诊断发现故障;

②显示为灰色时,表示对应的计算机正常工作但不在线,即与主机不同步,不能与在线工作的主机进行倒机;

③显示为黄色时,表示该机正常工作并且处于热备状态,可以与在线工作的主机进行倒机;

④显示为绿色时,表示该机正常工作并且处于在线状态。

(2)板故障

正常工作情况下显示为绿色,当发生板故障时,显示为红色。用鼠标左键单击“板故障”按钮,将关闭此窗口。

(3)修正

此按钮用于显示在温度、风速或风向变化时对于自动给定速度的修正挡次。

该按钮只用于显示状态,不能操作。

三、TW—2驼峰自动化系统调车作业计划的办理

1. 调车作业计划的储存

驼峰调车作业是按调车作业计划进行的,以推峰作业为主体,包括溜放、取送禁溜车或迂回线送车及股道内取送车。这些作业通常是按调车区长或车站调度员的书面计划进行。储存调车作业计划有自动储存和人工储存两种方式。

(1)自动储存方式

自动储存方式是指由编组站现车管理系统(YIS)或调车单传输系统将解体计划直接储存到驼峰自动控制系统中,并在车次列表中显示此车次名称,如果此车次恰好为目前选中车次,则将同时在钩车编辑窗口中显示出该车次钩车计划的内容。

(2)人工储存方式

在调车单窗口首先建立新计划,在该窗口的车次列表区人工输入解体车次号,然后自动进入储存状态(光标进入计划窗口),等待输入。每钩计划内容包括钩序、场别、股道、方式、辆数、状态、注释等栏目。在输入过程中,将按照“添表”方式引导操作员按规定的格式输入作业计

划，钩序自动生成。手工输入可以每一钩逐项输入，也可以使用“钩编辑”菜单中的“自动填充数据”，自动填充默认方式、辆数、状态，然后在此基础上进行修改和填充。该计划输入完毕，可选择“计划保存”选项结束。

2. 调车作业计划的检查和修改

在车次列表区用鼠标选中所要检查的车次，调车单将自动列表显示该车次的计划内容，通过拉动滚动条前后翻动可进行检查，检查过程中发现有误可直接将光标选到相应的栏目进行直接变更（即全屏幕编辑），或者用“插入钩”、“删除钩”、“恢复删除钩、“股道替代”等钩编辑选项进行必要的修改。检查中若发生了修改要重新选择“计划保存”保存修改后的计划。取消该计划用“计划取消”选项。

3. 调车单窗口的显示

调车单窗口是通过主窗口打开的，如图 3-12 所示。通常只有调车长工作站对该窗口有操作权，其他工作站只有检查权，没有编辑权。

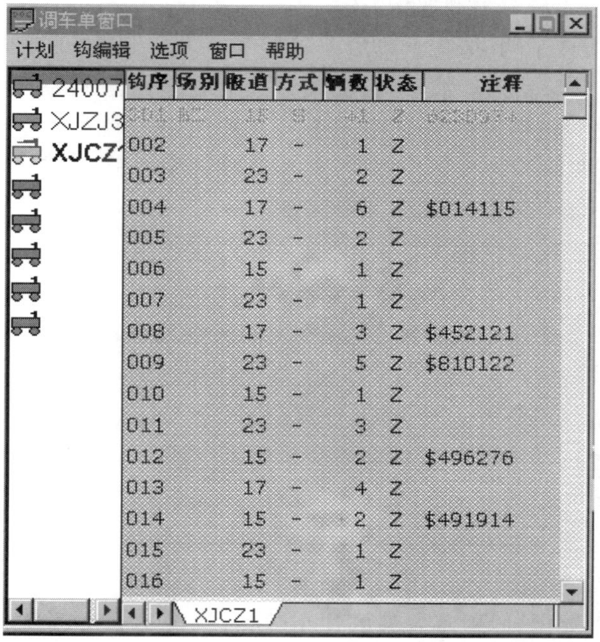

图 3-12 调车单窗口示意图

调车单窗口主要用于实现调车单的产生、显示、保存、取消和修改。调车单窗口包括两部分：车次列表窗口和钩车编辑窗口。调车单窗口可以同时储存的最大计划数为 5 个车次，每个车次对应的钩计划最多为 80 钩。调车单有两种来源，一是自动存储方式，二是人工储存方式。

（1）车次列表窗

车次列表窗共可以容纳 5 个车次，每个车次由一个表示其状态的模型车和车次名称组成。当某个车次被选中时，在右侧的钩车编辑窗中将会对应显示出该车次的钩车计划内容。

①模型车为灰色：表明该区无车次，并且也不是选中车次。

②模型车为绿色：表明该区有车次，但不是目前选中车次，也没有处于溜放状态。

③模型车为红色：表明该区目前被选中，无论有无车次。

④模型车为蓝色：表明该区有车次正处于溜放状态，但不是目前选中车次。

⑤模型车为蓝色红边：表明该区有车次正处于溜放状态，并且为目前选中车次。

(2)钩车编辑窗口调车单的内容

调车单中每个车次对应的钩计划包括钩序、场别、股道、方式、辆数、状态、注释共7项。

①钩序：表示调车单中某一钩计划的序号。

②场别：根据编组场的情况，可以是BZ、SD、SF、XD、XF、J、U、Ⅰ、Ⅱ等符号，无标记表明为驼峰场。

其中BZ、J、U表示本场，对于去往禁溜线的钩计划，股道必须是禁溜线股道，场别必须是J；对于去往迂回线的钩计划，股道必须是迂回线股道，场别必须是U，使用绿色字体显示。

③方式：作业方式包括－、＋、S、X、#共5种。

方式栏缺省或为"－"号时为溜放钩，按溜放进路控制；

方式栏为"＋"号为挂车钩，按先下峰后上峰控制；

方式栏为"#"号表明该钩为禁溜车，由机车送入股道，按先下峰后上峰控制；

方式栏为"X"号表明该钩为机车下峰，按机车下峰进路控制；

方式栏为"S"号表明该钩为机车上峰，按机车上峰进路控制。

④状态：钩车状态包括Z、K、H、X共4种情况。

状态栏无标记或"Z"表示该钩车是重车，按重车调速控制；

状态栏为"K"表示该钩车是空车，按空车调速控制；

状态栏为"H"表示该钩车是空重混编车，按中间级别处理；

状态栏为"X"表示该钩车是注意溜放车，按低连挂速度调速控制。

⑤注释的字符通常仅供作业人员参考，计算机不作处理。

调车单窗口可通过拉动滚动条前后翻动调车作业计划。

(3)调车单的显示方式

在调车作业计划单中，为了清楚地表明每一钩车计划特点，采用不同颜色的字体进行显示。

①对于非本场钩车数据、股道不合法的钩车数据、辆数不合法的钩车数据，采用灰色字体显示此钩车数据；

②对于空车溜放钩车，用粉红色字体显示此钩车数据；

③对于重车或混编溜放钩车，用黑色字体显示此钩车数据；

④对于迂回线和禁溜线钩车数据，采用绿色字体显示此钩车数据；

⑤对于调车钩(上下峰、去禁溜线、去迂回线)的钩车数据，采用绿色字体显示此钩车数据；

⑥对于注意溜放钩车数据，采用蓝色字体显示此钩车数据。

在溜放过程中，为了清楚地表明溜放窗口中各钩车计划所处的状态，在调车单窗口中采用不同的填充颜色对钩车计划进行显示。在溜放过程中，对于已溜放完毕的钩计划，在调车单窗口中使用灰色反底显示此钩计划；对于处于溜放开始但尚未压入第一分路的当前钩，使用黄色反底显示此钩计划；对于压入第一分路的当前钩，使用红色反底显示此钩计划；当此钩出清第一分路后，此钩计划以灰色填充，将处于溜放开始状态的下一钩计划以黄色填充。

四、TW—2 驼峰自动化系统溜放作业的办理

1. 溜放前检查

由到达场推送到驼峰场的解体车列或者由峰下股道牵到峰顶的解体车列，在开始溜放前必须检查以下条件：

(1)溜放处于自动状态，且第一分路道岔无车占用。

(2)分路道岔手柄位于中间位置(被封锁道岔除外)。

(3)未建立与溜放作业冲突的敌对进路。

(4)推送进路建立条件具备。

2. 溜放作业

(1)溜放开始的操作

如果准备开始进行溜放作业，在以上条件均具备的条件下，可选择溜放窗口“操作”菜单中的“溜放开始”选项，将弹出一个溜放对话框，在该框内正确选择待溜的车次、溜放模式(单溜或双溜)、推送线和推送方式(场联方式)，然后选择“确认”选项。

计算机将首先检查推送进路建立的基本联锁条件，若不满足将不能执行溜放开始操作；条件满足即发出道岔转换命令。在规定时间内，若道岔转换到规定位置并且有关联锁条件具备时，即可对有关道岔及敌对进路实现锁闭，此时由进路始端到终端将出现一条绿色光带。若30 s 内进路未完成锁闭，取消溜放开始操作。若要求的推送进路已经通过始终端的办理而建立并锁闭时，可直接进入后序的控制。

(2)作业处理

推送进路锁闭后，溜放窗口将计划的前几钩预显示出来，溜放过程采用滚屏方式。该计划全部溜放完毕，将会自动退出溜放状态。若该计划未被溜放完毕，而需转去溜放另一计划或进行其他作业，需用“操作”菜单中的“溜放暂停”选项暂时退出该车次的溜放作业。如果要取消一列尚未溜放或未溜放完的计划，可用“操作”菜单中的“溜放取消”选项废除该计划。

(3)应急处理

在溜放过程中，如发现溜放钩车走行中的道岔表示与计划不一致，或为了防止侧面冲突等目的，在钩车尚未压入该道岔区段时，可人工扳动道岔手柄，使钩车进入规定线路或异线，然后再将道岔手柄扳回到中间位置，恢复到自动作业，此功能称为手动优先原则。该原则只适用于溜放钩车，对调车无效。

3. 溜放作业计划的修改

进入溜放状态后对当前溜放窗口上的几钩计划中的任一钩可随时进行修改，可在溜放窗口使用与调车单窗口类似的方法进行。用“钩编辑”菜单的“溜放变更、插入、删除、股道替代”等选项进行操作。对于已送溜放窗口显示的钩计划不可在调车单窗口进行修改，只能在溜放窗口修改。

欲修改溜放窗口即将溜放的当前钩计划，可在该钩尚未压入第一分路道岔时，在自动弹出的对话框中修改。

4. 溜放窗口的显示

溜放窗口是通过主窗体打开的，只有调车长工作站对该窗口有操作权，其他工作站只有监督权，没有编辑权。溜放窗口如图 3-13 所示。

溜放窗口主要用于实现与溜放有关的操作及显示。

操作人员只要在溜放窗口中选择调车作业计划进入溜放状态，该作业计划就将在溜放窗口中实时地以滚动和醒目的方式显示出来，通过溜放窗口，可以看到即将作业的后面几钩计划。对于双推双溜和双推单溜的驼峰编组场，可以同时打开两个溜放窗口，对于单推单溜的驼峰编组场，只能打开一个溜放窗口。

图 3-13 溜放窗口示意图

5. 机车上下峰进路的办理

机车上下峰进路的控制有以下两种方式：

(1) 集中控制方式：在非溜放状态下，上下峰进路采用始、终端办理方式（详见图形终端的操作）。

(2) 自动控制方式：在溜放状态下，上下峰进路以溜放钩形式储存在调车单内，随着溜放作业的进行执行到上下峰进路时，关闭驼峰信号并检查进路建立条件，满足时即转换道岔并在联锁条件具备后锁闭进路，开放相关调车信号和驼峰信号。

两种控制方式均要求有关的道岔手柄在中间位置。

与溜放钩类同，调车单内的机车上下峰调车进路，调车单窗口修改或溜放窗口修改时，其操作与一般溜放钩一样。

6. 去禁溜线或迂回线的控制

去禁溜线、迂回线的控制有以下两种方式。

(1) 自动控制方式

在溜放状态下，将去禁溜线或迂回线的作业以溜放钩形式储存在调车单内。当执行到去禁溜线或迂回线的计划时，先关闭驼峰主体信号，而后开放红闪信号指示推峰机车后退，一旦通向禁溜线或迂回线的进路联锁条件满足，即控制相关道岔转换到要求位置，同时锁闭进路，开放白闪信号。车列完全进入禁溜线或迂回线时，由程序自动将白闪信号切换到红闪信号，如果车列没有完全进入需要中途折返退出禁溜线或迂回线，相关道岔区段仍显示红光带，须驼峰调车长操作驼峰信号停止，再开放后退，即人工确认取送禁溜车或禁止过峰的车是否到位。一旦车列退出了与禁溜线或迂回线相关的道岔区段，程序自动在延时后控制道岔转换到指向峰顶的位置，以便继续溜放。

(2) 集中控制方式

在非溜放状态下进行去往禁溜线或迂回线作业时，去往禁溜线或迂回线进路的办理，由驼峰调车长在图形窗口通过始终端方式完成（注意此时始端是无岔区段，不是调车信号机),然后人工进行驼峰信号的控制(仅限于白闪和红闪)。在该方式下可切换到自动方式继续溜放。

7. 分路道岔手动

在手动控制盘上设有分路道岔三位式手柄,在中间位为自动,其余为手动道岔至定位或反位。分路道岔手动优先于自动。

分路道岔通常放在自动位置,无需手动操作,只有以下情况需人工应急处理:

(1)操作人员观察到前后钩车距离太近,速度又前慢后快,有必要采取顺道处理,以防止侧面冲突时;

(2)操作人员观察到在道岔区至三部位前有钩车行走速度太慢或停车,后面钩车已提开钩,有必要并且有时间采取紧急改道避让处理,以防止正面超速相撞或侧面冲突时;

(3)对于计划中遇特殊情况(例如超长车辆)须手动溜放作业要事先对道时。

8. 封锁股道与解锁股道的操作

在图形窗口对应股道的警冲标区段的弹出菜单选择"封锁"或"解锁"后,程序将根据其他股道的封锁情况,自动转换有关道岔,然后对关键道岔进行锁闭或解锁,并自动实现道岔封锁时的"升级"和解锁时的"降级"选择。

道岔一旦被封锁,计算机将拒绝执行来自计算机内部的任何转换命令,同时将锁闭人工扳动道岔。封锁股道与解锁股道操作要求有关的道岔手柄在中间位置,某股道被封锁后,一旦有该股道车列出现在峰顶时,将及时报警并自动切断主体信号。

自动封锁的道岔位置将被连续检查,一旦道岔锁闭条件被破坏,将报警并切断主体信号。

封锁股道功能可用于股道满线封锁,也可作为编发线发车锁闭使用。前者可灵活使用封锁或解锁股命令以达到目的,后者由于与驼峰尾部发生联锁,解锁受到限制。

待关键道岔和股道被锁闭后,图形窗口被锁闭的道岔有锁闭标识(岔心出现蓝色圆),被锁闭的股道线段亮青色。对于编发线,此时允许尾部排通发车进路。一旦编发线排通发车进路,图形窗口对应的股道线段亮绿色,不允许驼峰调车长通过解锁股道操作解除对编发线的封锁。随着发车进路的使用和解锁,编发线自动解锁。

五、TW—2 驼峰自动化系统图形窗口的操作

1. 概述

图形窗口如图 3-14 所示。图形窗口通过主窗体打开,只有调车长工作站对该窗口的进路具有操作权,只有调速工作站对该窗口的车辆减速器具有操作权,其他工作站只有监督权。

图形窗主要用于以下几方面:

(1)以图形方式显示整个驼峰场信号机、道岔、车辆减速器、股道平面示意图,在溜放过程中实时地显示命令传递、信号开放、道岔转换情况,车辆减速器的制动和缓解状态,测长值以及测长、雷达、踏板是否发生故障。

(2)进行人工排列机车上下峰进路、人工转换道岔、人工制动和缓解车辆减速器、道岔封锁、股道的封锁和解锁、人工定速、信号的开放和关闭等操作。

2. 图形窗口的显示

图形窗口是以模拟站场的形式,用象形的图案和颜色变化,配上必要的数字符号,向驼峰

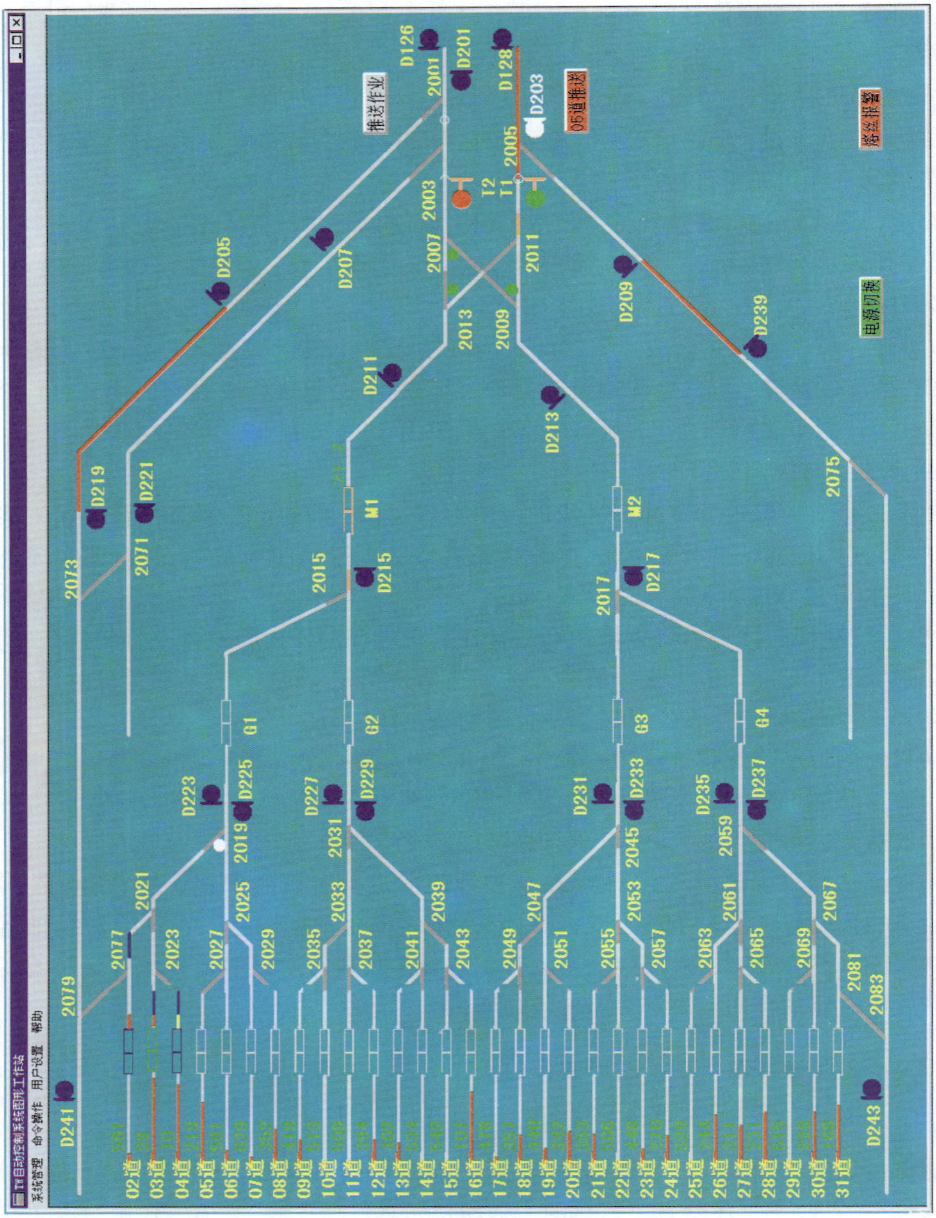

图 3-14　图形窗的显示示意图

作业员以直观和醒目的方式传达各种信息。从自动控制的角度，站场是由轨道电路、信号机、道岔、车辆减速器、测长、雷达、踏板等采集和执行设备组成的，是图形窗口描述的主要对象。它显示的主要对象有以下几个。

(1)信号机

信号机采用圆形加竖杆形状表示。信号机的颜色与室外信号机构灯色相同，驼峰信号包括红、红闪、白、白闪、绿、绿闪、黄闪 7 种显示，调车信号只有蓝、白两种显示。当信号机罩上一个与背景色相同的“ ×”时，表明灯丝断丝，在绿灯、绿闪、黄闪、白灯、白闪信号时，如果灯丝断丝，将自动转为开放红灯或蓝灯，所以不存在绿色、黄色、白色灯丝断丝。驼峰主体信号机的高柱有两种不同的颜色显示，橘红色表示处于自动状态；白色表示处于手动状态，此时信号机不能自动进行信号的切换，当需要转为自动状态时，应选择该信号机弹出菜单中的“自动”。

信号机可作为进路选择的始端、终端和变更点，作为进路始端的信号机还是完成进路总取消、进路总人解或信号重开等操作的控制点。

信号机的编号位于信号机旁边，一般情况为淡黄色显示。当办理了以某信号为始端的进路时，该信号机编号显示白色。当办理了某进路的总人解或故障解锁操作时，在延时解锁过程中，始端信号机编号显示为绿色。当灯丝断丝时，该信号机编号显示为红色。信号机显示如图 3-15 所示。

(a) 驼峰主体信号机红灯、红闪、灯丝断丝

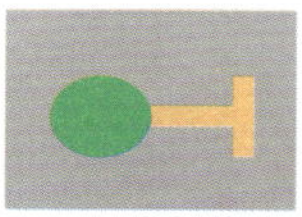

(b) 驼峰主体信号机绿灯、绿闪

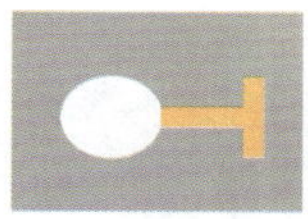

(c) 驼峰主体信号机白灯、白闪

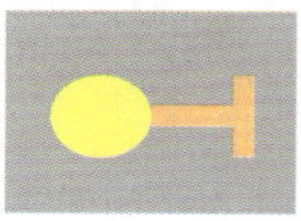

(d) 驼峰主体信号机黄闪

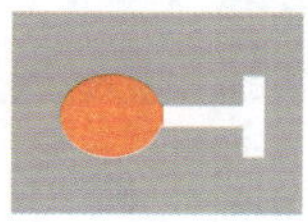

(e) 非自动状态下的驼峰主体信号机（高柱为白色）

(f) 信号机白灯、灯丝断丝

(g) 信号机蓝灯、灯丝断丝

(h) 信号机编号

(i) 以该信号机为始端办理进路

(j) 以该信号机为始端延时解锁

(k) 信号机灯丝断丝

图 3-15 信号机显示示意图

(2)道岔

道岔岔前线段与开通方向的岔后线段颜色相同，与非开通方向的岔后线段间用灰色显示其断开状态；两个方向均为蓝色，表明道岔正处于转换过程中，或处于四开位置。道岔编号显示在道岔旁边，淡黄色表明手柄在中间位置，红色表明手柄不在中间位置，道岔不受微机控制。道岔岔心处有红心圆表示道岔发生了道岔恢复，有白色圆表示道岔被封锁或单锁，有绿色圆表示道岔在溜放状态下道岔锁闭，有蓝色圆表示道岔发生挤岔，如图3-16所示。

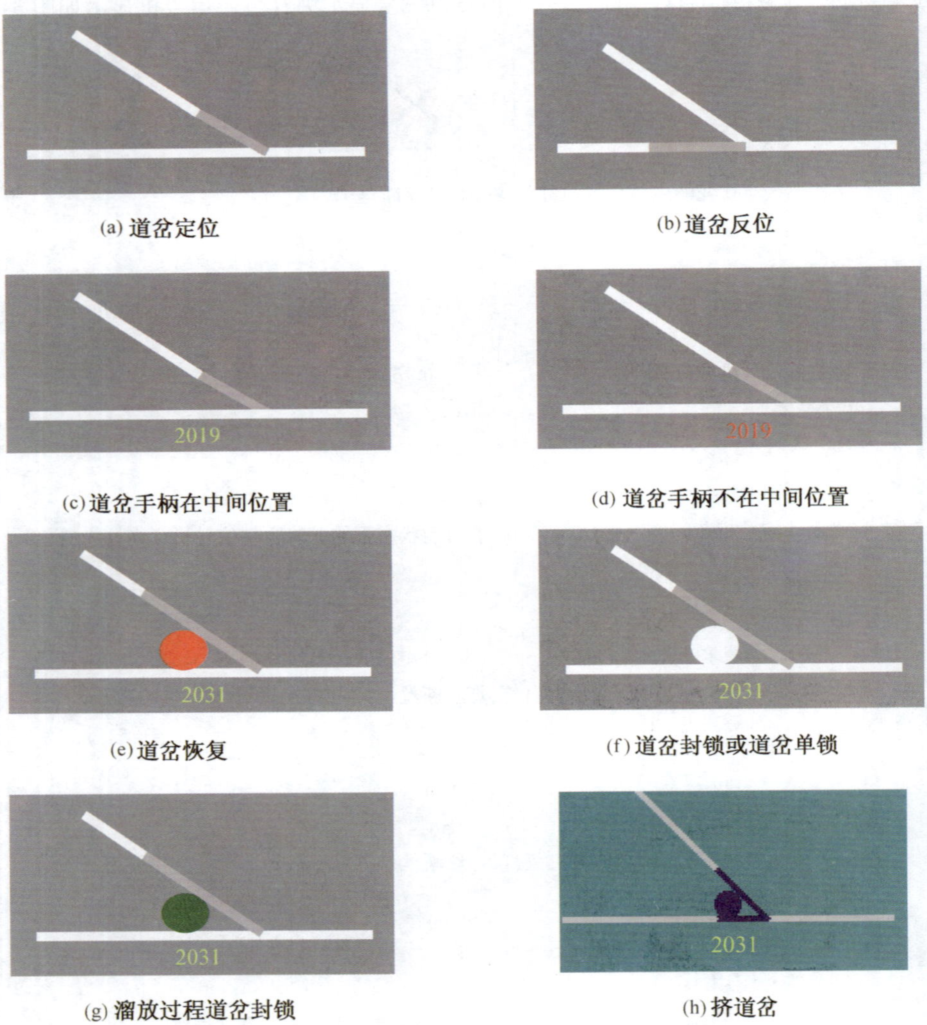

(a)道岔定位　(b)道岔反位

(c)道岔手柄在中间位置　(d)道岔手柄不在中间位置

(e)道岔恢复　(f)道岔封锁或道岔单锁

(g)溜放过程道岔封锁　(h)挤道岔

图3-16　道岔显示示意图

(3)区段的显示

区段主要有道岔区段、车辆减速器区段、一般无岔区段、警冲标无岔区段、场间无岔区段、股道无岔区段等。区段空闲时为白色，占用时为红色；调车进路锁闭时为黄色；场间无岔区段发生照查时为黄色；列车进路和推送进路锁闭时为绿色；分路道岔区段有命令传递时为橘红色；股道被封锁时警冲标无岔区段为淡紫色；编发线股道办理接发车进路时警冲标无岔区段显示绿色。一般无岔区段可作为进路的变更点，警冲标无岔区段可作为机车上下峰进路的始端和机车上下峰进路的终端。股道末端显示股道编号，正常情况下为淡黄色；当办理了以该股道为始端的机车上下峰进路时，股道编号显示为白色；如果该股道对应的调车表示器灯丝断丝，股道编号显示为红色，如图 3-17 所示。

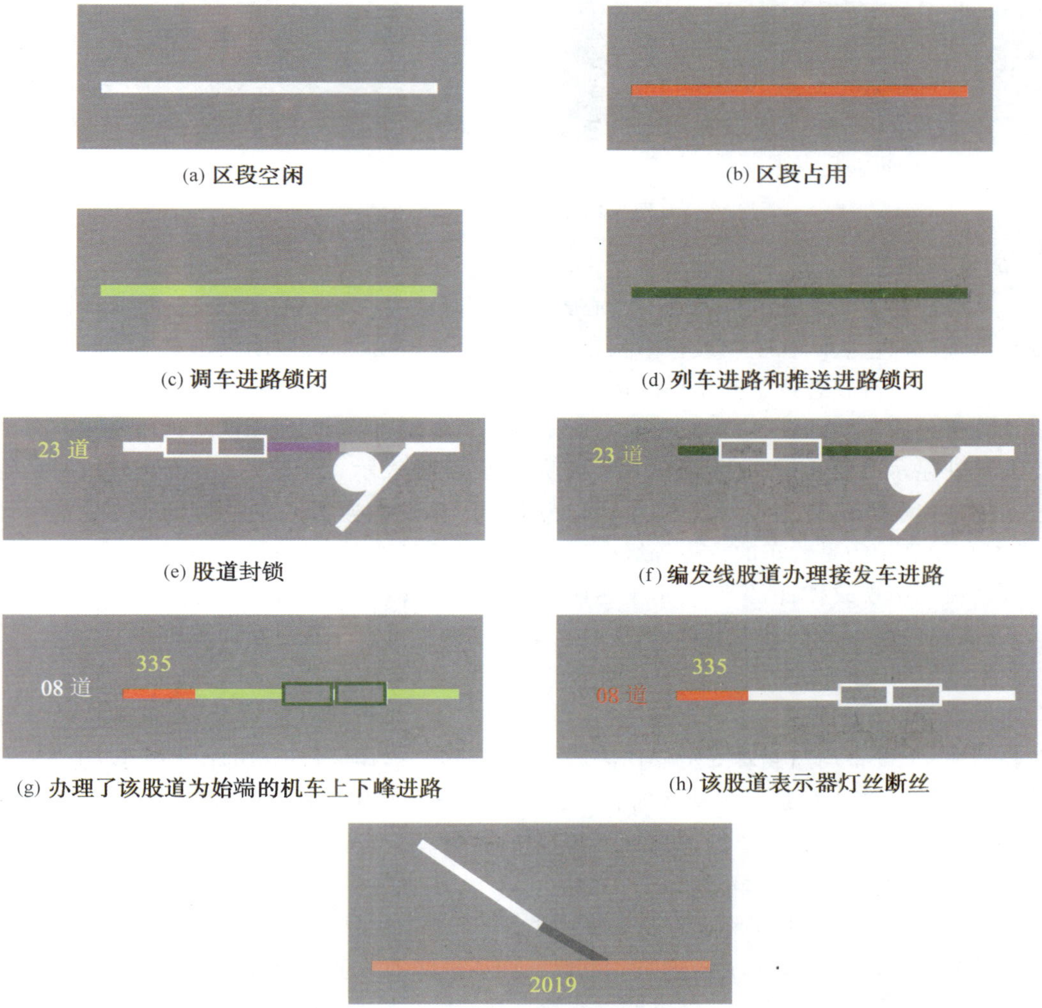

(a) 区段空闲　(b) 区段占用　(c) 调车进路锁闭　(d) 列车进路和推送进路锁闭　(e) 股道封锁　(f) 编发线股道办理接发车进路　(g) 办理了该股道为始端的机车上下峰进路　(h) 该股道表示器灯丝断丝　(i) 分路道岔区段有命令

图 3-17　区段显示示意图

(4) 测长

测长区段一边为股道号显示，上方为测长值显示，单位为米。红色区段的长度与钩车占用长度相对应，白色表示无车的区段，与该股道测长值成比例。测长区段满线时全部为红色，空闲时全部为白色，故障时为蓝色，并在测长值显示处显示“故障”两字，如图3-18 所示。

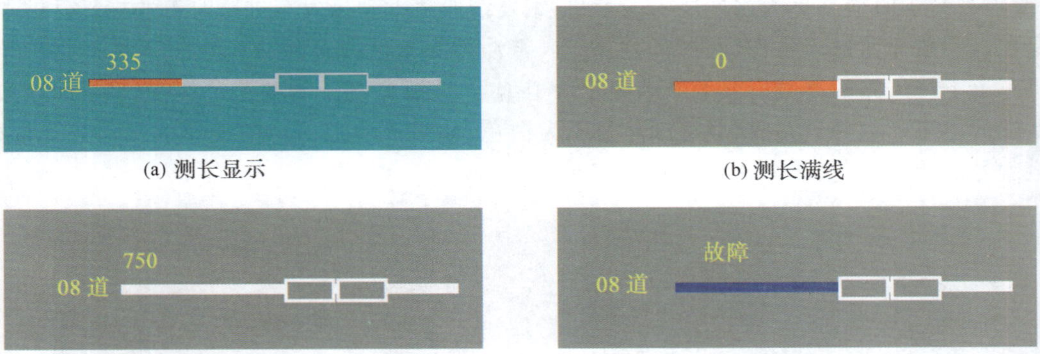

(a) 测长显示　(b) 测长满线

(c) 测长空线　(d) 测长故障

图 3-18　测长显示示意图

(5)车辆减速器

车辆减速器用一个长方形表示。空心表示车辆减速器在缓解位置,实心表示车辆减速器在制动位置。白色表示在手动或检修状态,红色表示被占用,绿色表示机车上下峰时车辆减速器自动锁闭在缓解状态或手操车辆减速器单锁,蓝色表示手动盘上手操制动或缓解,黄色表示通过计算机单操制动或缓解,橘红色表示命令传递下来,其他颜色随区段颜色而变化。车辆减速器入口处显示的值为定速值,绿色表示自动定速,红色表示人工定速;出口处显示的是钩车通过车辆减速器期间雷达实测数值,单位均为 km/h;车辆减速器上方左侧显示的是踏板计轴数,上方右侧显示的是钩车的重量等级。车辆减速器入口处下方显示一个红色半圆形状时,表示该股道雷达出现故障,消失时表示雷达恢复正常;车辆减速器入口处下方显示一个红色三角形状时,表示该股道踏板出现故障,消失时表示踏板恢复正常。其显示如图 3-19 所示。

3. 图形窗口的操作

图形窗不仅用于显示,还用于操作,其操作通常以信号机、区段、道岔、车辆减速器等设备为对象,每一个设备均蕴涵着一个操作区域,当光标移至选择区域时,其形状由小“十”字形变为小“手指”形。当光标进入选择区时,单击鼠标左键通常为办理进路,单击鼠标右键为弹出菜单,做进一步的操作选择。

(1)调车进路的办理和解锁

此处所说的调车进路实际上包括两种类型,一类是不含分路道岔的峰上的调车进路,另一类是含有分路道岔的机车上下峰进路。虽然它们在进路的办理、进路的取消、信号重开等操作上没有区别,但是由于机车上下峰进路存在死区段,因此在进路解锁、信号关闭时机等方面有很大的不同。考虑到驼峰场作业的特殊性,机车上下峰进路不检查进路内轨道占用情况。

基本进路的选择只需确认进路始端和终端,变更进路的选择则需依次确认进路的始端、变更点和终端。进路的始端通常选择代表进路方向的信号机,机车上下峰进路也可选择警冲标的无岔区段作为终端;反向单置调车信号不允许作为终端。进路的变更点通常选择可区分变更进路的道岔或无岔区段,反向单置调车信号也可作变更点。

(2)信号重复开放

已经开放的信号由于某种原因使信号关闭,当故障解除后可以重复开放信号。操作鼠标

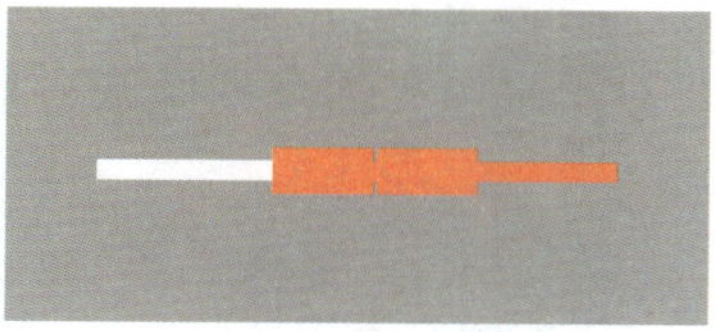

(a) 减速器双台制动

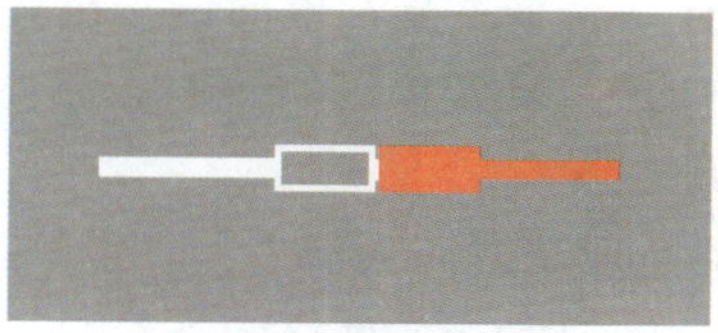

(b) 减速器单台制动

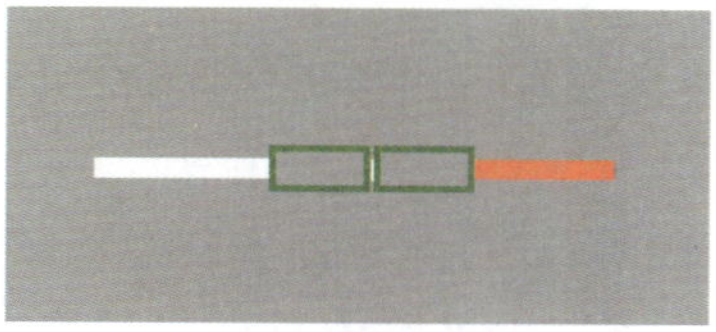

(c) 减速器缓解

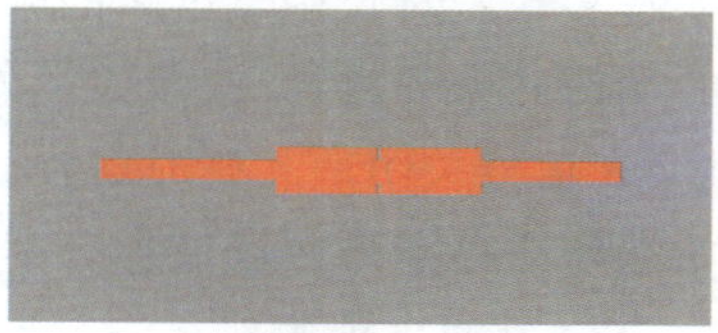

(d) 减速器占用

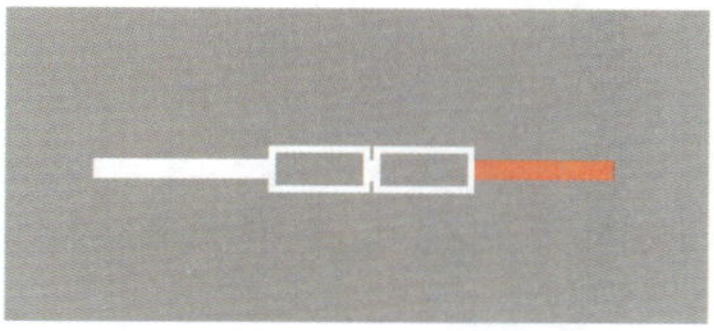

(e) 减速器处于自动状态

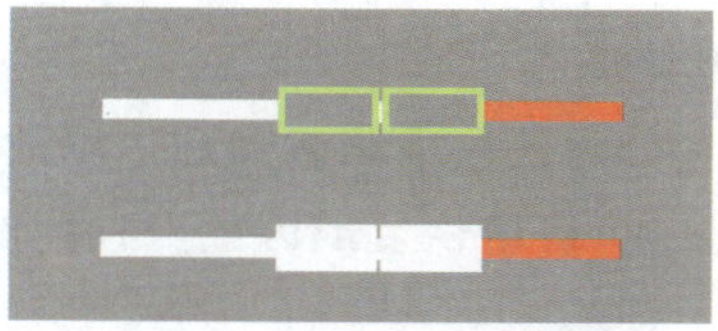

(f) 减速器处于手操制动、缓解状态

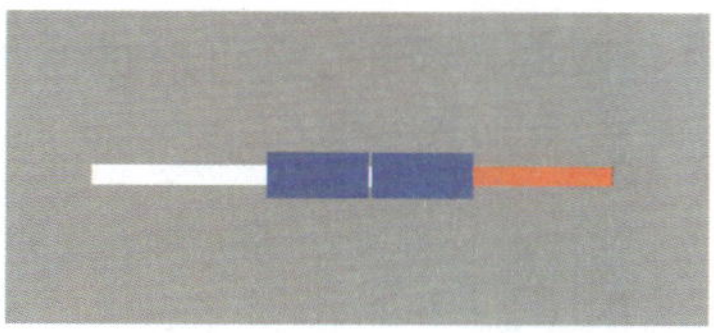

(g) 减速器处于手动盘手动状态

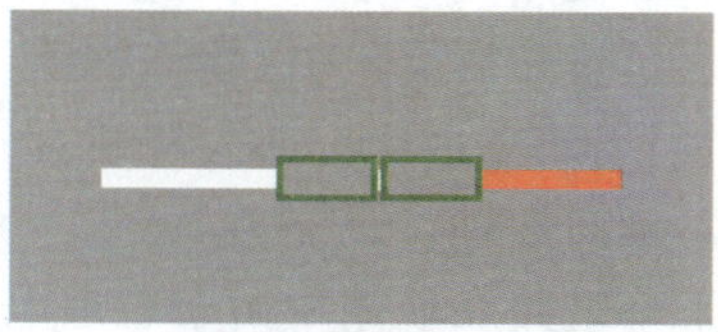

(h) 机车上下峰时减速器锁闭、减速器单锁

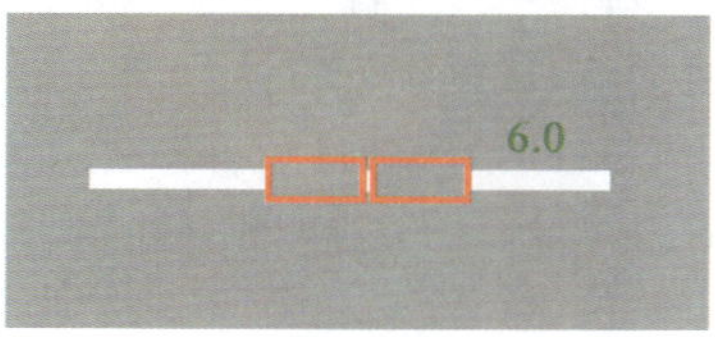

(i) 有命令传递到减速器上

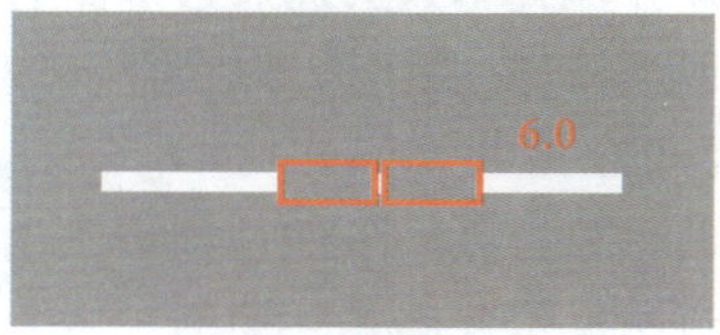

(j) 减速器人工定速

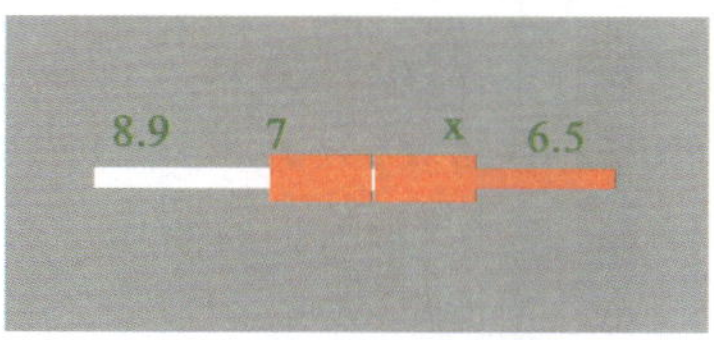

(k) 自动定速值、雷达实测速度值、踏板计轴数

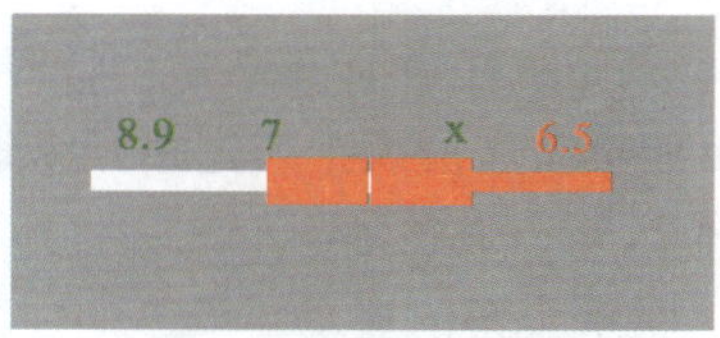

(l) 人工定速值、雷达实测速度值、踏板计轴数

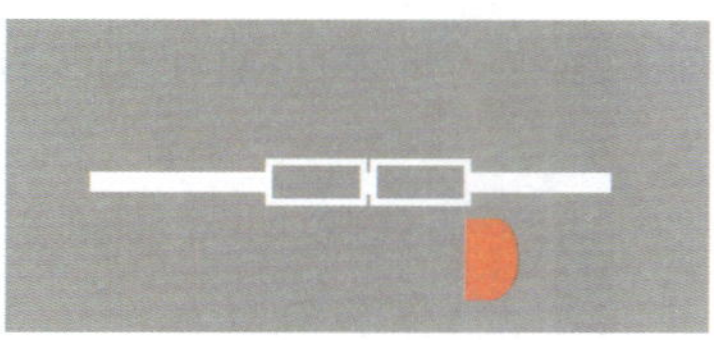

(m) 雷达故障

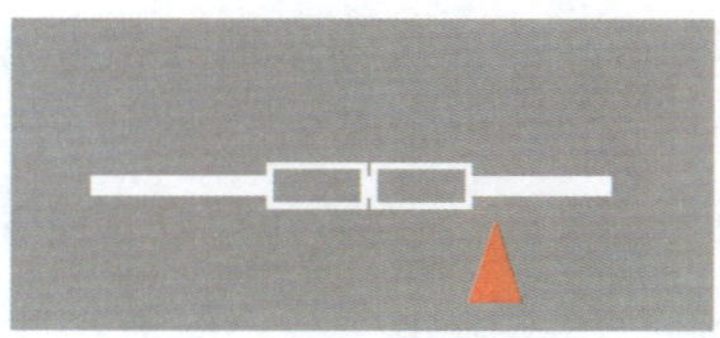

(n) 踏板故障

图 3-19 车辆减速器显示示意图

将箭头光标移到要求重复开放的信号机处，当光标变为“手指”形状后，按下鼠标右键，弹出菜单，选择其中的“重复开放”菜单项，按下“确认”即可。对于长调车进路可以从远到近依次按上述操作办理。

(3)进路总取消或总人解

当操作员办理好一条进路后，因故又需要取消时，在该进路未使用的情况下，可通过进路总取消或总人解实现。对长调车进路的解锁可一次完成。

在进路始端信号未开放过，或者始端外方无死区段且无车占用接近区段时，只可对进路实行总取消；进路在信号关闭后无延时解锁。

在进路始端外方存在死区段或者有车占用接近区段时，只可对进路实行总人解；进路在信号关闭后经过 30 s 延时方能解锁。在延时过程中，一旦车进入进路内方即自动取消总人解操作。在延时过程中，信号机编号显示绿色。

(4)故障解锁

故障解锁分为区段故障解锁和进路故障解锁。

区段在开机、停电恢复或因故障锁闭时，在检查区段未排列在进路中且区段空闲后，可实行区段故障解锁。

调车进路在使用中由于轨道电路故障而不能正常解锁时，在轨道电路故障已经排除并检查车列已经通过进路后，可实行故障解锁。当调车进路已部分解锁时，只可对进路的其他区段逐个故障解锁；当调车进路全部未解锁时，可对进路实行进路故障解锁或逐个区段故障解锁。进路或区段不延时解锁。

机车上下峰进路在使用中由于轨道电路故障或其他因素而不能正常解锁时，在轨道电路故障已经排除并检查车列已经通过进路后，可实行进路故障解锁。若始端信号未关闭，可先对进路实行总取消操作，关闭信号后再故障解锁。进路延时 30 s 解锁。

(5)道岔单独操纵

办理道岔单独操纵的条件是该道岔没有区段锁闭、进路锁闭、溜放锁闭和道岔单独锁闭。道岔定位和道岔反位之间是互锁的。

(6)道岔单锁、单解

当需要将某道岔单独锁在某一位置时可办理道岔单锁。道岔单锁后其另一位置不能再使用，也就是单独操纵道岔或排列进路操纵道岔到另一个位置都无效，只有采用道岔单独解锁后方可使用它们。

(7)场间联系按钮的显示

推送作业 ——在没有进行任何作业时，该按钮显示为白色的“推送作业”；

允许预推 ——当通过溜放窗直接办理溜放开始选择允许预推或手动办理允许预推时，此按钮显示为黄色的“允许预推”；

04道推送 ——当到达场办理好预推进路后，该按钮显示为黄色的“××道推送”；

06道推送 ——当解体列车(包括允许预推和允许推送情况)压入到达场的推送进路时，该按钮显示为红色的“××道推送”；

预推锁闭 ——当解体列车压入预推点时，该按钮显示为黄色的“预推锁闭”，此时到达场信号由黄灯转为红灯；

允许推送——当通过溜放窗口直接办理溜放开始选择允许推送或手动办理允许推送时，该按钮显示为绿色的“允许推送”；

06道推送 当到达场办理好推送进路后，该按钮显示为绿色的“××道推送”。

(8)允许推送和允许预先推送作业的办理

图形窗口上每条推送线的一侧，各有一个有关推送和预推的“按钮”，当鼠标移到此按钮位置处时，鼠标变成“手指”形状，此时点按鼠标右键，弹出菜单选项，可做如下办理：

①允许推送：在已进入溜放状态后，在预推到位或预推过程中，通过对该按钮的确认，可从预先推送作业转入允许推送作业。按钮显示绿色的“允许推送”。

②允许预推：人工办理推送进路后，按下此按钮，如果条件满足，按钮将显示黄色的“允许预推”。

(9)场间调车作业联系方法

两场间以调车信号机作为入口信号机时，各场以调车信号开放与否来决定是否允许车列进入本场。当两场间有一隔开的共用无岔区段(如到达场与驼峰场间的无岔区段)时，某方向无岔区段开通进路后，另一方不能再向无岔区段排列进路。如果无岔区段有车占用，则不允许两场中任一端再向无岔区段排列调车进路。

六、驼峰信号机的操纵、推峰速度控制

1. 驼峰信号机的操纵

在溜放窗口进行“溜放开始”操作后，随着推送进路的锁闭，溜放作业的开始，驼峰调车长可通过图形窗驼峰信号机处的弹出菜单实现对驼峰信号的控制。操作鼠标将箭头光标移到要求的驼峰信号菜单处，按下“确认”即可。

驼峰信号显示在绿色、绿闪和黄闪之间变换时，可由原来显示直接转换到要求的显示；在上述显示与红闪、白闪或白色之间变换，以及后3种显示之间的变换时，都必须先关闭主体信号，再转换到要求的显示。后退信号随时可开放，指示推峰机车从峰顶、迂回线或禁溜线后退。

驼峰信号开放过程中，驼峰调车长按下控制台上的切断信号按钮能关闭驼峰信号。驼峰信号机由开放转为关闭，将产生“紧急关闭驼峰主体信号”的语音报警。驼峰信号机开放时，未经再次办理，不能自动重复开放。

2. 推峰速度控制

在没有装备机车遥控的站场，推峰速度控制通常是通过调节驼峰信号机灯色指挥，由司机人工控制的，因此推峰速度的调节最终归结到对驼峰信号的把握上。

驼峰信号分为调车信号和溜放信号两类。

调车信号用于指挥机车上下峰、去往禁溜线或迂回线的进退，包括白灯、白闪、红闪及红灯。在TW系统管理下，驼峰信号的调车类作业以自动为主、手动为辅。

溜放信号用于指挥溜放，包括绿灯、绿闪、黄闪、红闪及红灯，目前TW系统中驼峰信号的溜放类作业以手动为主、自动为辅，主要的自动功能体现在紧急情况下切断信号，进入限制状态。

驼峰调车长对溜放信号的调节应根据站场的情况、调车作业计划的分析(如隔钩车情况、大组车情况、空重车情况、峰顶提钩情况)等因素,灵活掌握。溜放信号的人工操纵与系统进路及调速的自动化是一个人机配合过程,必须按照客观规律调节适当,才有可能在保证平均推峰速度的情况下保障溜放间隔和作业安全。例如,遇到有大组空车且有隔钩车的情况,一定要有峰顶停轮等待过程,否则溜放区域将因"消化不良"而发生事故损失。操纵优化的目标是:通过驼峰信号的调节,指示出每一钩合理的动态推峰速度,在关顾到保持钩车动态溜放间隔大体均匀和留有余量的前提下,提高整个平均推峰速度。

此外,推峰速度的掌握,还应考虑到车辆减速器等设备的限制条件。

七、机车推峰速度遥控和自动控制

为克服调车司机因瞭望信号困难和不能准确及时地操纵机车,车列达不到允许的最高推送速度而降低解体作业效率问题,我国研制出推峰机车无线遥控系统和推峰机车移频遥控系统两种推峰速度遥控系统。

1. 推峰机车无线遥控系统

该系统用于推峰机车调速,可独立使用,也可与溜放进路及速度控制系统构成完整的自动化系统。

(1)系统组成

系统由地面设备及机车设备两部分组成。地面设备和机车设备均由微机构成,采用模块化设计方式。控制命令及表示信息由无线传输。

驼峰信号楼内设地面无线电台、微机、监测与显示装置、送受话装置。到达场信号楼内设联锁信号控制电路和发生设备,股道编号发送箱设于到达场各停车股道入口处。

机车控制设备包括机车无线电台、微机、遥控信息接收设备、与机车相关的执行接口电路、制动控制器、速度传感器及显示器。

(2)系统工作原理

系统地面微机包括控制微机和管理微机。控制微机不断地从联锁信号近期电路采样,通过股道报号条件电路选出推峰工作股道,由控制台上的控制按钮确定发送控制命令的内容;在与其他自动化联网时,由管理微机送入钩计划等信息。这些信息及控制命令经控制微机转换为控制编码,经无线电台送给机车。同时又通过无线电台接收被控机车的信息,经控制微机处理后送到管理微机,以供其他自动化系统使用,并将有关数据显示在管理微机的显示器上。

机车电台在地面电台发送控制命令时处于接收工作状态。机车控制主机通过股道报号接收设备取得机车进入股道的信息,并予以储存。当控制主机由电台接收到控制命令时,此编码不断与接收的控制命令中的股道编码比较。只有两者一致时,才认为地面发送的控制命令是发给本机车的,机车才能通过控制主机执行命令并显示。同时将机车接收的控制命令、实际速度以及故障信息等回送给地面设备。

(3)系统功能

系统以车列实际辆数、目标速度与实际运行速度的差值及车列运行加速度等作为控制参数,对机车推峰速度进行控制,实现变速推峰。解体作业时,驼峰调车长利用控制台上的"控制速度"按钮能向推峰机车发出5种推峰速度控制命令。根据作业需要,可任选一种。在发出

控制命令的同时,驼峰信号机也开放相应的灯光。这 5 种推峰速度是:

①12 km/h 和 10 km/h:对应驼峰信号机的"绿闪"显示;

②7 km/h:对应驼峰信号机的"绿灯"信号;

③5 km/h 和 3 km/h:对应驼峰信号机的"黄闪"显示。

向禁溜线送车时,能给出两种速度控制命令:5 km/h 和 3 km/h(对应驼峰信号机的"白闪"显示);后退作业(对应"红闪"显示),车速不大于 7 km/h。

预推作业有两种速度可供选择:快预推为 10 km/h,慢预推为 5 km/h。而且还有定距离停车功能,可保证进行预推的车列准确地停在预定地点。

遥控系统与地面推峰进路具有联锁关系。当驼峰调车长排通推峰进路、开放推峰信号后,本系统能自动选出推峰作业的机车,并向其发出控制命令。机车收到命令后,可实现自动起动、鸣笛、调速、制动与停车等全部控制功能。本系统以遥控为主,手动优先。进行遥控时,司机只起监督作用。出现异常情况,可随时转为人工操纵。

推峰机车按照收到的控制命令,自动调整推峰速度,使其达到命令要求的数值。然后向驼峰楼发出表示信息,报告执行命令的结果。

2. 推峰机车移频遥控系统

移频机车遥控用于驼峰编组站,是驼峰编组场自动化系统的重要组成部分。机车遥控和机车信号一起组成车列推峰自动化系统,它能适应峰下溜放自动化系统对推峰速度提出的要求。

(1)系统组成

机车遥控设备由机车遥控装置和监测装置组成。机车遥控装置安装在推峰机车上,对推峰机车的推送速度实现自动控制;监测装置安装在驼峰楼,可随时监测机车遥控装置的工作状态。

(2)系统工作原理

只有推送进路办理完毕,有关道岔位置正确,信号开放,控制命令发送设备才能工作。系统开始工作时,首先发开机信息,通知机车接收设备本机车所在股道已建立推送进路,再收到本峰的控制信息才是有效的。信息的发送采用有线传输方式,以轨道为传输通道。机车经过通有移频信息的钢轨上方,机车感应器即得到感应电压,经滤波、鉴频、选频、放大后驱动继电器,使机车信号机显示,并给速度控制设备下达控制命令。在到达场,当推峰机车和待解车列连挂好之后,司机只要按压遥控按钮,推峰机车自动进入遥控状态,当驼峰楼给出相应的信号后,遥控设备就能根据该信号的显示,相应地发出速度控制及定距离停车的指令,自动驾驶车列完成前进、后退、加减速及定点停车等作业要求,并按所规定的速度运行,实现整个预推作业和主推作业的自动驾驶,并把当前机车的工况、走行状态在显示器上显示出来。

(3)系统功能

①股道号移频接收设备从钢轨上接收信息。股道号用于机车确认自己所处的股道,无线接收设备接收地面电台发来的股道信息和命令(机车信号)信息。遥控设备比较移频股道号与无线股道号是否一致,确认自己的命令。

②主推时,前进方向在 3~5 km/h 间每隔 1 km/h 为一个速度等级,还可以有 12 km/h、15 km/h 两个速度等级,后退方向在 3~10 km/h 间每隔 1 km/h 为一个速度等级。预推时,可

分为高速、低速预推或更多种速度等级(有前进)运行,上述各种速度等级的选取由《站细》和无线信号给出的信号命令确定,速度调整范围为(v_0 ±1)km/h(正常调整90%以上的钩车数能满足)。

③当机车处于遥控状态时,收到规定的移频信号后,若机车处于停车状态,按给出的运行方向,鸣笛起车。若机车处于运行状态,当收到同方向不同信号命令时,自动改变运行速度,实现变速推送;当收到反方向命令时,先自动停车,等机车停稳后,再改变运行方向,鸣笛起车。遥控控制机车起车后,均按信号命令要求的速度运行。

④在预推作业中,当机车收到预黄、预红信号后,结合自己的股道号能使被解体车列在距峰顶信号机前的一段距离停车,停车范围为《站细》设定的停车点距峰顶信号机的距离±10 m。

⑤当机车处于遥控状态时,收到红色信号,能实现自动停车。

⑥前进起车时,若机车推不动列车,速度总为零,经过一定时间后,电传动内燃机车的主发电机电流超过一定值后,遥控自动停车,后退一定距离后,再自动转向前进,鸣笛起车。

⑦当信号命令多于一个(信号出现乱显示时),遥控能自动转向停车并报警。在停车过程中,若信号恢复正常,遥控自动恢复正常控制。

⑧当信号命令中断超过一定时间,遥控自动按停车处理。

⑨遥控适用于有级/无级调速内燃机车,适于电气化/非电气化区段。

⑩司机操纵优先。即司机只要动小闸,就可随时转遥控为司机动车。

(4)无线命令发送与信息回执

地面根据继电器电路条件,通过电台向机车发送信息,该信息包含股道号和机车信号。

机车遥控系统能将机车的工作状态、机车实际速度、机车信号、距峰顶的距离等信息通过无线传送设备传送给地面设备,地面设备将收到的信息清楚、直观地显示在彩色CRT上,使值班员及时了解机车的工作状态。

(5)遥控系统的报警和保护功能

①在定距离停车过程中,当速度大于停车曲线要求的速度2.5 km/h时,或两组定距离停车的软、硬件不一致时,显示器给出出错显示并报警。

②机车在走行过程中,当动轮发生空转时,遥控系统能自动减速,待空转停止后,自动转为正常控制。

③机车在走行过程中,若速度传感器有一组硬件发生故障,遥控系统能自动给出出错显示并报警。

④当遥控系统出现死机时,遥控系统能报警,并使机车停车,保证行车安全。

(6)显示器及其显示内容

①信号命令速度显示,表示机车应走行的方向、速度及预推、迂回线送车和下峰等显示。

②机车走行的实际速度。

③在定距离停车过程中,列车头部距离峰顶信号机的实际距离,准确到米。

④无线遥控中股道显示。

⑤走行时间及时分显示用"·"的闪烁给出秒的显示,并指出CPU的工作正常与否。

⑥遥控/非遥控状态、机车实际运行前进/后退方向的显示;报警的等级及音响。

⑦机车司机控制器的挡位，对无级调速内燃机车显示“0，1，降，保，升”，对有级调速内燃机车显示“0，1，2…15”各挡位。

⑧遥控中进入停车或定距离停车时给出制动等级显示。

⑨在遥控时，上述各项显示功能均给出；非遥控状态时，仅给出①、②、④、⑤项显示。

八、TW—2 驼峰自动化系统调速作业

Ⅰ部位间隔调速的自动定速范围在 18～25 km/h；

Ⅱ部位间隔调速的自动定速范围在 13～23 km/h；

Ⅲ部位目的调速的自动定速范围在 4～18 km/h。

TW—2 驼峰作业系统间隔调速只有自动和手动两种方式，并且以自动控制为主，手动控制为辅；目的调速具有自动、半自动和手动 3 种方式，并且以自动控制为主，半自动控制为辅，手动为备用手段。

1. 自动作业方式

(1)对于间隔调速，系统能综合考虑下级车辆减速器的允许入口速度、前后钩车的速度与间隔情况，给出每一钩车进入大缓的出口速度及放头拦尾轴数，在钩车进入大缓时，系统将按此速度控制车辆减速器。

(2)对于目的调速，系统能根据计划中的钩车重量或测重信息、股道断面与布顶参数、调车线停留车空线长度及作业员根据当时风向、温度等条件给定的综合出口速度修正量，自动给出每一钩车的车辆减速器出口速度，并用绿色数字显示在图形窗上，在钩车进入车辆减速器时，系统将按此速度控制车辆减速器，亦称为自动定速。

2. 半自动作业方式

由作业员根据计划及目测进入股道的钩车走行性能、线路空闲长度、气象条件等客观因素，人工确定车辆减速器的出口速度值，并通过调速终端键盘，对该钩车给出所定速度，实现对溜放钩车的速度控制，亦称为人工定速。

3. 手动作业方式

即当钩车进入车辆减速器区段后，作业员需要按下制动或缓解按钮，手动控制车辆减速器的动作，亦称为手动干预。

4. 调速特殊情况的观察与防范

(1)在调速过程中偶然有以下情况发生，虽然出现的几率很小，但若处理不当，有可能发生车辆损失，作业人员应重点防护。

①打靶距离不够(股道空闲长度的存车数少于即将进入钩车的辆数)；

②满线(Ⅲ部位车辆减速器前有途停车或速度过低)；

③堵门(警冲标区段上有途停车或速度过低)；

④途停(在道岔区域有途停车或速度过低)。

(2)上述情况有的事先可预测到，也可能随机发生。可能造成这些现象的原因如下：

①调车线有效长不够，需要在满线或接近满线时继续下车；

②由于线路内开有天窗，使线路存车数减少，需要在满线或接近满线时继续下车(最好采取机车下峰整理的规范作业)；

③车辆排风不干净，抱闸；

④凝轴或车辆走行状态不好，特别在冬季情况偏多；

⑤车辆减速器缓解时间长，使车辆减速器控制误差较大；

⑥长钩空车受减速顶的控制影响，速度减至较低时钩车仍占用三部位车辆减速器或警冲标区段，甚至道岔区域；

⑦长大钩车（大于10辆）通过车辆减速器时，由于放头拦尾留的余量（考虑到车辆减速器对钩车制动能高的高离散度，为了安全，余量是必需的），速度减至给定速度时钩车仍可能长时间低速占用Ⅲ部位车辆减速器，甚至警冲标区段。

（3）上述情况发生后，在系统报警的同时，将自动采取一些措施：在进路方面，对后续进入的钩车采取正面追钩，避开侧面冲突；在速度方面，对后续进入上级车辆减速器的钩车采取停止放头拦尾，直至车辆减速器给定速度降至系统规定的最低限；在驼峰信号方面自动关闭信号。但是，还可能需要作业人员人工介入做如下处理：

①提前关闭驼峰信号机，停轮等待（程序报警和自动关闭时机通常较晚）；

② 必要时利用手柄强迫后续钩车在较上级的道岔上提前改道（系统只有顺道追钩处理）；

③必要时利用Ⅰ、Ⅱ部位车辆减速器按钮将后续钩车夹至较低速度甚至夹停（系统受最低限速的限制不可能做到）。

九、安全注意事项

1．进路部分

（1）出岔股道的防护

对于没有安装车辆减速器且与迂回线相连接的股道，驼峰调车长应经常性地将该股道封锁，防止任何可能的误溜入。

（2）应急台手柄位置

利用计算机实现自动溜放、排列机车上下峰进路和封锁股道作业前注意检查有关分路道岔手柄始终在中间位置。

（3）计划中的辆数

由于系统利用辆数信息作为防止轻车跳动和放头拦尾的依据，因此驼峰调车长在人工储存作业时，应保证填入辆数的正确性。

（4）计划中的重量

对于人工储存的计划，应确认没有遗漏空车“K”信息，因为有时钩车进入Ⅰ、Ⅱ部位时钩车尚未通过测重测得钩车重量信息，系统将暂时依据计划中的重量信息对车辆减速器进行控制。此外，计划中的重量信息还作为测重设备故障时的重量依据。该注意事项对安装非重力式车辆减速器站场的安全尤为重要。

（5）溜放开始时机

在同一个峰位或单推单溜的驼峰场，溜放开始必须等到前一个计划执行完毕，亦即前一计划的最后一钩出清最后分路道岔后的警冲标区段，最好出清三部位车辆减速器。双推单溜在不同峰位，溜放开始没有此限制。

（6）清除残留

对于因作业不当或设备工作不正常而引起误报警，如追钩、错道、钓鱼、峰下摘钩、途停或轻车跳动等情况后，往往在道岔或车辆减速器上残留光带，应选择钩车不在道岔区的时机在图形窗口的菜单中选择“清除残留”命令，以清除可能造成的残留命令，防止由此而导致对后续钩车误处理情况。

(7)关于途停

控制系统报道岔区段途停并切断信号可能具有延时效应，有时表现得不够及时，系统的防护不是绝对有效的，根本解决办法是避免途停现象。

(8)关于防侧冲

系统没有在钩车速度大于 8 km/h 的情况下防侧冲检查的处理功能，该情况需要操作人员控制合理的推峰速度尽量避免。

(9)峰下摘钩

应尽可能避免在峰下分路道岔区摘钩，一旦发生，应要求剩余车列牵出第一分路道岔后再溜放，否则将发生一系列错误。

2. 调速部分

(1)注意溜放车

对装有易碎、活动物、易窜动以及乘有押运人员等情况复杂的车辆，若属可溜放车辆，应重点防护，必要时本着宁低勿高的原则采用人工定速(半自动)。

(2)溜放中的超速现象

我国编组站以车辆减速器为调速工具的站场应用调查和统计表明，由于车辆减速器制动能高不能适应所有车辆而发生较大超速，是影响驼峰作业安全的主要隐患。对于油轮车、大轮车和薄轮车，车辆减速器有时不能达到需要的制动力，在溜放时应由铁鞋制动员配合调速，或由车站在《站细》中自行规定防护措施。

识别方式：大轮车应在编制作业计划时根据车型识别，其他车辆应在通过峰顶时人工凭经验识别。

另外，油轮车或新车过车辆减速器后，由于对车辆减速器制动轨造成了污染，随后的三、四钩车可能出现车辆减速器制动力偏低的情况，也应注意防护。

(3)车辆减速器的预先制动

对接近满线股道的后续车组(如打靶距离不够的情况)可提前用手动方式使Ⅲ部位车辆减速器进入制动位。

(4)关于中途改变定速

对已进入车辆减速器的自动定速控制的钩车，不得中途改变为人工定速，若办理人工定速，仅对后续钩车起作用，但可以手动干预控制；对于已进入车辆减速器的人工定速控制的钩车，可以中途改变定速，计算机将按最新的定速控制。由于改变定速会影响控制精度，要慎用。

(5)雷达信号受阻

从钩车进入车辆减速器轨道电路到钩车出清车辆减速器，该期间禁止工务或车辆减速器维修人员进入线路抢点作业，也防止人员穿越，否则会干扰和阻碍雷达微波信号，轻则影响控制精度，重则发生失控。特别是对于雷达安装在道旁的站场，甚至于溜放作业时车辆减速器区段不得有人在道旁行走。

(6)空线打靶

股道空线后溜放的第一钩车,计算机将按测长轨道电路设置的长度自动给定出口速度,调车线尾部阻挡铁鞋应设在测长轨道电路末端(测长最远点)以外,最多不得侵入轨道电路以内50 m,否则有可能引起随后的第二钩、第三钩……超速连挂。

(7)车辆减速器单锁与解锁

禁止对于溜放钩车使用车辆减速器"单锁"代替车辆减速器手动强迫缓解操作,该操作仅限于对特殊情况下机车和车列牵出时使用,否则可能会导致误控。

(8)车辆减速器单操

车辆减速器在工作站上进行单操后,必须选择到"自动"状态,误选择在"缓解"状态相当于强迫车辆减速器缓解,将引起此后所有通过该车辆减速器的溜放钩车失控。

(9)车辆减速器上下峰

对于溜放钩车禁止使用机车上下峰控制命令,代替手动缓解进行操作,上下峰命令仅限于对上下峰机车和车列牵出时使用,否则可能会导致误控。

第六节　编组站作业综合自动化

一、概　　述

综合自动化编组站可以实现:调度计划自动执行;调度决策指挥自动化;大幅度减员增效;集中控制;提高编组站整体效率,缩短车辆在编组站作业周期;提高整体安全性;实时现车,作业实迹真实透明;信息资源的充分利用;提高系统整体随机应变能力,加强列车密集到达处理能力;调度决策指挥信息化与自动化有机结合。

编组站综合自动化一般由作业控制自动化和数据处理自动化两个系统组成。

1. 作业控制自动化系统

(1)进路自动控制

①列车到发进路:由电子计算机根据预先编制的列车到发计划和储存的列车进路表,以及列车到发前传来要求准备列车到发进路的信息(到达由调度集中或电气集中设备、出发由现场人员操纵发车进路开关),控制站内电气集中设备,自动排列列车到发进路,并开放进、出站信号机。

②驼峰溜放进路:由电子计算机根据预先编制的车列解体钩计划和储存的车组溜放进路表,以及解体驼峰作业人员操纵驼峰信号,控制驼峰自动集中设备,自动传递驼峰溜放进路。

③其他调车进路:由电子计算机根据预先编制的调车作业钩计划和储存的调车进路表,以及作业前调车人员操纵现场设备准备调车进路的信息,控制站内电气集中设备,自动排列每次调车作业的进路,并开放调车信号机。

④机车出入段进路:机车入段由现场人员操纵地面进路开关,由站内电气集中设备控制,自动排列入段进路。机车出段由电子计算机根据预先编制的机车出段计划和传来的机车出段信息,控制站内电气集中设备,自动排列出段进路,开放调车信号机。

(2)调车速度自动控制

①驼峰机车推峰速度:由电子计算机根据预先编制的车列解体钩计划和每钩车辆溜放参数(车组长度、轴数和进入股道)等资料,计算确定推峰速度的要求,并通过无线遥控装置,自动控制驼峰机车的起停和推峰速度。

②车组溜放和连挂速度:由电子计算机根据测重、测风、测阻、测速、测长等设备测得的车组溜放参数和信息,结合间隔制动和目的制动的要求,计算确定各位车辆减速器和其他调速工具的出口速度并进行自动控制,使溜放车组保持安全间隔和实现安全连挂。

2. 数据处理自动化系统

(1)列车预确报自动传送

①到达列车预确报:电子计算机通过信息传输网或相邻编组站的电传打字机接收并储存到达列车预确报的信息,以行式打印机打印出到达列车编组顺序表。中间站无电传打字机时,可利用电话或传真电报传送,人工输入电子计算机。

②出发列车预确报:由电子计算机将其编制的出发列车编组顺序表的信息,通过信息传输网或电传打字机自动传送。中间站无电传打字机时,先用行式打印机打印出编组顺序表,再利用电话或传真电报传送。

(2)现车自动核对和掌握

①现车核对:电子计算机通过设在进路咽喉处的车辆自动识别装置在车辆经过时接收其实际信息,并对原先储存的车辆信息自动校正,使其与现车保持完全一致。也可以利用设备在进路咽喉处的电视录像机对现车录像,然后放映出来逐车核对,发现不符时采用人机对话方式校正电子计算机原先储存的车辆信息。

②现车掌握:电子计算机将到达列车编组顺序表中全部到站车辆的信息储存起来,并按照车辆在站内作业和移动情况自动跟踪修改,实时掌握其所在的线路和位置。根据需要可随时打印出每股道内的现车分布情况。

③车流推算:电子计算机不但能按已确定的解体钩计划计算调车场线路内的存车数,预测满线自动报警,并且还能按编组去向别推算出几个小时以后的车流集结情况,按需要打印出来。

④编制列车编组顺序表:电子计算机根据编组完毕的车列的实际信息,自动编印出发列车编组顺序表。

(3)作业计划自动编制和下达

①基本资料储存:将列车运行图、列车编组计划、车站设备运用方案和技术作业过程等基本资料,预先储入电子计算机,提供编制车站作业计划的基本依据。

②作业计划编制:由电子计算机自动地或采取人机对话方式,根据储存的基本资料,结合上级给定的任务、车流变化情况和实际作业进度等日常信息,编制列车到达、解体、编组和出发的作业计划。根据校正后的到达列车编组顺序表和调车场线路上车辆集结情况,编制车列解体与编组的调车钩计划。

③作业计划下达:电子计算机指令设置在编组站各车场值班室的遥控打字机,自动打印各种作业计划表,下达执行。

④计划执行的监督:利用铁路电视随时了解作业计划执行的进度。在车列解体、编组过程中,车辆移动与计划不符时,通过计轴装置测得后,自动报警。临时需要变更作业计划可采用

人机对话方式输入电子计算机及时修改,通过站内无线电话或遥控打字机下达执行。

(4)货车统计报告自动编制和传送

电子计算机随着货车在车站的作业进程,不断地自动积累统计和分析资料,按规定格式定时编制和打印出货车统计报告,通过信息传输网或利用传真电报上报。

上述的作业控制和数据处理两个自动化系统是由高速通道连接,互相紧密联系的。后者为前者提供实行作业控制的计划依据;前者为后者提供完成作业实绩的信息数据。两者相辅相成,共同实现编组站综合自动化的全部功能。

二、综合自动化编组站的作业过程

具有综合自动化设备和功能的编组站的一般作业过程如下:

1. 到达作业

到达车站的货物列车,自后方编组站出发时,利用设置在出发咽喉处的车辆自动识别装置,通过信息传输网,将列车中的车辆信息传送到铁路计算中心的大型信息处理计算机,经过校正和处理,做成到达列车确报传送到车站的电子计算机。或者,由后方编组站直接将列车确报,通过传输线路或由人工输入电子计算机。

列车接近车站时,轨道电路将接近信息传达给电子计算机,对照预先储存的列车到达计划和列车进路表校核以后,向电气集中设备发布准备该次列车进路的指令,列车到达进路自动准备完毕后,开放进站信号。

到达列车进路准备妥当后,设在各有关值班室和列车到达线上的列车接近报警器和表示灯,自动向有关工作人员发出列车接近和接车股道的通知,使其及时出动做好接车准备。

列车经过设在到达咽喉处的车辆自动识别装置时,实际到达车辆的信息自动输入电子计算机,对照原先储存的到达列车确报进行校正后,根据车辆去向和预先编存的编组场线路固定使用计划,就可编制出初步的车列解体计划。

列车到达技术作业完毕后,现场工作人员按压"作业完毕"按钮,使接车线上的作业完毕表示灯亮灯,准许调车机车挂车列解体。发现需要甩扣修车等特殊情况,现场人员应立即通知车站运输指挥中心,采用人机对话及时修改车列解体计划。

2. 解体作业

车站运输指挥中心的计划工作人员,将编制车列解体计划的特殊要求,如活用固定线路、甩扣修车或倒装车及临时变更等,通过人机对话输入给电子计算机,编制正式的车列解体钩计划,通过打印机打印出来,经检查无误后,用遥控打字机传送给驼峰值班室,下达给现场人员执行。

驼峰机车司机按照驼峰调车长的命令,确认车列停留线上作业完毕表示灯亮灯,连挂待解车列后,将机车上速度控制装置的转换开关拨到"自动"位置,电子计算机就能通过无线遥控自动控制驼峰机车变速推峰分解车列。此时,司机只起监督作用。如果作业过程中发生意外情况,驼峰调车长可利用无线遥控装置命令机车停车。

车列分解的进路,在溜放开始时由驼峰调车长按下控制台的"作业开始"按钮。此后则由驼峰自动集中设备,按照电子计算机编存的车列解体钩计划,依次自动溜放。

车组溜放的间隔制动和目的制动,完全由电子计算机自动控制调速系统,最终实现钩钩安全连挂。

在车列解体的过程中，利用装置在驼峰咽喉处的车辆自动识别装置，或车辆计轴装置，将分解车组的信息输入电子计算机，与解体钩计划随时核对，并跟踪修改编组场线路内的存车信息，及时正确地掌握编组场的现车。

3. 编组作业

车列集结完毕以后，车站运输指挥中心的计划工作人员采用人机对话方式要求电子计算机编制车列编组钩计划。用打印机打印出来，经过校核，通过遥控打字机向现场传达。编组区的区长根据编组钩计划与现场调车有关人员联系，并用无线电话将作业方法通知调车机车司机。

编组作业开始时，现场调车人员利用无线电话通知运输指挥中心，通过电子计算机向电气集中设备下达准备调车进路的指令。电气集中设备自动排列调车进路，调车机车按调车信号的显示进行作业。编组场线路终端的停车器在进路构成的同时，自动落下轨面，准许机车车辆通行。

编成车列向出发场转线，同样按车列编组钩计划，由电子计算机命令电气集中设备，自动排列调车进路。

车列转线过程中，安装在编组场尾部咽喉处的车辆自动识别装置，将车辆移动的信息及时输入电子计算机，并自动编成出发列车编组顺序表，用打印机打印出来，经过校核后，通过遥控打字机传送到出发场值班室，转交列车司机。

4. 出发作业

编成的车列转至出发场和列车机车出段时，设在各有关值班室内和发车线上的警报器鸣响，自动通知有关人员出动作业。

列车出发技术作业完毕后，现场工作人员按下“作业完毕”按钮，通知车站运输指挥中心，线路表示盘上亮灯。

列车出发前，出发场值班人员扳动进路开关，将要求发车的信息输入电子计算机，经过校核后，由电子计算机指令电气集中设备自动排列列车出发进路，开放出站信号。列车根据发车指示信号发车。

出发列车确报，由安装在出发场咽喉处的车辆自动识别装置，通过信息传输网，经过铁路计算中心向前方编组站传送，或直接由车站利用传输线路传送给前方技术站。

三、CIPS 与 SAM 自动化系统

近年来，我国编组站综合自动化技术取得长足进展，先后启动了编组站综合集成自动化系统（Computer Integrated Process System，简称 CIPS 系统）和编组站综合自动化系统（Synthetic Automation of Marshalling Yard，简称 SAM 系统）建设，CIPS 系统在成都北、贵阳南和武汉北编组站应用，SAM 系统在新丰镇编组站应用。

1. CIPS 系统

CIPS 系统代表着当前铁路通信信号控制领域的高新技术。它是在我国现有已经成熟的计算机联锁自动化系统、驼峰自动化系统、峰尾停车器自动控制系统 、调机自动化系统等各种过程控制分系统的基础上，再结合闭路监控、微机监测、综合电源与综合防雷，通过集成与整

合，建立一个车站级的信息共享平台，从而实现编组站决策、优化、管理、调度、控制一体化，达到高度综合自动化的目的，从集成中找效率、要效益，其总体目标主要体现在调度计划自动执行、集中控制、作业实迹真实透明、调度决策指挥自动化等。CIPS 主要由编组站综合管理系统和编组站综合控制系统两大部分构成，两者之间通过统一的高速数据网络平台集合为一个完整的一体化系统。

(1)主要装备

武汉北站采用了编组站综合集成自动化系统(简称 CIPS 系统)、货检安全集中监控系统、全场电视监控系统等先进装备，其中上下行驼峰均为 TW—2 型自动化驼峰，采用多推双溜模式，峰下安装点连式调速设备(三级减速器 + 减速顶)，尾部防溜采用可控停车器(TWT 型 2 + 1 布置)。全站共布置减速器 86 台、停车器 210 台(3 台/股)、减速顶 15 000 个。武汉北站综合集成自动化系统(CIPS 系统)控制中心如图 3-20 所示。

图 3-20　武汉北站综合集成自动化系统(CIPS 系统)控制中心

(2)CIPS 子系统的功能

①驼峰自动化系统

武汉北站采用 TW—2 型驼峰自动化系统，实现在 CIPS 环境下驼峰进路及调速自动控制。系统由控制微机、操作工作站、测速、测长、测重、道岔、信号机、轨道电路、减速器、减速顶等设备组成，实现以自动、半自动、手动相结合的控制模式，满足和适应 CIPS 的整体要求，自动接收 CIPS 下达的调度指令集，并根据指令内容自动完成各项操作。

②调机自动化系统

武汉北站采用 BDZ 型编组站调机自动化系统，该系统是通过现代化的 GPS 定位和无线网络技术，为 CIPS 系统提供全站机车位置与车况信息，并且在 CIPS 系统共享信息平台支撑下，实现车载信息服务(站场表示、调车计划打印、当前执行计划、对应速度要求)、推峰速度控制、平面调车遥控作业调车速度防护、调车距离防护等功能。

③尾部停车器系统

武汉北站采用 TWT 型编组场尾部停车器自动控制系统，该系统在 CIPS 系统的综合信息平台下，通过自动采集驼峰、编尾作业信息，根据作业需要自动对各股道停车器进行相应控制，实现由可控停车器替代铁鞋进行车辆防溜作业，减轻现场人员劳动强度，达到编组场尾部防溜“无人化”的目的。

④站场视频监控系统

武汉北站采用网络智能视频监控系统，该系统为数字视频系统方案，由 CR_NIVM DM 数字矩阵、显示设备、管理工作站、应用及存储服务器、视频编码器、以太网交换机和现场 125 台摄像机等设备组成，具有站场视频图像监视、控制、存储、回放功能，为加强现场安全控制，强化运输组织，增强治安保障提供了有效手段和途径。

⑤货检安全监控系统

武汉北站货检安全集中监控系统由货车安全门、超偏载仪、轨道衡和集中监控室组成，功能上涵盖了货检作业信息综合处理、货运电报自动拍发、视频综合预检报警、危险品运输追踪等方面，并通过与 CIPS 系统的沟通，实现接发列车预告、现车查询、货运管理等功能。

(3) CIPS 系统的特点与优势

①高度集成化

针对传统编组站各生产系统独立开发、自成体系，各系统间交互性、整体性差的弱点，CIPS 系统以信息集成为核心，将零散割裂的单元设备整合为统一的集成系统，达到决策智能化、指挥数字化和执行自动化，为推动编组站生产流程再造，劳动组织整合，提高生产效率，增强安全保障创造了条件。

武汉北站 CIPS 系统的集成控制系统由 9 个子系统所组成，其中，联锁系统 4 套、驼峰自动化系统 2 套、停车器自动控制系统 2 套、调机综合自动化控制系统 1 套(含 14 台调机的车载设备)。同时，CIPS 系统对外部接口进行了集成，涉及的接口系统包括站内平调系统、车号识别系统、货检安全系统、机务段管理系统、办公系统以及与路局的 TMIS 系统、TDCS 系统。对这些外部系统的接口方案一方面与原方式保持一致，避免既有相关系统的改造，另一方面对信息按照统一要求重新整合，构成了一个有机整体。

②管控一体化

CIPS 系统的核心是管理和控制层面的一体化，即将传统编组站以现车计划为主体的管理系统和以进路联锁为主体的控制系统，通过指令触发和执行的方式，实现了由管控分离到管控结合的飞跃。

在自控模式下，武汉北站 CIPS 系统通过班计划、阶段计划、列车预确报、机车运用计划及现车分布等信息形成调度决策(即解体和编组计划)。再由系统将调度计划分解成不同的指令，通过程序进路控制模块(PRC)解析成为接发列车和调车进路的始终端信息，实现进路的自动选择、触发和执行。

③综合信息化

武汉北站 CIPS 系统围绕编组站整个生产流程，用统一的共享数据平台取代 TMIS、TDCS 等信息分管模式，达到信息流与车流、作业流同步。车站各工种在权限管理下，使用统一信息和操作平台，外勤、拉风、商检、列检等外业岗位与调度大厅调度和行车指挥岗位，在数字化平台上所掌握的信息完全对称和相互透明。同时，实时的生产信息还延伸到办公网络，使管理人员可以随时掌握生产情况，及时加以协调指导。

④决策自动化

武汉北站 CIPS 系统通过及时收集来自铁路局的班计划、阶段计划、预确报数据，根据站内现车分布、编组计划和车流组号要求，特别是结合武汉北站实际确定的一些独特性的规则，实施自动决策与优化，生成完整的站内执行计划(解体和编组)，并且可以在无人介入的情况下滚动决策，适时调整。除此之外，CIPS 系统还综合考虑阶段计划、到发场线路占用、驼峰和编尾调机投用台数等各种因素，实现接车股道、发车接续、解体顺序、峰位占用、列车调车机车走行径路、分类线使用等一系列生产要素的自动决策。

⑤管理集约化

由于 CIPS 系统高度集成、管控一体、自动执行的突出优势，为武汉北站减员增效、集约管理创造了条件。一是减少了生产组织的层次。接发列车作业由 CIPS 系统自动办理，各场值班员进行监督和适当调整，取消了信号员。调车指挥由车站调度员直接负责，取消了编尾楼及相关作业人员。二是扩大了岗位作业的范围。到达场值班员负责到达和驼峰系统，出发场值班员负责编尾和出发系统，驼峰值班员负责整个驼峰系统，取消了驼峰作业员。三是替代了部分人工作业。到达、编尾、出发车号识别系统替代了室外车号员；尾部停车器替代了防护制动员；货票传输系统替代了送票员；机务段出入口的自动识别系统替代了闸楼作业员。总之，与规模相当的传统编组站比较，其所需 13 个楼(信号楼 4 个、驼峰作业楼 6 个、编尾楼 2 个、调度楼 1 个)的功能全部集中在调度大厅实现，全站一班生产人员可减少 25 人，压缩 25%。

2. SAM 系统

编组站综合自动化系统(SAM 系统)由信息管理和作业过程控制两大部分组成，信息管理部分包括调度系统、现车管理系统、货运管理系统、统计分析系统、车站技术作业图表信息展现；作业过程控制部分包括编组站集中控制系统与综合表示、计算机联锁、驼峰自动控制、停车器控制、调车机车综合控制、停车器自动控制、微机监测与环境监测。编组站集中控制系统负责实现信息管理与作业过程控制之间管控信息的融合与共享，负责将满足执行条件的信息管理系统的作业命令，转换为作业过程自动控制系统可执行的指令，将控制系统的执行结果反馈信息管理系统，构成控制闭环。系统通过 TMIS、TDCS 网络，与铁路局运输信息管理系统连接，实现局站间的信息共享，局站互动、实时调整。系统技术支持为编组站综合自动化系统(SAM 系统)提供网络与数据库环境，确保信息安全、实时交互。新丰镇编组站综合自动化系统(SAM 系统)控制中心如图 3-21 所示。

图 3-21　新丰镇编组站综合自动化系统(SAM 系统)控制中心

(1)SAM 系统的结构与功能

SAM 系统由信息管理层和作业过程控制层组成。信息管理层包括运营管理与统计分析、调度指挥与管理、货运管理;过程控制包括作业计划自动执行和集中控制、计算机联锁、驼峰自动化、尾部停车器控制、全站机车综合安全控制系统。

SAM 系统实现的主要功能有以下几项:

①局站一体化设计,发挥信息化整体效益。

系统自动接收铁路局各种作业计划;自动上报站存车及车站作业报告;车站保有量超限预报。铁路局与车站信息充分交互,局站调度协同工作。车站作业后,列车、车辆的状态信息自动上报,实现货车、集装箱、货物的实时追踪和车流自动推算。

②信息综合表示,为调度管理人员提供“管理者驾驶舱”。

调度人员通过调度信息集中表示、视频监控图像、技术作业图表等,掌控列车、车辆、调车机车、本务机车在站内的动态;各场线进路准备,占用、空闲及信号开放状态;各岗位的工作进度;各岗位及时接收计划的变更与调整。

③充分利用运输安全检测设备,缩短作业时间,提高作业质量。

系统通过 AEI 车号与确报自动匹配;通过安全门获得车辆超偏载信息,车门、铅封、加固等情况,重点对问题车辆进行处理;根据车辆运行状态检测设备(5T)及车辆运用信息对问题车辆进行重点检修、扣修等处理。

④作业计划自动优化编制,实现指挥决策智能化。

系统实时收集准确、完整的调度信息,利用现代数学方法自动编制最优的作业计划,有效地组织协调车站各种作业;作业信息实时反馈;计划动态调整,指标实时分析。

⑤作业计划自动执行与集中控制,提高作业安全。

全站进路集中控制,自动分解计划,避免进路冲突,优化执行顺序,选择最佳的执行时机。计算机按运行图和车次卡控,防止误接、误发;有效地防止错漏办;严格违编检查、车辆实时跟踪,有效地防止违编、违流及乱道情况。实现调车机车、联锁、峰尾停车器、驼峰作业的自动控制。

⑥实现车站各岗位控制各系统的全面信息化,实现信息共享。

车站系统和控制系统信息共享,实现作业紧接续,作业结果立即反馈,不仅节约人力,而且保证每步工作时间最短;运转与货运、安全等信息共享,保证计划编制准确性和计划最优。

⑦现车实时管理,方便作业组织。

通过和 HMIS 系统、货运系统、特种车作业管理系统以及实时追踪系统的联网,准确地掌握站内车辆运用情况。

⑧统计分析完全计算机化,支持运营决策。

统计报表、分析计算机化管理。记录完整的现车、作业实绩、设备使用信息,准确地统计和分析各类运输指标,自动生成各种报表。积累每作业环节的准确数据,辅助车站能力查定及分析。

(2)SAM 系统的创新点

总体上,编组站综合自动化系统(SAM 系统)通过整合现有的信息管理部分和过程控制部分,建立共享信息平台,集成创新,实现编组站管理过程透明化、调度指挥智能化、主要作业自动化，从集成中找效率、要效益，其创新点体现在以下几方面：

①局站运输管理信息共享，发挥信息化的整体效益。

自动接收铁路局的日班计划/阶段计划，铺画日班计划大表，并自动推算车流；自动上报站存车，交互调整车站阶段计划；车流超过编解能力提前预报；实时查看机车周转图和运用计划。车站作业后，列车、车辆的状态信息自动上报，为货车、集装箱、货物的实时追踪和车流推算打好基础。

②车站管控信息共享，作业过程自动化控制，提高车站的作业能力与效率。

实现车站调度指挥、现车、货运、统计生产过程全面的信息化，车站系统和控制系统信息共享，向联锁、驼峰、停车器、调车机车监控子系统实时下达调度指令，操控进路自动办理，使编组站所有的列车进路、调车进路、机车走行进路和溜放进路自动执行，实现作业紧接续，作业结果立即反馈，随需应变，快速适应，不仅节约人力，而且提高运输作业的效率。

③适应车站运营管理模式的变更与调整，支持集中式管理。

信息系统具有很强的通用性，采用组件搭积木的方式，构成适应不同类型、不同管理需要的车站系统，根据体制改革和管理的需要，灵活组合功能。支持集中式管理，支持一台服务器运行多个车站，满足大站带小站的需要。

④充分信息共享，作业更加顺畅。

实现车站各岗位的信息共享，包括确报、货票、现车、货运、集装箱、机务、车辆、调度、统计、控制、安全检测系统。车号识别、脱轨器表示、电务监测、环境监控、电源监测及图像监视等信息也汇集、集成与共享，提高作业预见性，使站内各个作业流程更加顺畅贯通。

⑤消灭责任事故，确保调车安全。

采取人机联控、人控优先的控制方式，对错挂、空晚、误接、欠轴、违编、乱道、失控、错办等进行严格检查；接发列车的股道选取、进路准备和列车属性严格的机器匹配，防止误接、误发；计划自动编制、检查与执行，有效地防止错漏办；由于日班计划、阶段计划、钩计划自动编制，能有效地组织出发车流，保证最大的出车量，减免欠轴和晚点，严格违编检查、车辆实时跟踪，有效地防止违编、违流及乱道情况。

⑥作业计划编制优化、科学有效。

调度指挥闭环调控，智能决策、实时调整，形成多个作业闭环；形成计划（列车、调机、车辆）、下达、执行、反馈、调整计划、再下达的计划闭环；列车到达、解体、编组、出发、统计分析的作业闭环；设备计划、使用、统计分析的闭环等。由于系统记录完整，因而能准确地统计和分析各类运输指标，自动生成各种报表。还可以根据积累每个作业环节的准确数据，辅助车站能力查定及分析。

⑦提高作业的智能化，实现编车优化。

系统能够实时提供编制计划所需的信息，利用数学方法和专家经验预先最优地编制各项计划，并实时地进行指标分析；随着作业信息的实施反馈和新信息的加入，辅助调度员调整计划和指标。实现解体照顾编组，编组照顾解体，提高超编组优质列车的数量。

⑧系统与现场作业实际同步，提供实时作业信息，自动生成统计报表及分析。

实现货车和机车的追踪，各岗位指挥人员都能随时了解相关的信息，通过作业可视化调度信息集中表示、视频监控图像、技术作业图表等，掌控调车机车、本务机车在站内的动态；各场线进路准备，占用、空闲及信号开放状态；各岗位的工作进度；各岗位及时接收、掌握计划的变更与调整情况。为调度管理人员提供“管理者驾驶舱”。

(3)SAM 系统运用效果

SAM 系统适应和保障了新丰镇编组站日益增长的作业量需求，系统建成后车站运输效率和生产指标大幅攀升，名列全路前茅。新丰镇车站 2006 年日办理量为 16 000 辆左右，有调比约为 47% ，2009 年日办理量上升为 19 000 辆以上，最高达到 22 582 辆，有调比约为 75% ，其路网性编组站保障全路安全畅通的主导地位日益凸现。

在既有繁忙站场 SAM 系统开发与建设未对车站的运输效率造成任何影响。系统运行稳定可靠，确保运输安全，有效地防止机车误动、冒进信号、超速挂车、挤岔、尾追、侧撞等事故，排除了办理敌对进路的可能性，阻止误接、误发和错漏办，违编、违流及乱道情况。增强了接、发车和调车作业的安全保障，始终保持了车站繁忙运输作业。

SAM 系统在新丰镇编组站已实现了全面的管控结合，实现了车站作业的高度集中，具备很高的信息化和自动化程度。部分作业岗位得到合并，甚至取消。

新丰镇编组站自动化系统的建成和运用提高了编组站的改编能力，取得了压缩货车中转时间，节省劳动力，提高编组站全员劳动生产率，提高铁路资源的利用效率，提高调车作业安全保障，提高企业管理水平等效益。新丰镇编组站自动化系统建设以较少的建设投资获得较大的编组站改编能力，综合自动化的投资回收期将远远短于铁路的投资回收期，取得了加速货主的企业流动资金周转、改进铁路货物运输的服务质量、减轻劳动强度、改善劳动条件等社会效益，具体体现在以下几方面：

①系统的安全稳定性较以往有较大提高；

②信息系统的完整性较以往有较大提高；

③系统的效能较以往有较大提高；

④系统的应用为岗位整合、优化资源配置提供了条件。

3. CIPS 与 SAM 自动化系统对比

CIPS 与 SAM 自动化系统第一次将综合自动化作为一个整体系统进行统一规划、设计和研究，通过集成和整合，进一步提高了编组站信息化和自动化的程度。两个系统架构、设计理念和设计思路不尽相同，实际运用效果和特点也存在差异，但各自都取得了可喜的创新成果，为我国编组站综合自动化的发展作出了重要贡献。

(1)系统构成

SAM 系统有两个信息与处理平台：一个是车站 2.0 系统，以处理现车和调车计划信息为主，该系统是在铁道部信息中心开发的车站 1.0 基础上发展而来的，在新丰镇编组站试验过程中获得进一步优化和改进。2007 年底，车站 2.0 系统在哈尔滨南站单独通过审查，之后在我国多个编组站装备投入使用。另一个是铁科院研究开发的集中控制系统，该系统主要处理列车调度指挥系统(TDCS)相关的行车信息和集中控制功能，与各个过程控制系统接口形成集中控制。两个平台各自具有独立的数据库、网络和专设接口服务器，相互之间通过网络安全设备实现信息充分交换与共享。北京全路通信信号研究设计院研究的 CIPS 系统，走原始创新之路，其信息存储、信息处理和网络采用同一平台，整合行车、现车、调车、机车和集中控制等计划和执行业务，直接驱动过程控制系统执行。

SAM 系统可理解为三层结构，其特点是处于上层的 2.0 系统已提前在部分编组站实施，技术上具有继承性，使编组站综合自动化升级相对简化。SAM 系统结构的“管”与“控”相对独立，信息、控制和无线通道三网独立，保留传统产业结构的分工，与传统维护管理体制易对接，推行相对容易。

CIPS 系统可理解为二层结构，按照管控一体化理念设计一个统一平台，新颖独特，该结构有力支撑综合自动化系统新功能、新目标的实现，技术提升度更大。

(2)计划处理

SAM 系统与 CIPS 系统涉及编组站核心业务的功能覆盖面大致相同，均包括车站调度、行车、机车交路、现车/调车、货运等生产计划的管理，运营管理与统计分析，生产监控与过程管理。但从实现的角度看，两者的理念、风格和手法不同。

SAM 系统按“行车”和“调车”两条主线分散在 2.0 系统和集中控制系统两个不同的平台上分别处理，通过系统间的数据交换，用信息充分、流畅、共享实现功能关联和生产协作。

CIPS 系统基于同一个平台，按照生产流水线原理，以到、解、集、编、发生产流程为整体处理对象，统管各环节的计划和执行信息，统一的业务处理服务以数据的唯一性为基础，排除信息跨平台共享可能存在的不同步、不完整、不及时、不确切、不一致或不可用等非安全因素，保证横向间业务逻辑始终贯通于联动。由于统一平台直接实时驱动过程控制系统，“管”与“控”、计划与执行之间的联系与结合更加紧密。

SAM 系统计划处理的特点是成熟度和现场熟知度较高，铁道部信息中心在新丰镇编组站试点站充分发挥行业优势，密切铁路局调度系统 4.0 与车站 2.0 之间的关系，强化铁路局计划调度对编组站的调度指挥关系。此外，“分而治之”的天然优势也分散了风险。

CIPS 系统计划处理的特点是利用统一平台，用技术手段约束编组站各个生产环节的计划与执行操控在单一指挥框架内，并引入信息联锁机制强制计划不得脱离可兑现的轨道，强化计划的执行力度，在技术上保障计划与执行之间不脱节，使编组站生产受控于一个大集中联动机制，为计划直接驱动执行的功能提供安全和技术保障。为了降低统一平台和管控一体的风险，CIPS 系统考虑管控可脱离，管理层设独立后备系统等降级模式和措施。

(3)执行控制

CIPS 和 SAM 系统配套的过程控制系统均包括联锁系统、驼峰自动化系统、机车遥控系统和停车器控制系统，均采用应用多年的成熟技术装备，其水平、功能差别不大，但两个自动化控制系统的自动控制功能和应用效果存在差异，其技术关键点在上层而不是下层控制系统。

SAM 系统首先采用 CTC 原理，基于站场控制网络，实现调度中心对各信号楼过程控制系统“遥控”或“远动”意义上的集中控制以及中央手动监控功能。调车信息来源与车站调度系统 2.0 共享，列车和调车部分实现逐列或逐钩人工确认同意情况下进路自动办理功能，即自动模式。本务机车出入库因缺乏信息来源采用始终端方式的手动集中控制。半自动模式下具有自动决策给定的默认进路走行经由方案，同时备有其他可选方案，供人工把关确定前挑选。驼峰头部联锁区的控制暂时未纳入集中控制，仍由驼峰信号楼作业员操纵。

CIPS 系统立足于机器代替人来工作，未采纳典型的 CTC 方案，而是将区域联锁技术的控显终端在调度大厅摆放在一起作为应急干预手段。CIPS 系统的自动模式效果使所有进路均按计划自动办理。其办理时机、执行顺序甚至走行经由方案均由计算机控制，无须行车人员同意和确认。在自动模式下,生产工序链接、生产顺序与节奏符合计划和安全的要求,进路交叉干扰的优先选择等问题由计算机逻辑运算和智能化解决。在自动模式下的手动干预,需事先阻止自动选路或先取消已自动办出的进路再人工重办,与半自动模式下手动集中控制的概念不同。

SAM 系统在执行层的特点是具有完备的集中控制功能,其独创的半自动功能已在现场实用化,设备保障结合人为保障的安全模式,相对容易被接受。

CIPS 系统用技术手段防止人为错办、误办进路的措施更加完备,实现进路自动执行的目标,计算机代替人工的效果更加显著,如成都北和武汉北编组站成功地取消了信号员岗位。

(4)调机系统

SAM 和 CIPS 系统配套的调机系统与整体的结合均较好,在功能和技术上都有突破,其基本功能是推峰遥控和调车安全防护,深受现场欢迎。

SAM 系统配套调机安全监控系统的无线传输通道采用符合铁路技术发展方向的 GSM – R 技术,地面安装有应答器辅助调机定位。新丰镇站现场调车组与司机之间的联系采用我国普及的平调灯显系统。

CIPS 系统配套调机自动化系统的无线传输采用无线局域网(802.11b),采用 GPS 定位,站场内无需安装传感装置。CIPS 系统独到之处是调机自动化系统与平调灯显系统通过车载通信接口结合,拓展了大量调车组手持电台发信令无线遥控机车的功能,较为实用。

CIPS 与 SAM 自动化系统技术先进,与传统编组站设备相比均有较大突破,为我国编组站的更新和换代提供了更好的选择。

复习思考题

1. 什么叫做调车?
2. 调车工作的基本要求是什么?
3. 车站调车工作由谁领导与指挥?
4. 调车工作“九固定”的内容是什么?
5. 一班工作制度应包括哪些内容?
6. 调车按其作业目的不同分为哪几类?
7. 布置、传达调车作业计划有何规定?
8. 对变更调车作业计划有何规定?
9. 调车作业应做好哪些准备?
10. 哪些车辆禁止溜放?
11. 哪些线路禁止溜放?
12. 车辆通过驼峰有哪些限制?
13. 调车速度有哪些规定?
14. 对注有“△W”的车辆调车作业有何要求?
15. 何谓越区作业、转场作业?办理越区、转场作业要做好哪些工作?
16. 使用无线调车灯显设备作业有何规定?

17. 简述机车车辆停留在警冲标内方的相关规定。

18. 必须停在固定线路上的车辆或列车有哪些？怎样防护？

19. 技术站停留车辆防溜有何规定？

20. 驼峰调车作业有何程序？

21. 驼峰调车作业有几种方法？各有何特点？

22. 影响车辆溜放速度的因素有哪些？

23. 什么叫难行线、易行线？

24. 什么叫难行车、易行车？

25. 何谓脱钩点？车组在峰顶脱钩的规律是什么？

26. 半自动化驼峰解体作业程序的内容是什么？

27. 驼峰调车长在每批作业前应做哪些准备？

28. 驼峰道岔自动集中有哪几种控制方式？

29. 排列进路应执行什么作业程序？

30. 半自动化驼峰如何掌握推峰速度？

31. 影响车辆减速器作用的因素有哪些？

32. 半自动化驼峰对作业人员操纵减速制动有何技术要求？

33. 半自动化驼峰如何办理峰上调车进路？

34. 半自动化驼峰作业人员操纵车辆减速器应执行哪些作业程序？

35. 半自动化驼峰使用车辆减速器制动应注意什么？

36. 半自动化驼峰目的制动效果的好坏取决于什么因素？

37. TW—2 自动化驼峰系统调车单中场别、方式、状态栏各种符号各代表什么含义？

38. TW—2 自动化驼峰系统如何办理人工储存作业计划？

39. TW—2 驼峰自动化系统图形窗中，当车辆减速器显示白色、红色、绿色、蓝色、黄色、橘红色分别代表什么意义？

40. TW—2 自动化驼峰系统在开始溜放前应检查哪些条件？

41. TW—2 自动化驼峰系统在什么情况下需要人工手动分路道岔应急处理？

42. TW—2 自动化驼峰系统调速时应重点防护哪些情况？

43. 编组站作业综合自动化由哪几部分组成？

44. 我国编组站综合自动化技术的最新控制系统有哪几类？

第四章　调车作业安全

驼峰作业人员在驼峰调车作业中,必须牢固树立安全意识,严格执行规章制度和作业标准,确保调车和人身安全。

第一节　调车作业人身安全

在铁路运输生产过程中,确保作业人员的人身安全是日常工作的重要内容之一。因此,除了不断地改善劳动条件和设备条件外,应经常组织作业人员认真地学习、贯彻、落实《铁路车站行车作业人身安全标准》,以保证作业人员安全及生产任务的顺利完成。

一、行车作业人身安全通用标准

1. 班前禁止饮酒,班中按规定着装,佩带防护用品。

2. 顺线路走时,应走两线路中间,并注意邻线的机车车辆和货物装载状态;严禁在道心、枕木头上行走;不准脚踏钢轨面、道岔连接杆、尖轨等。

3. 横越线路时,应一站、二看、三通过,注意左右机车车辆的动态及脚下有无障碍物。

4. 横越停有机车车辆的线路时,先确认机车车辆暂不移动,然后在该机车车辆较远处通过。严禁在运行中的机车车辆前面通过、抢越。

5. 必须横越列车、车列时,应先确认列车、车列暂不移动,然后由通过台或两车车钩上越过,勿碰开钩销,要注意邻线有无机车车辆运行,严禁钻车。

6. 不准在钢轨上、车底下、枕木头、道心里坐卧或站立。

7. 严禁扒乘机车车辆,以车代步。

二、调车作业人身安全标准

1. 必须熟知调车作业区的技术设备和作业方法,以及接近线路的一切建筑物的形态和距离。

2. 上下车时必须遵守以下规定:

(1)上车时,车速不得超过 15 km/h;下车时,车速不得超过 20 km/h。

(2)在站台上上下车时,车速不得超过 10 km/h。

(3)在路肩窄、路基高的线路上和高度超过 1.1 m 的高站台上作业时,必须停车上下。

(4)登乘内燃、电力机车作业时,必须在机车停稳时再上下车(设有便于上下车脚蹬的调车机车除外)。

(5)上车前应注意脚蹬、车梯、扶手,平车、砂石车的侧板和机车脚踏板的牢固状态。

(6)不准迎面上车。

(7)不准反面上下车(牵出时最后一辆除外)。

(8)上下车时要选好地点,注意地面障碍物。

3. 在车列、车辆走行中,禁止下列行为:

(1)在车钩上及在平车、砂石车的边端或端板支架上坐立。

(2)在棚车顶或装载超出车帮的货物上站立或行走。

(3)手抓篷布或捆绑货物的绳索,脚登轴箱或平车鱼腹形侧梁。

(4)在车梯上探身过远,或经站台时站在低于站台的车梯上。

(5)在装载易于窜动货物的车辆间或货物空隙间站立或坐卧。

(6)骑坐车帮。

(7)跨越车辆(使用对口闸除外)。

(8)两人及以上站在同一闸台、车梯及机车一侧脚踏板上。

(9)进入线路提钩、摘管或调整钩位。

4. 手推调车时,必须在车辆两侧进行,并注意脚下有无障碍物。

5. 在电气化区段,接触网未停电、未接地的情况下,禁止到车顶上进行调车作业。在带电接触网线路上调车时,禁止登上棚车(在区间和中间站禁止登上敞车和棚车)行走或使用人力制动机。编组站、区段站在接触网高度为6.2 m及其以上的线路上准许使用敞车人力制动机时,不能站在高于人力制动机脚踏板台的车帮或货物上。

6. 去专用线或货物线调车作业,须事先指派专人检查线路有无障碍物、大门开启状态及线路两侧货物堆放情况;事先派人检查有困难时,应在《站细》中规定检查确认办法。

7. 带风作业时,必须执行"一关"(关折角塞门)、"二摘"(摘软管)、"三提钩"的作业程序。

8. 摘结软管、调整钩位、处理钩销时,必须等列车、车列停妥并得到调车长的回示;昼间由调车长防护,夜间必须向调车长显示停车信号。

9. 调整钩位、处理钩销时,不要探身到两钩之间。对平车、砂石车、罐车、客车及特种车辆,应特别注意端板支架、缓冲器、风挡及货物装载状态。

10. 溜放调车作业应站在车梯上,一手抓牢车梯,一手提钩;不准用脚提钩或跟车边跑边提钩(驼峰调车作业除外);严禁在车列走行中抢越线路去反面提钩。

11. 车辆运行中,使用人力制动机时,必须使用安全带。要做到"上车先挂钩"、"下车先摘钩"。不能使用安全带的车辆,如平车、砂石车、罐车等,作业时必须选好站立地点。

12. 严禁使用折角塞门放风制动。

13. 使用铁鞋制动时,应背向来车方向,严禁徒手使用铁鞋,并注意车辆、货物状态和邻线机车车辆的动态。严禁带铁鞋叉子上车。

14. 单机或牵引运行时,严禁在机车前后端坐卧。

15. 使用折叠式人力制动机,须在停车时竖起闸杆,确认方套落下,月牙板关好,插销插上后方可使用。

16. 作业中严禁吸烟。

第二节 特殊情况调车作业安全

一、电气化区段调车作业安全

电气化铁路的调车工作，在一些主要环节上，如领导指挥、计划、联系、检查确认、信号、速度等，与非电气化铁路的规定、办法基本相同。但是由于牵引供电设备的影响，在某些调车作业方法上和个别环节上，也必须做一些相应的改变或限制。驼峰作业员正确了解和掌握电气化铁路调车工作的特点和限制，对于提高调车效率，保证作业安全，具有重要作用。

1. 电气化区段的安全工作

(1)调车机车运用

电气化铁路车站均采用内燃机车作为调车机车，在其可以攀登到车顶的梯子和通往走行台板的前门等处，均应明显地涂有“接触网有电、禁止攀登”的警告标语。

在接触网没有停电并接地的情况下，禁止到内燃机车顶上进行任何作业。

(2)挂有接触网的线路上使用人力制动机制动的问题

①禁止使用人力制动的原因

接触网带电部分都带有 25 kV 的高压电，为了保证调车人员人身安全，除牵引供电专业人员可按规定的程序和措施，使用各种绝缘工具进行带电作业外，其他任何人员所携带的物件(包括长杆、导线等)与牵引供电设备的带电部分，均应保持 2 000 mm 以上的安全距离，以防触电。

②禁止使用人力制动机的车辆和情况

根据我国铁路调车作业人员的高度(包括举起手持信号旗高出头部的高度)、各种货车人力制动机踏板台的高度，为了保证调车人员与接触网带电部分保持 2 m 的安全距离，《电气化铁路有关人员电气安全规则》规定：在带电的接触网的线路上进行调车作业时，禁止登上棚车(在区间和中间站禁止登上敞车和棚车)行走或使用人力制动机制动；敞车、平车使用人力制动机时，不准踏在高于人力制动机踏板台的车帮上或货物上。

2. 有关安全规定

(1)除专业人员按规定作业外，任何人员所携带的物件(包括长杆、导线等)与接触网设备的带电部分需保持 2 m 以上的距离。

(2)禁止直接或间接地(通过任何物件，如棒条、导线、水流等)与接触网的各导线及其相连部件接触。

(3)电气化铁路上的各种车辆，当接触网停电并接地以前，禁止进行下列作业：

①攀登到车顶上，或在车顶上进行任何作业(如检查车顶设备、上水、上冰等)；

②开闭罐车和机械冷藏车的注口(盖)，或在这些注口处进行任何工作；

③使用胶皮管冲刷机车车辆上部。

3. 电气化铁路火灾事故的处理

电气化铁路火灾事故的消防扑救工作，特别要注意防止在扑救过程中发生触电的危险。无论何种原因造成火灾，都应严格按照电气化铁路火灾处理方法指挥扑救。

燃着物体距接触网带电部分不足4 000 mm时，禁止在不停电情况下用水和普通泡沫灭火器扑救；若用沙土灭火时，距离接触网在2 000 mm以上者，可不停电。燃着物体距接触网带电部分4 000 mm以上时，可以不停电用水浇，但必须特别注意使水柱不向接触网方向喷洒，并保证水柱与带电部分距离在2 000 mm以上。但是，在灭火时情况往往比较混乱，很难准确确定和掌握燃着物体以及救火时喷出的水柱与接触网带电部分间的距离。为了预防万一，避免造成更大伤害，在确认没有使用电力机车参加救火的必要后，最好组织停电进行扑救。

有条件时，也可将着火车辆拉至接触网上装设有分段绝缘器或未挂接触网的线路上进行扑救。

4. 触电抢救

电流通过人体叫触电。人体通过电流时，会产生各种不同的伤害，轻则手脚发麻、发热，皮肤被烧伤，外部组织受到局部损害；重则全身肌肉痉挛，呼吸困难，心脏麻痹，或是人体外部组织大面积受到损害，直到死亡，这是最严重的触电事故。

发现有人触电时，首先应使触电者迅速脱离电源。如隔离开关距离触电者较近，应立即拉开隔离开关，切断电源；如隔离开关距离较远，可采用抛线短路法，即用一根金属导线，一端固定在钢轨上，另一端抛挂在接触网上，迫使电流接地、电源开关跳闸停电。

没有切断电源以前，任何人不能直接触碰触电者（因为触电者有大量电流流过），以防救护者本人触电。如来不及切断电源时，抢救者可穿着绝缘鞋，戴上绝缘手套，使用绝缘物件使触电者脱离电源。

在切断电源的同时，要做好触电者再次摔倒跌伤的防护措施。例如，触电者触电开始时，由于肌肉收缩而紧握带电体，断电时，手会松开，就可能从高处跌下，加重伤势。

二、冬季调车作业

1. 冬季调车作业特点

我国北方广大地区，西北、华北、东北地区，每年由11月至来年3月是严冬季节，在这个季节里，天寒、地滑、冰雪多、结冰期长、昼短夜长，而且气候多变，容易发生事故，给冬季调车工作带来许多困难。冬季调车作业主要特点是：

（1）冬季气温低，车辆冷轴、凝轴多，机车车列起动和运行阻力增大，影响调车速度和车辆（车组）的滑行距离。

（2）冬季冰雪多，三滑（钢轨面滑、铁鞋滑、车辆踏面滑）影响，机车牵引力下降，车列牵出时，极易打滑空转。车辆减速器、铁鞋和人力制动机制动力减小，滑行距离增长。

（3）冬季天气寒冷，气候多变，调车设备受冰雪覆盖，容易失灵，出现故障；杂型车零部件脆，容易断损；车辆自然停车多，如前后车组技术间隔掌握不好（不按冬季特点掌握），极易发生追尾、冲突、挤道岔等调车事故。

（4）冬季风大、雾多、下雪结冰，天气不良影响视线，联系不便，调车人员穿戴较多，加上地冻发滑，行动不便，影响作业效率，威胁人身安全。

（5）冬季运输历年来是“三运”（冬运、军运、春运）季节，量大集中。

由于上述冬季作业不利的因素，给冬季运输任务的完成、安全生产造成很大影响。

2. 冬季调车冷轴、凝轴的规律和活轴的方法冬季气温低，车辆轴油容易冷却或凝结，给溜放作业造成不少困难。因此，必须找出车辆的冷轴、凝轴规律，赶在车辆冷轴、凝轴以前，进行解编或取送作业。

编制调车作业计划时，要根据气温变化、作业钩数、车辆停留时间及接发列车干扰进行编制，以适应冬季调车作业的特点。对到达解体列车原则上随到随解体，如有两列及其以上待解列车时，应先解不冷轴、凝轴的列车，对待解时间超过冷轴、凝轴的临界时间时，一般分部解体比较合适。

3. 驼峰调车作业方法

(1)峰上作业

①变速：推峰的速度变化虽然是依风向、天气、线别、车组等因素来确定，但在冬季作业须特别注意天气、冷轴、凝轴等情况。一般原则是加大溜放速度(比非冬季时的溜放速度要高)，避免车辆中途停车和追尾。

遇刮风天气，顺风时推峰速度要降低，而逆风时，应采用较高的推峰速度，遇轨面有雪或有隔钩车组时，溜放间隔要拉大。

②解体冷轴、凝轴列车，应运用调整远牵出，推峰要快，减速要猛下闸的方法，这样可使冷轴、凝轴变活轴。

③解体空车、难行车以及轨面存有积雪时，可采用峰上单钩溜放第一钩的方法，以防止车辆(组)途中自然停车。

(2)峰下作业

峰下铁鞋制动除根据溜放车组的性能和下峰速度外，还应根据冬季制动时铁鞋脆、滑行距离长、车轮踏面滑、钢轨滑、车辆零件脆的特点，采用不同的制动方法和安全措施。

①铁鞋的防滑和防掉鞋措施：由于冬季冰雪多，铁鞋、轨面、车轮踏面之间摩擦力减少，车轮压铁鞋的冲击力很容易将铁鞋打掉，加上冬季铁质发脆，铁鞋容易断尖而掉鞋，极易发生事故。为了增加轨面、鞋底和车轮踏面间的摩擦力，防止断鞋、掉鞋，可在钢轨面撒砂。

②铁鞋的安放办法：安放基本鞋和辅助鞋时，距停留列车应较平时放得远一些，采用“单轨双基本”和“远放基本近掏档”的有效方法。同时，还应考虑早、中、晚的气温情况。

(3)冬季调车作业

冬季调车作业，特别要做好峰上、峰下的互相配合，互相照顾。驼峰调车长要掌握峰下线群停车情况，对“隔钩车”、停留车较近的线路，要掌握溜放速度，拉大车组间隔，给峰下制动创造条件。驼峰作业员要密切注意车组走行状态，以防追尾和途停。

三、天气不良造成瞭望困难时的调车作业

天气不良系指在雾天、暴风雨雪及沙尘暴天气，能见度低，影响信号显示的距离，而不能按正常方法进行调车作业的气象条件。

遇有天气不良等非常情况进行调车作业时，由调车指挥人根据天气情况，适当降低速度。发生非常情况，如邻线线路施工或发生事故，其人员和机械工具随时可能侵入本线限界时，允许调车领导人向调车人员提出限制速度的要求，以确保调车作业安全进行。

驼峰解散车列作业上的特殊要求：

(1)要适当降低速度，掌握好车组间隔。

(2)除了峰上峰下应进行彻底联系外,可采用单钩溜放(自动化驼峰除外),或在道岔区(分歧道岔)设专人瞭望车组间隔距离及车辆(组)的走行速度,瞭望人员应将掌握的情况及时向驼峰调车长和驼峰作业员通报。

第三节　铁路交通事故

铁路运输生产必须贯彻执行"安全第一、预防为主"的方针,以更好地为国民经济建设服务。为及时正确处理铁路交通事故,维护铁路运输秩序,必须严格执行《铁路交通事故调查处理规则》(以下简称《事规》)的相关规定。

一、铁路交通事故

铁路机车车辆在运行过程中发生冲突、脱轨、火灾、爆炸等影响铁路正常行车的事故,包括影响铁路正常行车的相关作业过程中发生的事故;或者铁路机车车辆在运行过程中与行人、机动车、非机动车、牲畜及其他障碍物相撞的事故,均为铁路交通事故(以下简称事故)。

发生事故,应采取积极措施,迅速抢救,尽量减少损失。对事故应本着四不放过原则(事故原因分析不清不放过,事故责任者未受到处理不放过,群众没有受到教育不放过,没有防范措施不放过),依靠群众,调查研究,找出责任,吸取教训,制定对策,防止同类事故的发生。

二、事故等级

1. 依据《铁路交通事故应急救援和调查处理条例》规定,事故分为特别重大事故、重大事故、较大事故和一般事故 4 个等级。

(1)特别重大事故构成条件。

有下列情形之一的,为特别重大事故:

①造成 30 人以上死亡。

②造成 100 人以上重伤(包括急性工业中毒,下同)。

③造成 1 亿元以上直接经济损失。

④繁忙干线客运列车脱轨 18 辆以上并中断铁路行车 48 h 以上。

⑤繁忙干线货运列车脱轨 60 辆以上并中断铁路行车 48 h 以上。

(2)重大事故构成条件。

有下列情形之一的,为重大事故:

①造成 10 人以上 30 人以下死亡。

②造成 50 人以上 100 人以下重伤。

③造成 5 000 万元以上 1 亿元以下直接经济损失。

④客运列车脱轨 18 辆以上。

⑤货运列车脱轨 60 辆以上。

⑥客运列车脱轨 2 辆以上 18 辆以下,并中断繁忙干线铁路行车 24 h 以上或者中断其他线路铁路行车 48 h 以上。

⑦货运列车脱轨 6 辆以上 60 辆以下,并中断繁忙干线铁路行车 24 h 以上或者中断其他

铁路行车 48 h 以上。

(3)较大事故构成条件。

有下列情形之一的,为较大事故:

①造成 3 人以上 10 人以下死亡。

②造成 10 人以上 50 人以下重伤。

③造成 1 000 万元以上 5 000 万元以下直接经济损失。

④客运列车脱轨 2 辆以上 18 辆以下。

⑤货运列车脱轨 6 辆以上 60 辆以下。

⑥中断繁忙干线铁路行车 6 h 以上。

⑦中断其他线路铁路行车 10 h 以上。

(4)一般事故分为:一般 A 类事故、一般 B 类事故、一般 C 类事故、一般 D 类事故。

①有下列情形之一,未构成较大以上事故的,为一般 A 类事故:

A1. 造成 2 人死亡。

A2. 造成 5 人以上 10 人以下重伤。

A3. 造成 500 万元以上 1 000 万元以下直接经济损失。

A4. 列车及调车作业中发生冲突、脱轨、火灾爆炸、相撞,造成下列后果之一的:

A4.1 繁忙干线双线之一线或单线行车中断 3 h 以上 6 h 以下,双线行车中断 2 h 以上 6 h 以下。

A4.2 其他线路双线之一线或单线行车中断 6 h 以上 10 h 以下,双线行车中断 3 h 以上 10 h以下。

A4.3 客运列车耽误本列 4 h 以上。

A4.4 客运列车脱轨 1 辆。

A4.5 客运列车中途摘车 2 辆以上。

A4.6 客车报废 1 辆或大破 2 辆以上。

A4.7 机车大破 1 台以上。

A4.8 动车组中破 1 辆以上。

A4.9 货运列车脱轨 4 辆以上 6 辆以下。

②有下列情形之一,未构成一般 A 类以上事故的,为一般 B 类事故:

B1. 造成 1 人死亡。

B2. 造成 5 人以下重伤。

B3. 造成 100 万元以上 500 万元以下直接经济损失。

B4. 列车及调车作业中发生冲突、脱轨、火灾、爆炸、相撞,造成下列后果之一的:

B4.1 繁忙干线行车中断 1 h 以上。

B4.2 其他线路行车中断 2 h 以上。

B4.3 客运列车耽误本列 1 h 以上。

B4.4 客运列车中途摘车 1 辆。

B4.5 客车大破 1 辆。

B4.6 机车中破 1 台。

B4.7 货运列车脱轨 2 辆以上 4 辆以下。

③有下列情形之一,未构成一般 B 类以上事故的,为一般 C 类事故:

C1. 列车冲突。

C2. 货运列车脱轨。

C3. 列车火灾。

C4. 列车爆炸。

C5. 列车相撞。

C6. 向占用区间发出列车。

C7. 向占用线接入列车。

C8. 未准备好进路接、发列车。

C9. 未办或错办闭塞发出列车。

C10. 列车冒进信号或越过警冲标。

C11. 机车车辆溜入区间或站内。

C12. 列车中机车车辆断轴,车轮崩裂,制动梁、下拉杆、交叉杆等部件脱落。

C13. 列车运行中碰撞轻型车辆、小车、施工机械、机具、防护栅栏等设备设施或路料坍体、落石。

C14. 接触网接触线断线、倒杆或塌网。

C15. 关闭折角塞门发出列车或运行中关闭折角塞门。

C16. 列车运行中刮坏行车设备设施。

C17. 列车运行中设备设施、装载货物(包括行包、邮件)、装载加固材料(或装置)超限(含按超限货物办理超过电报批准尺寸的)或坠落。

C18. 装载超限货物的车辆按装载普通货物的车辆编入列车。

C19. 电力机车、动车组带电进入停电区。

C20. 错误向停电区段的接触网供电。

C21. 电气化区段攀爬车顶耽误列车。

C22. 客运列车分离。

C23. 发生冲突、脱轨的机车车辆未按规定检查鉴定编入列车。

C24. 无调度命令施工,超范围施工,超范围维修作业。

C25. 漏发、错发、漏传、错传调度命令导致列车超速运行。

④有下列情形之一,未构成一般 C 类以上事故的,为一般 D 类事故:

D1. 调车冲突。

D2. 调车脱轨。

D3. 挤道岔。

D4. 调车相撞。

D5. 错办或未及时办理信号致使列车停车。

D6. 错办行车凭证发车或耽误列车。

D7. 调车作业碰轧脱轨器、防护信号,或未撤防护信号动车。

D8. 货运列车分离。

D9. 施工、检修、清扫设备耽误列车。

D10. 作业人员违反劳动纪律、作业纪律耽误列车。

D11. 滥用紧急制动阀耽误列车。

D12. 擅自发车、开车、停车、错办通过或在区间乘降所错误通过。

D13. 列车拉铁鞋开车。

D14. 漏发、错发、漏传、错传调度命令耽误列车。

D15. 错误操纵、使用行车设备耽误列车。

D16. 使用轻型车辆、小车及施工机械耽误列车。

D17. 应安装列尾装置而未安装发出列车。

D18. 行包、邮件装卸作业耽误列车。

D19. 电力机车、动车组错误进入无接触网线路。

D20. 列车上工作人员往外抛掷物体造成人员伤害或设备损坏。

D21. 行车设备故障耽误本列客运列车 1 h 以上,或耽误本列货运列车 2 h 以上;固定设备故障延时影响正常行车 2 h 以上(仅指正线)。

⑤铁道部可对影响行车安全的其他情形,列入一般事故。

因事故死亡、重伤人数 7 日内发生变化,导致事故等级变化的,相应改变事故等级。

2. 按事故发生对象,铁路交通事故分为列车事故和调车事故。

(1)列车事故

列车事故分为客运列车事故和其他列车事故两类。

①客运列车事故

客运列车或客运列车摘下本务机车后的车列,被货运列车、机车车辆冲撞造成的事故,以及客运列车在中途站进行摘挂(包括摘挂本务机车)或转线作业发生的事故,均定客运列车事故。

②其他列车事故

列车与其他调车作业的机车车辆等互相冲撞而发生的事故,定列车事故。区间调车作业、机车车辆溜入区间,发生冲突、脱轨事故时,定列车事故。

(2)调车事故

调车作业或列车以调车方式进行摘挂或转线而发生的事故,统称为调车事故。在封锁区间内调车作业发生事故,定调车事故。

三、事故报告

发生铁路交通事故,有关人员应及时向上级有关部门报告,并应采取积极措施,迅速抢救,尽量减少损失。

1. 车站值班员接到运转车长或司机关于发生铁路交通事故通报后,要立即报告列车调度员,报告的主要内容有以下几个方面:

(1)事故发生的时间、地点、区间(线名、公里、米)、线路条件、事故相关单位和人员。

(2)发生事故的列车种类、车次、机车型号、部位、牵引辆数、吨数、计长及运行速度。

(3)旅客人数,伤亡人数、性别、年龄以及救助情况,是否涉及境外人员伤亡。

(4)货物品名、装载情况,易燃、易爆等危险货物情况。

(5)机车车辆脱轨辆数、线路设备损坏程度等情况。

(6)对铁路行车的影响情况。

(7)事故原因的初步判断,事故发生后采取的措施及事故控制情况。

(8)应当立即报告的其他情况。

2. 事故报告后,人员伤亡、脱轨辆数、设备损坏等情况发生变化时,应及时补报。

3. 在站内发生事故,车站值班员应立即报告站长,派人保护现场等候检查,站长应立即将事故概况报告列车调度员,以便及时调整列车运行。还应立即通报有关铁路公安派出所,如发生列车火灾或爆炸事故时,应立即通报消防部门。由站长会同有关人员对机车、车辆、线路及其他设备进行周密检查,做成记录并积极采取措施,迅速抢救,避免扩大损失,尽快恢复行车。

四、《事规》内容解释

1. 机车车辆:包括铁路机车、客车、货车、动车、动车组及各类自轮运转特种设备等。

自轮运转特种设备:系指在铁路营业线上运行的轨道车及铁路施工、维修专用车辆(包括轨道起重机、架桥机、铺轨机、接触网架线车、放线车、检修车、大型养路机械等)。

2. 列车:系指编成的车列并挂有机车及规定的列车标志。单机、自轮运转特种设备,虽未完全具备列车条件,亦应按列车办理。

客运列车:系指旅客列车(含动车组)、按客车办理的回送空客车车底及其他列车。

货运列车:系指客运列车以外的其他列车。

军用列车除有特殊通知外,均视为货运列车。

3. 相撞:系指铁路机车车辆在运行过程中与行人、机动车、非机动车、牲畜及其他障碍物相互碰、撞、轧,造成人员伤亡、设备设施损坏。

4. 冲突:系指列车、机车车辆互相间或与轻型车辆、设备设施(车库、站台、车挡等)发生冲撞,致使机车车辆、轻型车辆、设备设施等破损。

在列车运行中由于人为失职或设备不良等原因,将车辆挤坏或拉坏构成中破及其以上程度,或在调车作业中由于人为失职或设备不良等原因,将车辆挤坏或拉坏构成大破以上程度时,亦按冲突论。

由于机车车辆冲撞造成货物窜动将车辆撞坏、挤坏时,定冲突事故,并根据所造成的后果,确定事故等级。

5. 脱轨:系指机车车辆的车轮落下轨面(包括脱轨后又自行复轨),或车轮轮缘顶部高于轨面(因作业需要的除外)。

每辆(台)只要脱轨1轮,即按1辆(台)计算。

6. 繁忙干线:系指京哈(不含沈山线)、京沪、京广、京九(含广州至深圳段)、陇海、沪昆(不含株洲至昆明段)线及客运专线。

繁忙干线单线:系指连接繁忙干线的联络线。

其他线路:系指繁忙干线以外的线路。

7. 中断铁路行车:系指不论事故发生在区间或站内,造成铁路单线、双线区间或双线区间之一线不能行车。中断行车的时间,由事故发生时间起(列车火灾或爆炸由停车时间算起)至恢复客货列车原牵引方式连续通行时止。

如列车能在站内其他线通行，又回到原正线上进入区间的，不按中断行车算。

施工封锁区间发生冲突或脱轨的行车中断时间，从事故发生前原计划开通的时间起计算。

8. 挤道岔：系指车轮挤过或挤坏道岔。

9. 调车作业碰轧脱轨器、防护信号或未撤防护信号动车：

脱轨器：系指固定脱轨器及移动脱轨器。

防护信号：系指防护施工、装卸及机车车辆检修整备作业的固定信号或移动信号。

机车车辆碰上、轧上脱轨器或防护信号即算。对插有停车信号的车辆，碰上车钩及未撤防护信号动车，按本项论。

10. 作业过程：系指作业人员在本职工作岗位上或领导临时指派的工作岗位上，在工作时间内，从事铁路企业生产经营活动的全过程。作业人员请假离开、返回工作岗位、下班离岗、退勤退乘等，尚未离开其作业场所的，均视为作业过程。

11. 工作时间：原则上以现行各种班制、乘务交路规定的工作时间和铁路综合计算工时工作制为依据。若不在规定的工作时间内，但属于因生产经营、工作需要而临时占用的时间，也视为工作时间。

12. 作业人员：系指参加铁路行车相关作业的所有从业人员，含已参加铁路企业生产经营活动与铁路用人单位形成事实劳动关系的人员。

五、事故救援

在行车工作中一旦发生机车车辆脱轨事故，就要以最短的时间进行救援，及时开通线路，减少事故对铁路运输的干扰和影响，最大限度地减少损失。为此，必须做好脱轨事故救援工作。铁路发生行车事故，特别是重大、较大事故，往往造成列车车辆冲突、脱轨或颠覆，招致设备破损、线路中断、人员伤亡，不仅影响铁路正常运输，而且也引起社会的严重不安。因此，一旦发生事故，必须及时采取积极措施，迅速组织抢救，尽量减少损失和不良后果。

1. 救援设备的配备

为及时处理行车事故，起复机车车辆，清除线路故障，保证迅速恢复行车，应在沿线适当地点指定备有各种救援设备，包括事故救援列车、电线路修复车、接触网检修车等。

(1)事故救援列车是专为处理机车车辆颠覆、脱轨事故而设的，一般都配备有轨道起重机、千斤顶、复轨器等工具以及钢轨、枕木、鱼尾板、道钉等器材，以便及时起复机车车辆，清除线路上的障碍，并修复开通线路，保证迅速恢复行车。为保证事故救援列车能够迅速出动，其固定停放的线路，必须两端均可开入区间。为救援、抢修、抢救而开行的救援列车、单机、动车、重型轨道车均为救援列车。为及时起复脱轨的机车、车辆，在机车、动车、重型轨道车上均应备有复轨器。

(2)电线路修复车为修复受自然灾害或其他原因造成损坏的信号、通信线路而设。

(3)接触网检修车是在电气化铁路上因各种原因发生接触网断线、电杆及铁路塔倒伏、磁瓶破损等不正常情况下，用以进行检修而专门设置的。

为保证尽快恢复设备的使用和列车正常运行，上述三种救援设备在接到救援(出动)命令后，要求按规定时间出动。为此，这些救援设备均应设置在指定地点，并应经常处于整备待发状态。其工具，器材均应保持齐全整洁，作用良好，除执行任务时使用外，日常不准随意动用，执行任务后短缺的工具和器材应及时补齐。

2. 铁路交通事故救援工作的组织领导

铁道部运输局设救援专职管理人员，对铁路局贯彻执行的情况进行监督检查。铁路局应根据管辖区段及工作量等具体情况自行确定机构和人员，管理救援工作。

在铁道部规定的地点设特等（担当路网性编组站救援任务）、一等救援列车。救援列车的增设由铁道部审批；救援列车的调整由铁路局确定，并报部核备。救援列车的工程技术人员、工长、救援起重机司机及副司机、救援起复工、救援归属和管理，由铁路局确定。

救援列车设主任、管理员和机车司机、机车钳工、车辆钳工等，技术工种的配备及救援列车的定员，由铁路局根据实际情况自行确定。

（1）根据逐级负责的原则，在救援列车所在地，应组织有关站（段）和医院挑选有一定救援及抢救工作经验的职工组成不脱产的事故救援班，作为救援列车的辅助人员。

①救援班长由各单位负责生产工作的主要领导担任。各救援班的人员组成情况需报上级救援管理部门核备，并通报所在地的救援列车主任。

②救援班的召集和出动以调度命令下达，接到出动命令后，要迅速召集，并立即出动。

③救援班的技术业务培训由救援列车负责；在事故救援中接受救援列车主任的指挥，积极主动地参加救援工作。

（2）根据运输生产需要，铁路局应在无救援列车的二等以上车站或较大的中间站设事故救援队。救援队为不需要出动救援列车时，单独出动即能起复和处理一般脱轨事故的组织。其组织方式有以下几种。

①救援队由脱产或不脱产的职工组成；救援队的隶属关系和人数，以及起复工具、备品的配置，由铁路局规定。

②根据当地情况，救援队队长应由与行车有关的段长或车站站长担任，经铁路局任命。

③救援队长接到任命后，应按规定立即组织救援队，并会同有关单位制订召集和出动办法。救援队应制订救援队的人员名单、管理制度、召集和出动办法等，并上报铁路局和通知救援队员所属单位。遇本单位救援队的人员发生变化时，所属单位应立即通知救援队长，及时补充人员，保证人员相对稳定。

（3）向事故现场派出救援队时，人员、工具、材料的运送，可利用该地各单位的一切交通工具，任何单位必须服从调动，不得借故拒绝。到达事故现场后，由队长指挥做好下列工作。

①抢救负伤人员，保护国家财产。

②采取一切措施，起复机车、车辆，清除线路上的障碍物，迅速恢复行车。

③如事故严重需出动救援列车进行救援时，应于救援列车到达前，做好各项准备工作，并保护事故现场痕迹。

3. 救援起复工作的安排

事故救援列车到达事故现场后，应由救援列车的主任统一组织指挥事故救援起复工作。救援列车主任应与列车调度员和最近两端车站保持通话联系，指派人员协助随行医护人员救护伤员，并将负伤人员设法送往附近医院；同时会同现场有关人员彻底了解事故周围地形及机车、车辆、线路损坏程度，决定起复方案，并立即组织起复工作。

救援起复工作，以先开通线路为首要任务，尽量设法减少中断线路行车时间。根据机车、车辆脱轨、颠覆事故的具体情况，起复工作一般采取改道、翻车、移车、复轨四种办法。

（1）改道：是在发生严重的列车颠覆事故时使用的方法。把阻碍行车部分的线路或道岔截断，用拨道或铺设一段短线与其他邻近线路相接，开通线路，恢复通车。

（2）翻车：脱线的机车车辆严重破损，阻碍了行车，这时可以使用千斤顶将破损机车辆暂时翻出线路外方，或用钢丝绳兜住破损机车辆的一侧，用拖拉机或人力拉出线路外方以开通线路，恢复通车。

（3）移车：脱线的机车车辆没有破损或轻微破损，妨碍线路恢复时，可用起重机或千斤顶，将脱线的机车车辆移出妨碍线路位置、恢复通车。

（4）复轨：机车车辆发生轻微脱线时，可使用复轨器进行起复。常用的复轨器有海参形和人字形两种。“海参”形复轨器，体小轻便，适用于脱线车轮距钢轨较近的起复工作；“人”字形复轨器适合于脱线车轮距钢轨较远的起复工作。

第四节　调车事故分析

在调车事故中，以冲突、脱轨、挤道岔三项事故件数最多，通称为调车惯性事故。如何不断地总结经验、吸取教训，从而采取措施，把防范工作做到前面，这是进行调车事故分析的原因。因此，驼峰作业员除了掌握有关规章标准的规定外，经常性地了解和分析驼峰调车中发生的一系列事故，找出原因，制定措施，对保证调车作业安全有着很大的作用。下面就有关调车惯性事故与车务系统有关的原因、措施进行分析。

一、惯性事故的发生原因

1. 调车冲突事故主要原因

在调车作业中，由于某种原因，造成车辆冲突，招致机车、车辆、技术设备损坏，人员伤亡，影响行车等均为冲突事故。造成调车冲突事故的主要表现及原因主要有：

（1）超速挂车或连挂。按《技规》规定，调车作业时，接近被连挂的车辆，不得超过5 km/h，超过这个速度界限，就很可能造成调车冲突事故。主要原因有：

①计划传达不彻底或传达错误，发生漏钩；

②制动技术差，基本功不硬，观速、观距有差误；

③堵门车未按《站细》规定采取措施，制动控制不住；

④对溜放或驼峰解散车辆（组）制动不当，如未选好、试好人力制动机，未按规定使用铁鞋，操纵车辆减速器不当；

⑤溜放大钩车，制动技术不过关。

（2）车辆追尾。主要有下述原因：

①车组前慢后快，特别是前组车为难行车，后组车为易行车，溜放车时，未注意拉间隔而发生追尾；

②前停后行，前组车因排风不彻底或未松开人力制动机等各种原因发生途停，后组车来不

及制动造成追尾。

(3)进入异线。由于错误地进入非指定线路(即进入异线),致使溜放车辆发生冲突。其主要原因有:

①错排进路或错扳道岔;

②变更计划未彻底传达到有关作业人员;

③自动集中设备的道岔发生故障等。

(4)侧面冲突。侧面冲突对车辆破损危害甚大,轻则小破,重则中破、大破、报废甚至脱轨颠覆堵塞数条线路。主要原因有:

①前慢后快,间隔距离不够(一般规定为20 m),抢扳道岔。

②车场两端同时作业,一端推顶车辆前端无人瞭望或推送车辆未试拉车组脱钩越过警冲标等。

③两端作业联系不彻底。对两端同时作业的调车区,由于未执行两端作业的联系办法,擅自越区作业或同时相对溜放、顶送造成冲突等。

④顶送车辆时前端无人或联系脱节,盲目顶送与车挡、挡车器、端站台相撞而挤坏车辆。

2. 脱轨事故主要原因

(1)抢扳或错扳道岔造成途中转换;

(2)忘撤铁鞋或压鞋后未按规定取出,挂车时又不检查即盲目牵出或推进运行;

(3)使用铁鞋不当,造成卡鞋或跳鞋后脱轨;

(4)货物堆放距钢轨头部外侧距离不足1.5 m(距站台边缘不足1 m)时,调车前又未认真检查;未检查确认防护牌或脱轨器是否撤除即进行调车等;

(5)操纵车辆减速器不当,制动级别过高;

(6)线路上有障碍物,未认真检查即盲目牵出或推进;

(7)未检查货物装载情况,车列起动后由于振动致使货物坠落并进入道心。

3. 挤道岔事故主要原因

此类事故约有90%左右是由于错扳、忘扳道岔造成的。其主要原因有:

(1)作业员(扳道员)未认真执行作业程序,关键是未加强确认即盲目办理作业;

(2)自动集中的道岔溜放车辆时,由于速度高、保护区段不足,作业人员未加确认盲目转换道岔;

(3)变更计划时,未彻底传达清楚,特别是已开放的调车信号,临时变更关闭时联系脱节等;

(4)停留车止轮不彻底,车辆溜逸。

二、防止调车事故的主要措施

调车工作,千变万化,活的因素多,因此冲、脱、挤惯性事故是人们的攻关重点,根据上述原因的分析,提出下列主要防止措施:

1. 调车计划内容必须正确、齐全、清楚。没有计划、计划不清、口头传达未复诵,不准作业。变更计划必须按规定传达清楚。

2. 作业前，必须彻底检查线路、道岔和停留车状况，未经检查，不得作业。

3. 作业中，必须按规定显示信号，通话用标准用语。没有信号，不准动车；信号不清，立即停车。没有十、五、三车距离信号不准挂车（单机除外）。严禁臆测作业。

4. 越区、转场必须联系好。两台机车同时接近一个进路道岔，要先防护一台，敌对进路未消除，不得撤除防护。

5. 推送车辆必须试拉。推送车辆时前部必须有人领车，不准间断瞭望、超速运行、超速连挂、以撞代顶、提活钩。使用无线调车灯显设备，不准离岗指挥。

6. 溜放前必须选闸试闸，试闸未回示、溜放车组间隔距离不够或前慢后快有侧面冲突危险时，不准提钩、不准扳道。铁鞋制动必须做好检查、准备，严格执行一车三鞋制。驼峰解散、牵出线溜放，未得到准备妥当的汇报，不准动车。

7. 车辆停留必须按规定采取防溜措施。严格执行防溜措施的交接班检查及室内提示板揭示制度。

8. 调车作业必须实行单一指挥，少于 2 人不许作业，不足 3 人不准溜放。调车人员必须熟悉调车设备、周围环境和规章制度，未经考试定职人员不准单独作业。

9. 扳动道岔（操纵按钮）必须执行“四程序”，未确认道岔开通位置，不准还道；未确认机车车辆越过联动道岔联动区时，不准扳动（操纵）道岔；集中联锁车站，未通知调车人员前，不准擅自取消已准备好的调车进路。

10. 加强调车人员的培训工作，大练基本功，努力提高观距、观速、制动技能，加强基本业务知识和有关规章、办法的学习，并组织定期的竞赛评比活动。

复习思考题

1. 行车人员人身安全通用标准有何规定？
2. 调车作业上下车时应遵守哪些规定？
3. 调车作业在车列、车辆走行中禁止哪些行为？
4. 电气化区段调车使用人力制动机有何规定？
5. 电气化区段保证调车作业安全有哪些规定？
6. 冬季峰上作业应注意什么问题？
7. 天气不良造成瞭望困难时对驼峰解散车列作业有何特殊要求？
8. 何谓铁路交通事故？
9. 处理铁路交通事故的“四不放过”原则指的是什么？
10. 铁路交通事故分为哪几类？
11. 与调车作业有关的 D 类一般事故有哪几类？
12. 调车惯性事故有哪几种？
13. 造成调车冲突事故的主要原因是什么？
14. 造成调车脱轨事故的主要原因是什么？
15. 造成挤道岔事故的主要原因是什么？
16. 防止调车事故的主要措施有哪些？

职业技能

一、交　接　班

（一）作业（操作）方法、步骤

1. 工作交接

对号交接设备和备品情况，并对设备进行试验，确认设备良好后互相确认签认。交接事项如下：

（1）文电、命令、重点事项、设备变化、施工、检修等情况。

（2）调车线运用、解编作业、调车机车运用等情况。

（3）调车设备、备品、工具数量、质量状况，控制台（显示器）的状态，设备施封加锁等情况。

（4）停留车防溜、股道加锁、道岔加锁等情况。

（5）按要求对交接事项签认。

2. 计划接收与传达

（1）接收调车作业计划、相关要求和注意事项。

（2）传达作业计划，布置作业方法和重点事项。

（3）根据作业情况及相关要求向车站调度员（调车区长）请示变更作业计划，并向有关人员进行传达布置。

3. 作业前的准备

（1）无线调车设备试验良好。

（2）听取连结员汇报，准备妥当信号。

（3）听取驼峰作业员（驼峰区长兼驼峰作业员）关于线路测长、容车数及有无堵门车等汇报，检查应急台手柄位置，取消不必要的减速器封锁及人工定速。

（4）检查并确认：影响驼峰解散车辆的越区及设备检修作业已经完毕；计算机显示器显示系统处于正常状态、溜放处于自动状态，且第一分路道岔无车占用，未建立与溜放作业冲突的敌对进路，道岔（被封锁的道岔除外）及其他设备无故障；各部位减速器良好并在自动位、雷达及股道内测长无故障；手动盘上道岔手柄已在中间位，检修按钮及表示灯显示无检修作业。调车有关人员已到位并准备妥当。

（5）与驼峰调车区长、峰顶提钩员核对计划无误，并布置编尾防护人员防溜及重点注意事项，在得到有关作业人员准备妥当的汇报后，方准进行作业。

（二）质量标准

1. 按《调标》及《站细》的规定进行交接；《行车设备检查登记簿》、《行车设备施工登记簿》的填记符合有关规定；设备检查及试验符合《调标》及《站细》的规定。

2. 接收、传达、变更计划符合《技规》、《行规》、《调标》及《站细》的规定。

二、观速、观距

在调车作业中，准确及时地观测车辆的走行速度，观测车组与停留车间（或车组间、与固定设备间）的距离，是进行调速和目的制动的先决条件，是保证调车作业安全的关键。

观速、观距包括动观、静观两种方式。

动观：指调车人员在运行的机车车辆上观察机车车辆运行的速度或其至前方目标的距离。

静观：指调车人员在固定地点观察机车车辆运行时的速度或至远处目标的距离。

(一)作业(操作)方法、步骤

1. 观速

(1)目测观速

目测观速即调车人员在车上看枕木头或石砟状况来判明车辆的走行速度。

①看轨枕头

如调车场每节钢轨长 12.5 m，下铺 18 根轨枕时：

能较慢地数清轨枕根数时，约 4 km/h；

能较快地数清轨枕根数时，约 7 km/h；

能看清轨枕而数不清时，约 10 km/h；

接近看不清轨枕根数时，约 15 km/h；

看不清轨枕根数时，约 20 km/h。

②看石砟形状

能清晰看清石砟形状时，约 7 km/h；

一般地看清石砟形状时，约 7 ~ 10 km/h；

看不清或接近一条线时，约 13 ~ 17 km/h；

看石砟成一条线时，在 25 km/h 以上。

(2)步行测速

步行测速即根据车辆溜行和人走行的相对速度，来测定车辆速度。

人慢步行走能跟上车组时，约 3 km/h；

人正常行走能跟上车组时，约 5 km/h；

人快步行走能跟上车组时，约 8 km/h；

人慢跑能跟上车组时，约 10 km/h；

人快跑能跟上车组时，约 15 km/h；

人快跑也跟不上车组时，约 20 km/h 以上。

(3)数数计速

数数计速法就是调车人员用自己数数来计算速度。每数一下(或几下)为 1 s，然后根据车辆走完一节钢轨(10 m 或 12.5 m)所需时间(秒)来计算速度。

速度计算公式为：

$$速度 = \frac{距离(m)}{时间(s)} \times 3.6(km/h)$$

式中，3.6 是把 m/s 换算为 km/h 的单位换算系数。

例 1：测得车辆 2 s 通过一根 12.5 m 的钢轨，求时速？

则 $$v = \frac{12.5}{2} \times 3.6 = 22.5(km/h)$$

例 2：测得车辆 3 s 走完 3 辆 C_{50}敞车，求时速？

则
$$v=\frac{3\times1.3\times11}{3}\times3.6=51.5(\text{km/h})$$

调车人员为了正确掌握数数计速，关键是练习数数与时间一致。数数时，每数一下为 1 s（或 0.5 s）；一般情况下每秒数两下比数一下准确，这些均与个人习惯和平常练习有关。

2. 观距

观测距离是要判断推、送车列或溜放车组与停留车之间，溜放车组之间，行进中机车车辆与某种固定设备之间的距离，以便掌握或调节速度。

观测距离主要采用对比法。

（1）比照邻线存车：按照邻线存车数、车辆类型判定运行中车辆与停留车之间的距离。

（2）比照钢轨根数判断距离。

此外，还可利用灯桥、扳道房、站舍、道口、树木等固定物观测距离。因此，要求调车人员在平时要了解车场中设备情况，测出由某点至某物体的距离并熟记，就可随时正确判断出距离。

3. 观速、观距的训练方法

（1）计速口诀观速的训练方法

十二米五一秒钟，速度四十五里整。
两秒二十二里半；三秒十五不带零。
四秒十一加点二；五秒九里莫放松。
六秒七里来滑鞋；二至五米把车停。
若问一秒为多久？滴答一声正标准。
喊出一二有节奏，观速定能过得硬。

说明：①十二米五指一节标准轨的长度；

②里指公里/小时；

③训练时可用秒表测出自己所喊出的一、二、三、四节奏是否准确来纠正与秒表 10s 之内的误差。

（2）实训观速

①静观速

机车匀速通过线路旁两标志杆的速度，调车人员站在地面适当位置观测速度。

②动观速

调车机车以匀速通过线路旁两标志杆间的速度，与调车人员站在车上观测的速度进行比较了。

（3）观距的训练方法

①静观距

确定 3 个固定物（标志杆、停留车或地面固定物），调车人员站在固定地点，目测至 3 个固定物间距离，与实测的距离进行比较。

②动观距

调车人员可在机车车辆运行中以投沙袋的方法测定距停留车或远方目标的距离，学员可在距停留车或远方目标的十车、五车、三车处各丢下一个沙袋。然后测量沙袋与停留车或远方目标间距离，与实际距离进行比较。

（二）质量标准

由于调车作业的连续性和速度、距离不断的变化，用较长时间来判断或计算出某时的速度或距离是不可能的。速度应在车通过标杆 1 min 内报出，否则无效。要求观速、观距误差不超过规定标准。动观要严格按《铁路车站行车作业人身安全标准》要求站稳把牢。符合《技规》、《调标》、《行规》及《站细》等规章、标准的规定。

（三）安全注意事项

1. 禁止饮酒，按规定着装，佩戴防护用品。

2. 静观注意不要侵入机车车辆限界。

3. 动观要严格按调车作业人身安全标准要求站稳把牢。

三、半自动化驼峰办理进路作业

（一）作业（操作）方法、步骤

1. 储存自动进路作业

（1）将道岔手柄置于中间位置，按下“自动”按钮，确认自动表示灯点亮。

（2）根据调车作业通知单所列的钩序和股道号码，逐个按压进路按钮，同时注意储存钩序和储存进路表示灯是否正确。例如：第一钩进 5 道，按压进路按钮“5”，储存钩序表示灯“0”熄灭，储存钩序表示灯亮“1”，储存进路表示灯亮“5”，表示储存器已储入了第一钩进路命令；第二钩进 8 道时，则按压进路按钮“8”，储存钩序由“1”变“2”，储存进路表示灯亮“8”。然后照此办理，依次按压进路按钮，边储边校核，将进路命令全部储完。

（3）命令储存完毕，按压进路检查按钮，储存钩序和相对应的进路命令从储存器的储存钩序和储存进路表示灯中依次自动地重现出来。此时，作业员照计划单复诵，驼峰调车长看着储存进路显示器复诵核对，进行二人确认。检查完毕，拉出检查按钮。如需逐钩核对，可连续按压“进位检查”按钮。

2. 储存半自动进路作业

半自动作业时，驼峰调车长发出的进路命令不经储存而直接输出。所以，它是“排一钩、溜一钩”的作业方式。储存半自动进路的作业步骤如下：

（1）驼峰作业员将自动道岔手柄置于中间位置。

（2）按下“半自动”按钮，确认半自动表示灯亮白灯。根据调车作业通知单上第一钩车的应进股道，按压第一钩序股道储存按钮，储存进路命令。

（3）车组下峰压入第一分路道岔前轨道区段时，进路命令自动取消。再根据下一钩车需溜入的股道，按压相应的进路按钮，直到作业结束为止。

（4）半自动作业时，发现命令错误，可按下“溜放取消”按钮，将其取消，再重新办理。

3. 办理手动进路作业

（1）使用时机

当设备故障不能进行自动和半自动作业，或驼峰调车机车进行上、下峰作业，不需使用自动集中设备时。

（2）作业步骤

①采用手动作业方式，作业员先按压“手动”按钮，手动表示灯点亮白灯，原“自动”或“半自动”表示灯的灯光熄灭，切断自动集中电源。准许本台及所属台在控制台上用道岔手柄扳动道岔。

②根据调车作业计划或驼峰调车长的指示，逐个地扳动各分路道岔的手柄置于计划钩序进路所需位置，为下溜的钩车排列进路。

③确认道岔手柄位置正确后，向驼峰调车长汇报。

④驼峰调车长通过“开通进路”表示灯确认进路是否正确。每溜放一钩或作业一次，驼峰调车长开放一次信号。

4. 变更进路作业

(1)在储存进路中变更命令

在储存过程中，当发现某钩进路错误或需变更某钩进路，只需按下“储存取消”按钮，使不需要的进路表示灯熄灭，再按压正确的或需要的进路按钮即可。

(2)自动检查中更正命令

自动检查时，如发现命令存错，应立即更正。如检查至第3钩(储存钩序灯亮“3”，储存进路灯亮“16”)，发现命令错误，则应：

①立即按下“检查停位”按钮，停止检查。

②按下“储存取消”按钮。

③按下正确命令的进路按钮(假定是15)，向第3钩储入正确命令。命令更正后，储存钩序灯一直显示“3”，储存进路灯改为“15”。拉出“检查停位”按钮，可恢复自动检查。

(3)手动检查中更正命令

手动检查时，如发现命令错误，可以更正。例如，检查至第3钩(储存钩序灯亮“3”，储存进路灯亮“16”)，发现命令错误，则应：

①按下“储存取消”按钮，取消第3钩去16道的错误命令。

②按下15道进路按钮(假定第3钩车应去15道)，储入正确命令。更正命令作业结束，可继续进行手动检查。顺便指出，手动检查时更正命令，不需按下“检查停位”按钮。

(4)计划变更重排进路

按下“清零”按钮，清除储存器中剩余的储存进路，根据计划按下所需股道按钮。

5. 增加进路作业

自动溜放过程中，有时需临时增加一钩车组命令。其可以分为以下几种情况。

(1)漏排命令

假如，在第2钩命令(去8道)与第3钩命令(去12道)之间“漏排”一钩车组命令(去15道)。正常储存时，去15道的车组命令本应储入第3钩，去12道的命令应该储入第4钩；但因工作疏忽，去15道的命令未储存，而将去12道的命令储入第3钩，这就是所谓漏排命令。如在溜放作业中发现上述错误，则应做如下处理：

①在第3钩命令正在输出时(溜放钩序灯显示“3”，第一溜放进路灯显示“12”)，车组尚未下峰时，立即按下“增加”按钮，第一溜放进路表示灯熄灭。

②按下15道进路按钮时，输出“增加的”去15道的命令，在增加命令的过程中，溜放钩序灯无显示，而第一溜放进路灯则在“个位”和“十位”两个红色圈内显示“15”。

③增加命令的车组下峰进入第一分路道岔轨道区段后，第一溜放进路灯的红色光圈及所增加的进路号码熄灭，恢复到增加前的进路显示，这时，增加进路作业结束。从第3钩起，继续自动溜放。该作业可连续多次办理，如需增加几钩，则分别按压几次“增加”按钮和所需增加的进路按钮即可。

(2)车组分钩

如因计划不周，需将一钩车组临时分为两钩溜放时，也需办理增加作业。其办理情况与上述“漏排”相同。

(3)车组命令错误

如果在车组即将下溜时，发现该车组的命令错误(属于储存错误)应立即按下溜放取消按钮，人工取消错误命令。然后，先按下“增加”按钮，接着按下正确的进路按钮，为该车组办理正确命令。

(4)“钓鱼”的处理

已溜下峰的车组，如因未摘开车钩，需牵回峰顶重溜的，称为“钓鱼”车组。产生“钓鱼”的原因，主要是提钩点掌握不当，错过了提钩时机。其他如临时发现制动软管未摘、提钩链未绑好或提钩杆失灵，在提钩点以前不能提钩，也会产生“钓鱼”。凡遇这种情况，应在钓鱼车组尚未退出头岔区段时，及时按下增加按钮。这样，既可保护下一钩车组命令，使其在钓鱼车组第二次下峰占用头岔区段时，不致被错误取消，又可在不附加任何操作的情况下，保证钓鱼车组按原命令溜放。反之，如钓鱼车组退出头岔区段再按下增加按钮，那么，还应再将头岔用手柄扳到钓鱼车组所需的位置。否则，不仅钓鱼车组会溜错股道，还会影响后续车组命令的正常传递。

(5)注意事项

增加进路，必须在未储满的情况下才能办理，在储满的情况下，必须将后面的进路取消后，才能继续重新储存。

6. 取消进路作业

(1)在检查或溜放时如需取消某钩进路，可在显示器显示该钩进路时，按压“取消”按钮，该进路即被取消。

(2)办理方法：

①储存取消：在办理储存进路或检查进路时，需取消刚存入的或刚检查到的(即储存钩序表示灯所表示的钩序)进路命令时，按下“储存取消”按钮，储存钩序表示灯所表示的钩序即后退一数，原钩序的进路即被取消。例如，原储存钩序表示灯显示“24”，“储存取消”按钮按下后，改显示“23”，原第24钩序的进路即被取消，储存进路也随之显示第23钩的进路，再按随即取消前一钩，可连续取消多钩。

②溜放取消：在溜放过程中需取消几钩时，在取消钩溜出之前，溜放钩序表示灯显示该钩序时，按下“溜放取消”按钮，该钩即被取消，溜放钩序表示灯改显示下一钩序。例如，原溜放钩序灯显示“20”，按下“溜放取消”按钮后，改显示“21”，原第20钩的进路被取消，第一溜放进路也随之显示第21钩的进路。再按随即取消下一钩，可连续取消多钩。

(3)上列两种取消办法，前一种适用于取消一批作业的最后几钩，后一种适用于取消溜放作业进行中接近的钩序时。如需全部取消，则拉出“清零”按钮即可。

（二）质量标准

1. 严格按《调标》之铁路调车半自动化驼峰作业标准的程序、项目、内容、作业人员、技术要求执行，做到不错、不漏。

2. 符合《技规》、《铁路车站行车作业人身安全标准》、《行规》和《站细》等有关规章、标准的规定。

（三）应急处理技能

1. 作业安全

（1）驼峰调车长接收计划后，要认真确认“调车作业通知单”上的各种标记符号，于每次作业前要及时与有关人员进行核对、联系。

（2）在每批作业前，驼峰调车长要认真对控制台面进行检查，即检查驼峰上设置的各种调车信号机显示状态，驼峰头部道岔是否在规定位置，自动、半自动作业时有关道岔、手柄位置，作业楼自动表示灯显示，其他有关按钮位置及显示状态等。

（3）解散车列作业中，驼峰调车长要严密监视进路表示器开通位置，车组进入股道和车组运行情况，并做到每溜放一钩，及时将“调车作业通知单”的钩序抹消一钩。

2. 下峰作业

（1）遇有一台机车下峰作业，另一台机车在峰上继续作业时，应将道岔开通不能进入峰下机车所在线路的位置并锁闭。

（2）下峰作业前，驼峰调车长应事先通知峰尾区长做好防护工作。

（3）机车带车下峰作业时不能用自动排路。

3. 办理进路

（1）封锁按钮接触不良，有时由于振动或灰尘污染，按钮红灯不亮灯也能锁闭道岔，因此在自动溜放作业前，应普遍拔一下封锁按钮。

（2）自动溜放作业前，储存进路时，按压进路按钮的动作不能过快或过慢，因继电器动作需要一定时间，过快或过慢都会发生储错进路。

（3）道岔检修后，一定要按压“恢复”按钮，否则该修复的道岔将错误执行所存进路命令。

（4）车轮、钢轨生锈，压上轨道电路后，控制台面的光带上反映不出来，不加注意，可能在车辆两个台车中间扳动道岔，发生脱轨。

（5）按下“手动”按钮，用以切断自动电源，消除余令，但操纵时要注意，不能按压过快，否则不能起到消除余令的作用。

（6）自动溜放作业完毕，当溜下的车组未全部进入最后一组道岔，即将“手动”按钮按下，执行命令的道岔将由反位转至定位，以致会使车组误入异线。

（7）自动溜放作业时，发现股道绝缘区段出现红光带，应立即通知峰顶调车长派人检查，确认车组是否压标，防止侧面冲突。

（8）使用轨道故障按钮时，必须做到：

①停止通过故障区段的调车作业；

②确认机车车辆不压该故障区段道岔；

③扳道后，确认红光带的位置正确无误，然后方准通知调车组或司机通过该区段。

四、半自动化驼峰解散车列作业

(一)作业(操作)方法、步骤

1. 连挂车列

(1)驼峰调车长根据计划的要求,与到达场值班员联系挂车股道、车次及经路。

(2)调车长没有得到连结员准备好的报告,不准指挥机车挂车。

2. 推送车列

(1)驼峰调车长在确认推峰进路正确,具备预推条件,按下“允许预推”按钮。

(2)到达场信号长(员)确认允许预推表示灯点亮,排列预推进路,开放驼峰辅助信号。

(3)驼峰调车长监视驼峰信号的显示,监督司机按信号显示准确掌握推峰速度。

3. 解散车列

(1)准备进路

①核对计划,车列压上接近表示后,驼峰调车长与有关人员核对计划,布置峰尾防溜及重点注意事项(具体内容见各站《站细》规定);

②根据作业要求确定储存自动进路、办理自动进路或手动进路的作业方法。

(2)开放信号

①确认计划正确,进路准备妥当;

②开放驼峰主体信号,指示司机推峰。

(3)分解车列

①根据停留车位置、车组走行性能、难易行线、气候条件及峰上作业等情况,正确及时地操纵驼峰信号,掌握好推峰速度,并执行逐钩抹消制度;

②密切注视提钩和调速制动情况,根据车组的特点,随时向峰下通报;

③根据车组溜放情况和有关人员报告,及时发出指令,遇危及安全的紧急情况时,应立即关闭驼峰信号机,先停车后处理,未得到有关人员处理完全了的回示,不允许开放信号;

④监视驼峰信号的显示,监督司机按信号显示准确掌握推峰速度。

(4)禁溜线送车

①驼峰调车长根据调车作业计划和连结员的报告,掌握作业进度,及时关闭驼峰信号,停止推峰;

②确认机车车辆停妥后,开通禁溜线的道岔,确认开放驼峰信号,将车辆送入禁溜线,关闭驼峰信号;

③驼峰调车长确认送车完了,开放驼峰信号,继续解散作业。

4. 下峰作业

(1)准备进路

①驼峰值班员根据计划或作业需要,向有关人员布置下峰作业计划,按下“手动”按钮,正确排列手动进路;

②驼峰调车长输入整理开始命令后,再确认减速器已缓解,进路信号正确。

(2)返峰作业

①驼峰调车长确认返峰进路空闲，正确排列进路；

②驼峰调车长确认进路表示灯正确，开放调车信号，机车带车辆需越过推送线进入到达场道岔区时，要得到到达场值班员同意后，开放驼峰后退信号；

③确认机车车辆越过驼峰主体信号后，关闭驼峰后退信号。

（二）质量标准

1. 严格按《调标》中铁路调车半自动化驼峰作业标准的程序、项目、内容、作业人员、技术要求执行。

2. 符合《技规》、《铁路车站行车作业人身安全标准》、《行规》和《站细》等有关规章、标准的规定。

（三）应急处理技能

1. 作业中“钓鱼”的处理

发现“钓鱼”以后，要根据不同情况进行处理。

（1）“钓鱼”的车组为大、中车组且又进入易行线时，可指挥司机加速推进。在机车加速、车钩压缩的一瞬间提开车钩。这种方法必须要配合好，抓住提钩时机，否则会越推越“钓”，最后即使提开车钩，车组也可能溜不到位，造成堵门。

（2）“钓鱼”的车组为小车组或难行的大、中车组进入难行线时，则需指挥将车列拉回主提钩点前，重新推送提钩。

2. 作业中的“途停”处理

如果在作业中出现车辆经减速器夹停或未出清道岔区段及道岔间的死区段时发生意外停车，为防止侧冲，作业员应将刚出清的道岔扳向能导致顺钩的位置；在条件允许的情况下应对已经摘开钩，通往该方向的钩车进一步采取在上级道岔强迫改道和利用大缓紧急制动的措施，并及时通报驼峰调车长。当危及安全时，要果断按下“切断信号”按钮，关闭驼峰信号，停车进行处理。对途停车辆可采用机车下峰推顶方法处理。

3. 作业中“堵门”的处理

车辆停留在接近警冲标但不压标的地方，或车辆虽停留在警冲标内方有一定距离，但容纳不下所溜放的车组或不足安全制动距离时，称为堵门车。

发现“堵门”应立即按下“切断信号”按钮，停止作业。

为了防止侧冲，应将对应的末级分路道岔扳向顺钩位置；如在时间允许情况下，应对已摘开钩，通往该股道的车组或进入“堵门”线路的邻线隔钩车在上级道岔处强迫改道和车辆减速器制动降速。之后，可以办理下峰推顶“堵门”车。

为防止“堵门”，必须认真细致地做好排风工作；驼峰调车长要根据风向、车组性能、正确掌握推峰速度；使用减速器时，要瞻前顾后，既要保持车组间隔又要考虑后续车组下峰，保证不夹停，也不要造成前慢后快。

4. 作业中“追尾”的处理

前行车组溜行速度比预期的要求慢或“堵门”，被后一组车在溜行中追上的现象，称为“追尾”。

发现有“追尾”可能时，应迅速停止作业。峰上发现有“追尾”可能时，应通知峰下对后组车紧急制动；作业员发现后续车有进入同一线路或邻线造成车辆正面或侧面冲突的危险时，应将后钩车速调至不致正面连挂造成损坏的速度或放入其他线路。

5. 设备故障

(1)如减速区段和测速数码管表示异常,应视为半自动控制失效,作业员应立即进行手动干预,通知驼峰调车长,停止该减速器作业;登记《行车设备检查登记簿》,通知电务人员检修。

(2)遇下列情况应停止使用减速器:

①控制电源及制动、缓解按钮故障或操作不能正常表示时;

②风压(油压)报警禁用表示灯亮红灯时;

③减速器不能制动或缓解,或虽能动作但达不到规定的动作时间和要求时;

④制动效能明显降低时。

(3)故障处理:

遇减速器临时故障,应立即切断推峰信号,并在《行车设备检查登记簿》上登记,由作业员请示驼峰调车长并签字承认,按下"检修"或"测试"按钮并挂上红牌后,施工人员才能作业。完工后,由施工人员消记,作业员试验良好并签认后,才能恢复正常使用。

6. 使用轨道故障按钮时,必须做到:

(1)停止一切调车作业;

(2)确认机车车辆不压该故障区段道岔;

(3)扳道后,确认红光带的位置正确无误,然后方准通知调车组或司机通过该区段。

五、自动化驼峰储存调车作业计划

(一)作业(操作)方法、步骤

1. 人工新建计划

在调车单窗中,使用鼠标选中车次列表区中一个无车次的空区,对应的车次小车变成红色,选后选中"计划"菜单中的"新建计划"选项,小车后面出现一个空框,向里面填充车次名称,然后回车或直接用鼠标将光标移到钩车编辑窗口,开始输入钩车计划内容。手工输入可以每一钩逐项输入,也可以使用"钩编辑"菜单中的"自动填充数据",自动填充默认方式、辆数、状态,然后在此基础上进行修改和填充。计划输入完毕,用鼠标选择"计划"菜单中"计划保存"选项结束。

2. 调车作业计划的检查和修改

在车次列表区用鼠标点中所要检查的车次,调车单将自动列表显示该车次的计划内容,通过拉动滚动条前后翻动可进行检查。检查过程中发现有误可直接将光标选到相应栏目进行直接变更(即全屏幕编辑),也可在钩编辑菜单中修改。当使用鼠标点到"钩编辑"这一项时,右侧下拉一个菜单,出现以下选项。

(1)剪切

首先用鼠标点一下准备剪切的钩计划的钩序,从而选中整个一钩,然后选择"钩编辑"菜单中的"剪切"。这样就把选中的一钩计划剪切下来,可以粘贴在其他位置。该钩计划在原位置被取消。

(2)拷贝钩

首先用鼠标点一下准备拷贝的钩车计划的钩序，从而选中整个一钩，然后选择“钩编辑”菜单中的“拷贝钩”。这样就将选中的一钩计划拷贝下来，可以粘贴在其他位置。该钩计划在原位置仍然存在。

(3)粘贴

先用鼠标点一下准备粘贴在某一钩前面的此钩的钩序，然后选择“钩编辑”菜单中的“粘贴钩”，就可将曾经剪切或拷贝下来的钩计划粘贴在指定位置。

(4)删除钩

先用鼠标点一下准备删除钩的钩序，从而选中整个一钩，然后选择“钩编辑”菜单中的“删除钩”即可删除该钩计划。

(5)插入钩

先用鼠标标点一下准备插入在某钩前的该钩钩序，然后选择“钩编辑”菜单中的“插入钩”，命令执行后，会在准备插入钩的位置产生一空行，并自动产生钩序，然后人工输入股道、辆数等。

(6)恢复删除钩

准备在哪钩前恢复删除钩，用鼠标点一下此钩钩序，然后选择“钩编辑”菜单中的“恢复删除钩”，就会在选定位置插入刚刚恢复的一钩。

(7)股道替代

在“钩编辑”菜单中选择这一命令后，弹出一个对话框，在里面输入“原股道”和“替代股道”，选择修改范围，按下“确定”按钮即可。该命令只对溜放钩起作用，对计划中的机车上下峰进路无效。

(8)自动填充数据

选择这一命令后，弹出一个自动填充数据对话框，在这个窗口中包括两项选择，一是自动填充项数，二是在选定区域填充或在整个范围内填充。选择完毕后，按下“OK”按钮，将会在钩车编辑窗中的方式、辆数、状态三栏中自动填充规定的项数，方式为“－”，辆数为“1”，状态为“Z”，在此基础上可进行修改和补充。

检查中若发生了修改要重新选择“计划保存”保存修改后的计划。取消该计划用“计划取消”选项。

(二)质量标准

1. 严格按《调标》中铁路调车自动化驼峰作业程序、项目、内容、作业人员、技术要求执行，按程序办理储存进路做到不错、不漏。

2. 作业方法、操作程序符合《技规》、《行规》和《站细》及操作手册的有关规定。

(三)应急处理技能

1. 计划中的辆数

由于系统利用辆数信息作为防止轻车跳动和放头拦尾的依据，因此，驼峰调车长在人工储存作业时，应保证填入辆数的正确性。

2. 计划中的重量

对于人工储存的计划，应确认没有遗漏空车“K”信息，因为有时钩车进入Ⅰ、Ⅱ部位时钩车尚未通过测重测得钩车重量信息，系统将暂依据计划中的重量信息对减速器进行控制。此外，计划中的重量信息还作为测重设备故障时的重量依据。该注意事项对安装非重力式减速器站场的安全尤为重要。

六、自动化驼峰溜放作业的办理

(一)作业(操作)方法、步骤(TW—2组态式)

1. 办理溜放开始

(1)在溜放窗“操作”菜单中选择“溜放开始”选项，将弹出一个对话框，在该框内正确选择待溜的车次、溜放模式、推送线和推送方式；然后选择“确认”按钮。若联锁条件具备则锁闭推送进路，此时由进路始端到终端将出现一条绿色光带。若要求的推送路已经通过始终端的办理而建立并封锁，可直接进入后续的控制。

(2)推送进路锁闭后，溜放窗将计划的前几钩预显出来，溜放过程采用滚屏方式，计划全部溜放完毕，将会自动退出溜放状态。

2. 溜放作业中的操作

(1)溜放暂停

若正在溜放的车次计划未被溜放完毕，而需转去溜放另一计划或进行其他作业，使用鼠标选择“操作”菜单中的“溜放暂停”选项，命令执行后退出溜放状态。该计划以后可重新调用。

(2)溜放取消

用鼠标选择“操作”菜单中的“溜放取消”选项，取消正在执行的溜放车次，尚未溜放完毕的钩车计划被强行删除，同时取消调车单窗口中对该车次的保存。

(3)溜放计划的修改

进入溜放状态后对当前窗上的几钩计划中的任一钩可随时进行修改，可在溜放窗使用与调车单窗类似的方法进行溜放变更、插入、删除，股道替代等操作。

3. 机车上、下峰进路的办理

机车上、下峰进路的排列有集中控制和自动控制两种方式。

(1)集中控制方式

在非溜放状态下，上、下峰进路采用始、终端办理方式。操作步骤为：在图形窗操作鼠标将箭头光标移至驼峰信号机处，按下左键后待出现灰色背景小方块时，移动光标至进路终端处(可选择警冲标的无岔区段作为终端)，再按下左键即可。上峰进路则相反。

(2)自动控制方式

在溜放状态下，上、下峰进路以溜放钩形式储存在调车单内，随着溜放作业的进行，执行到上、下峰进路时，关闭驼峰信号并检查进路建立条件，满足时即转换道岔并在联锁条件具备后锁闭进路，开放相关调车信号和驼峰信号。

以上两种控制方式均要求有关道岔手柄在中间位置。

4. 去往禁溜线或迂回线作业

去往禁溜线、迂回线的控制有以下两种方式。

(1)集中控制方式

在非溜放状态下，去往禁溜线、迂回线按峰上调车办理。

可在图形窗上操纵驼峰主体信号机:把鼠标移到主体信号机处点按右键,弹出菜单,选后退选项,开放红闪信号;然后按始终端方式办理禁溜线、迂回线的进路,当出现一条黄光带时,即可开放信号;作业完了后开放后退信号,出清禁溜线、迂回线道岔区段后,把道岔对向峰顶,继续溜放作业。

(2)自动控制方式

在溜放状态下,将去禁溜线或迂回线的作业以溜放钩形式储存在调车单内。当执行到去禁溜线或迂回线的计划时,先关闭驼峰主体信号,而后开放红闪信号指示推峰机车后退,一旦通向禁溜线或迂回线的进路联锁条件满足,即控制相关道岔转换到要求位置,同时锁闭进路,开放白闪信号。车列完全进入禁溜线或迂回线时,由程序自动将白闪信号切换到红闪信号,如果车列没有完全进入,需要中途折返退出禁溜线或迂回线,相关道岔区段仍显示红光带,须由驼峰调车长操作驼峰信号停止,再开放后退,即人工确认取送禁溜车或禁止过峰的车是否到位。一旦车列退出了与禁溜线或迂回线相关的道岔区段,程序自动在延时后控制道岔转换到指向峰顶的位置,以便继续溜放。

5. 封锁股道与解锁股道

(1)使用时机

封锁股道功能可用于股道满线封锁,也可作为编发线发车锁闭使用。前者可灵活使用封、解锁股道命令,后者由于与峰尾联锁,解锁受限制。

(2)操作方法

通过"主体窗"打开"开始"菜单,用鼠标选择"股道封锁窗"选项,右侧将出现"运行"和"终止"菜单项,由此打开股道封锁窗。有关的道岔手柄在中间位置时,在股道封锁窗对应的股道选择"封锁"或"解锁"选项,计算机将根据其他股道的封锁情况自动转动道岔,在计算机内部实现对关键道岔的锁闭或解锁,并自动实现道岔封锁时的"升级"和解锁时的"降级"。道岔一旦被封锁,计算机将拒绝执行来自计算机内部的任何转换命令,同时锁闭人工扳动道岔。

某股道被封锁后,当有该股道车出现在峰顶时,系统将及时报警并自动切断主体信号。自动封锁的道岔位置也将被连续检查,一旦道岔锁闭条件被破坏,系统将报警并切断主体信号。股道封锁后,在股道封锁窗状态块显示红色,同时图形窗被锁闭道岔有锁闭标识,被锁闭的股道线段亮青色。此时充许编发线排列发车进路。一旦编发线排通发车进路,图形窗对应的股道线段显示绿色,即不允许操作员通过解锁股道操作解除对编发线的封锁。在股道线段恢复青色显示时,即允许操作员通过解锁股道解除对编发线的封锁。随着发车进路的使用和解锁,经人工确认取消对股道的封锁。

(二)质量标准

1. 严格按《调标》中铁路调车自动化驼峰作业程序、项目、内容、作业人员、技术要求执行,按程序办理储存进路,做到不错、不漏。

2. 作业方法、操作程序符合《技规》、《行规》和《站细》及相关操作手册的有关规定。

(三)应急处理技能

1. 溜放开始时机

在同一个峰位或单推单溜的驼峰场,溜放开始必须等到前一个计划执行完毕,即前一计划的最后一钩出清最后分路道岔后的警冲标区段,最好出清Ⅲ部位减速器。双推单溜在不同峰位,溜放开始没有此限制。

2. 应急台手柄位置

利用计算机实现自动溜放、排列机车上下峰进路和封锁股道作业前,注意检查有关分路道岔手柄是否始终在中间位置。

3. 手动干预

在溜放过程中,如发现溜放钩车走行中的道岔表示与计划不一致,或为了防止侧冲等目的,在钩车尚未压入该道岔区段时,可人工扳动道岔手柄,使钩车进入规定线路或异线,然后再将道岔手柄扳回中间位置,恢复到自动作业。

4. 清除残留

对于因作业不当或设备工作不正常而引起误报警,如追钩、错道、"钓鱼"、峰下摘钩、途停或轻车跳动等情况后,往往在道岔或减速器上残留光带,应选择钩车不在道岔区的时机在图形窗的菜单中选择"清除残留"命令,以清除可能造成的残留命令,防止由此而导致对后续钩车误处理的情况。

5. 关于途停

控制系统报道岔区段途停并切断信号可能具有延时效应,有时表现得不够及时,系统的防护不是绝对有效的,根本解决办法是避免途停现象。

6. 关于防侧冲

系统没有在钩车速度大于 8 km/h 的情况下防侧冲检查的处理功能,因此需要操作人员控制合理的推峰速度尽量避免。

7. 峰下摘钩

应尽可能避免在峰下分路道岔区摘钩,一旦发生,应要求剩余车列牵出第一分路道岔后再溜放,否则将发生一系列错误。

8. 溜放作业中"钓鱼"的处理

解体过程中若提钩不及时,过了可提钩的范围,需将整个车组回牵至峰顶,回牵的过程称为"钓鱼"。由于车辆跟踪已经启动,"命令"已经下传,溜放中反向回牵需要系统识别,实现"跟踪"回传。在"钓鱼"时不需任何办理,系统自动调整命令,但有钓鱼报警提示。

注意"钓鱼"回牵后的分钩地点必须在驼峰信号机之后,尽量避免峰下摘钩。

9. 溜放作业中峰下摘钩的处理

峰下摘钩与"钓鱼"逻辑类似,不同之处是峰下摘钩回牵后的分钩地点在第一分路道岔以下,或者分钩后,剩余部分尾随已摘开的钩车压入了第一分路道岔,此时系统将已摘开的钩车正确选路至股道,伴有"峰下摘钩"报警,并提示"必须将车牵出一分路"。

注意:峰下摘钩后必须按提示指挥剩余车列全部退回峰顶,才能继续溜放,否则将使后续溜放发生错误。

10. 溜放作业中追钩的处理

除第一分路道岔外的区段发生追钩,计算机均能自动处理并报警,此时操作员应注意,追钩车已尾随被追钩车错入异线。若车组在第一分路道岔上发生追钩现象,系统无法将其与"摘错钩"区别开,必须暂停溜放,人工介入改动计划后再继续溜放。

11. 溜放作业中途停的处理

在溜放过程中，如果钩车没有出清道岔区段或道岔间的死区段时发生意外停车，或速度低于8 km/h，系统报警并自动切断驼峰信号，并且为了防止侧冲，将刚出清的道岔锁闭在导致顺钩的位置，锁闭时间保持60 s，驼峰调车长在来得及的情况下应对已经摘开钩，通往该方向的钩车进一步采取“进路防护”（在较上级的道岔紧急强迫改道）和（或）“速度防护”（利用Ⅰ、Ⅱ部位减速器大幅度手动减速）人工介入处理，防止或减少损失。之后，可以采取在当前钩前插入上下峰钩的办法推顶途停车。

12. 溜放作业中满线的处理

在溜放过程中，如果钩车在Ⅲ部位减速器上停车，或在Ⅲ部位减速器前停车（已经离开警冲标区段）或速度低于8 km/h，系统报警“减速器上途停”或“减速器前途停”，在车站规定的前提下，系统可以增加自动封锁该股道的功能，使后续可能进入该股道的钩车强迫改道。之后，采取办理“清除残留”和“股道解锁”恢复该股道允许办理下峰整理。

在规定没有选择自动防护功能的站场，驼峰调车长在来得及的情况下应对已经摘开钩，通往满线股道的钩车进一步采取“进路防护”（在末级分路道岔紧急强迫改道）和（或）“速度防护”（利用Ⅱ部位减速器大幅度手动减速）人工介入处理，防止或减少损失。确实需要在满线后再进车，可采取拧手制动机调速或Ⅱ部位手动目的调速。否则，应人工及时封锁该股道，防止误溜入满线股道。

13. 溜放作业中堵门的处理

在溜放过程中，如果钩车在警冲标区段停车（速度低于8 km/h），或由于钩车倒溜或尾部调车意外侵入警冲标区段，系统将发出“堵门”（此处系指警冲标区段有车）报警并自动切断驼峰信号，并且为了防止侧冲，将对应的末级分路道岔锁闭在导致顺钩的位置，直至该股道警冲标区段出清。堵门后，操作员在来得及的情况下应对已经摘开钩，通往该股道或该股道邻线方向的钩车进一步采取“进路防护”（在较上级的道岔紧急强迫改道）和（或）“速度防护”（利用Ⅱ部位减速器大幅度手动减速）人工介入处理，防止或减少损失。之后，可以采取办理下峰的方法推顶堵门车。

14. 溜放作业中道岔恢复的处理

在溜放过程中，如果道岔在接收到改变方向的传递命令而启动，但转换过程中受阻，不能到位，道岔在延时一定时间（电动道岔1.3 s、风动道岔1.1 s）后仍不到位，系统将自动发出一个“往回转”的指令。返回原位后系统将该道岔锁闭（在图形窗道岔岔心处用红色实心圆表示），防止新的转换尝试，同时系统发出报警并切断驼峰信号机。操作人员只有在确认该道岔没有后续钩车命令时办理“道岔恢复”才能解锁。第一分路道岔发生道岔恢复，只能先办理“溜放暂停”，后办理道岔恢复解锁。

注意：

（1）发生道岔恢复后，在办理道岔恢复解锁前，必须进一步查明原因并排除，例如岔间卡有异物等，否则将失去保护的意义。

（2）在上述延时期间如果后续钩车闯入该道岔，道岔将来不及回转，损失是不可避免的。适当地控制推峰速度，使钩车间隔有一定的富裕量，将大大减少此类不可避免的损失。

15. 溜放作业中的设备故障报警处理

溜放过程中，如果室外相关设备发生故障，将引起直接故障报警（区段非法占用、道岔故障、测重故障、雷达故障、踏板或轨道电路故障、测长故障、道岔无表示、控表不一致等），或引起与实际情况不相符的异常作业报警（误报钓鱼、堵门、途停、峰下摘钩等）。一旦发生，首先应该人工切断溜放信号，精力高度集中地跟踪已经下溜的钩车，核对是否与计划相符（有的室外设备故障将影响系统对钩车的跟踪），以便事后纠正；必要时人工通过减速器按钮介入调速（例如雷达故障），防止钩车速度失控发生损失；及时通知电务人员处理。

不规范的作业将引起错误的设备故障报警或与实际情况不相符的异常作业报警，例如：Ⅲ部位上或Ⅲ部位前技术停车（在股道有效长足够的情况下应尽可能避免此类作业）；钩车出清减速器之前，人工上铁鞋辅助制动；减速器前或减速器上的平面甩挂；未作防护情况下尾部调车侵入三部位区段和（或）警冲标区段；溜放钩车走调车进路；用非正常手段指挥调车不走调车进路等。引起的误报警有踏板/轨道电路故障、雷达信号间断、途停、区段非法占用等，应尽可能避免。

七、自动化驼峰调车进路的办理和解锁

（一）作业（操作）方法、步骤（TW—2 组态式）

TW—2 系统描述的调车进路实际上包括两种类型，一类是真正意义上的调车进路，另一类是含有分路道岔的机车上下峰进路。虽然它们在进路的办理、进路的取消、信号重开等操作上没有区别，但是由于机车上下峰进路存在死区段，因此在进路解锁、信号关闭时机等方面有很大的不同。考虑到驼峰场作业的特殊性，机车上下峰进路不检查进路内方轨道占用情况。

基本进路的选择只需确认进路始端和终端，变更进路的选择则需依次确认进路的始端、变更点和终端。进路的始端通常选择代表进路方向的信号机，机车上下峰进路也可选择警冲标的无岔区段作为终端，反向单置调车信号不允许作终端。进路的变更点通常选择可区分变更进路的道岔或无岔区段，反向单置调车信号也可作变更点。

1. 基本进路办理

操作鼠标将箭头光标移至进路始端处，按下左键，待出现灰色背景小方块时，移动光标至进路终端处，再按下左键。

确认了进路始端和终端后，首先检查进路建立的基本联锁条件，若不满足即自动取消选路操作，并在主窗口给出不能建立的原因；条件满足即发送道岔转换命令。在规定的时间内，若道岔转换到规定位置并且有关联锁条件，如进路空闲、未建立敌对进路等条件具备时，即可对有关道岔及敌对进路实现进路锁闭，此时由进路始端到终端将出现一条黄色或绿色光带，黄色表示调车进路，绿色表示列车进路或推送进路。若 30 s 内进路未完成锁闭，则由程序自动取消选路操作。进路锁闭后，在信号开放条件满足时，开放信号。

2. 变更进路办理

操作鼠标将箭头光标移至进路始端处，按下确认键，待出现灰色背景小方块时，移动光标至进路变更点处，按下确认键，待出现灰色背景小方块时，再将光标移至进路终端处，再按下“确认”键即可完成变更进路的选择。

3. 长调车进路办理

长调车进路是由两条或两条以上的调车进路连接而成。长调车进路可分段办理，也可按

始终端一次办理。特殊情况下，如长调车进路中的无岔区段有车时，不能一次办成，必须分段办理。

当办理长调车进路时，信号的开放顺序是从远到近，即远端信号不开放近端进路就无法锁闭信号无法开放，若30 s内进路未完成锁闭，则由程序自动取消该段进路。一旦所有信号都开放后，钩车长调车进路的各基本进路不再互相影响。

4. 推送进路的办理

推送进路建立有两种操作方式：一是采用进路始终端办理方式。进路终端固定为驼峰主体信号；对横列式站场，进路的始端选择牵出线处的无岔区段；对纵列式站场，进路的始端选择驼峰场和到达场之间的场间无岔区段。二是通过溜放窗中的“溜放开始”进行。

5. 调车进路的正常解锁

调车信号机的关闭时机：在车列全部越过该信号机时；当信号机前留有车辆时，应在车列出清该信号机后方第一轨道区段时。

正常情况下，各道岔区段要在检查车列进入并出清本区段、压入后方区段、前方区段解锁三个条件满足后才能解锁。随着车列向前运行，进路逐段解锁，黄光带逐段熄灭。

车列在前进过程中按要求折返时，因折返作业而不能正常解锁的区段或进路，在条件满足后自动解锁，称为中途返回解锁。

6. 机车上下峰进路的正常解锁

调车信号机的关闭时机：信号机前后方无死区段时，信号关闭时机同上；信号机前后方存在死区段时，在车列出清该信号机内方第一轨道区段时。正常情况下，机车上下峰进路在车列使用完毕后一次性自动解锁。

7. 办理进路总取消或总人解

当操作员办理好一条进路后，因故需要取消时，在该进路未使用的情况下，可通过进路总取消或总人解实现。对长调车进路的解锁可一次完成。

在进路始端信号未开放过，或者始端外方存在区段且无车占用时，可对进路实行总取消；进路在信号关闭后无延时解锁。

在进路始端外方存在死区段或者有车占用接近区段时，只可对进路实行总人解；进路在信号关闭后经过30 s延时方能解锁。在延时过程中，一旦车进入进路内方即自动取消总人解操作。在延时过程中，信号机编号显示绿色。

具体操作步骤：操作鼠标将箭头光标移到进路始端，当光标变为手指形状时，点按鼠标右键，弹出菜单，选择其中的“总取消”或“总人解”菜单项，按下鼠标确认键即可。随着进路的解锁，钩车进路的黄光带或绿光带即自动消失。

8. 办理故障解锁

故障解锁分为区段故障解锁和进路故障解锁两种。

区段在开机、停电恢复或因故障锁闭时，在检查区段未排列在进路中且区段空闲后，可施行区段故障解锁。

调车进路在使用中由于轨道电路故障而不能正常解锁时，在轨道电路故障已经排除并检查车列已经通过进路后，可实行故障解锁。当调车进路已部分解锁时，只可对进路的其他区段逐个故障解锁；当调车进路全部未解锁时，可对进路实行进路故障解锁或逐个区段故障解锁。

进路或区段不延时解锁。

机车上下峰进路在使用中由于轨道电路故障或其他因素而不能正常解锁时,在轨道电路故障已经排除并检查车列已经通过进路后,可实行进路故障解锁。若始端信号未关闭,可先对进路实行总取消操作,关闭信号后再施行故障解锁。进路延时 30 s 解锁。

具体操作步骤:操作鼠标将箭头光标移到进路始端处,待光标变为手指形状时,点按鼠标右键,弹出菜单,选择其中的“故障解锁”菜单项,按下鼠标确认键即可。

9. 办理道岔单独操纵

办理道岔单独操纵,条件是该道岔没有区段锁闭、进路锁闭、溜放锁闭和道岔单独锁闭。道岔定位和道岔反位之间是互锁的。

具体操作步骤:操作鼠标将箭头光标移到道岔位置处,待光标变成一个“手指”形状时,点击鼠标右键,弹出菜单,选择其中的“定位”或“反位”菜单项,按下“确认”键即可。对双动道岔只需操纵其中一个道岔的“定位”或“反位”即可。

10. 办理道岔单锁和单解

当需要将某道岔单独锁在某一位置时可办理道岔单锁。道岔单锁后其另一位置不能再使用,也就是单独操纵道岔或进路操纵道岔到另一个位置都无效,只有采用道岔单独解锁后方可使用。

具体操作步骤:操作鼠标将箭头光标移到道岔位置处,待光标变成一个手指形状时,点按鼠标右键,弹出菜单,选择其中的“单锁”或“单解”菜单项,按下鼠标确认键即可。

(二)质量标准

1. 按《技规》、《行规》和《站细》等有关规定试验、操纵控制台设备。

2. 办理进路作业方法符合操作手册要求。

3. 操作程序、技术要求符合《调标》中铁路调车自动化驼峰作业标准规定。

(三)应急处理技能

1. 上下峰调车进路应与溜放进路发生联锁,只有在进路上没有溜放钩车,或确认溜放车辆途停时,方可排列调车进路。

2. 调车进路上的减速器区段包括在联锁范围内,锁闭即强迫减速器在缓解位置;解锁时减速器可随时按要求动作。

3. 上下峰调车进路实行按基本进路一次解锁方式;故障时可以采用故障进路解锁方式。

4. 在溜放状态下,上下峰调车进路可以与溜放钩相同,事先按钩储存在作业计划单中。

5. 对于先下峰,后上峰的调车钩,实行退路锁闭,进路通过后不解锁,自动关闭下峰信号,开放上峰信号。

6. 溜放部分的轨道区段,溜放时按立刻出清处理,上下峰进路按 30 s 延时出清处理。

7. 对于没有安装减速器并与迂回线相连接的股道,驼峰调车长应经常性地将该股道封锁,防止任何可能的误溜入。

8. 分路道岔通常放在自动位,以下几种情况需人工应急操作:

(1)操作人员观察到前后钩车距离太近,速度又前慢后快,有必要采取顺道处理,以防止侧面冲突时。

(2)操作人员观察到道岔区有钩车走行速度太慢,后面钩车工已提开钩,有必要且有时间采取避开处理，防止正面相撞或侧面冲突时。

（3）对于特殊情况下手动溜放要事先对道时。

八、绘制驼峰平、纵断面示意图

（一）作业（操作）方法、步骤

驼峰平、纵断面示意图是根据驼峰的线路设备、信号机、调速设备、控制设备等既有设施，用一定规范的图例符号，按照一定的比例绘制而成；反映了驼峰技术设备的设置、分布及运用等。为此，驼峰调车作业人员应能看懂并能绘制本区驼峰平、纵断面示意图。

1. 绘制驼峰平面示意图应标明的内容

（1）绘制驼峰作业区平面的推送线、迂回线、禁溜线、调车线；

（2）标注股道编号、坡度、有效长和容车数（按 14.3 m），道岔编号，调车信号机（驼峰信号机）位置编号；

（3）车辆限界检查器、车辆减速器、脱鞋道岔的位置；

（4）测量和控制设备的位置及编号。

2. 绘制驼峰纵断面示意图应标明的内容

（1）驼峰各组成部分名称；

（2）各坡段名称、长度、坡度；

（3）驼峰高度。

3. 绘制驼峰平、纵断面示意图各图例的画法及代表意义如表 1 所示。

表 1 驼峰平、纵断面示意图图例的画法及代表意义

名称	图例	附注	名称	图例	附注
单开道岔			测重装置		
对称道岔			停车器		
三开道岔			测速装置		
复式交分道岔			指北针		西方涂黑
单式交分道岔			坡度标	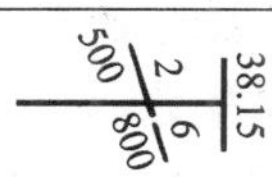	
菱形交叉			驼峰及复示信号机	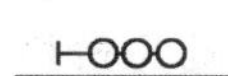	
交叉渡线			矮型色灯信号机	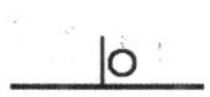	

续上表

名称	图例	附注	名称	图例	附注
铁鞋脱鞋器	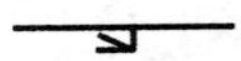	表示方向为脱落方向	警冲标		
脱轨器		表示方向为脱落方向	机车入段线		
驼峰			机车出段线		
减速器	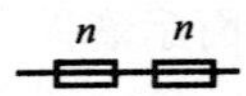	n 为减速器节数	线群与线群分束		
减速顶			信号楼	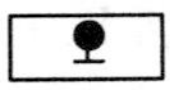	

(二)质量标准

1. 驼峰平、纵断面示意图整体布置符合实际、布局合理,比例适当、图表清晰,设备间位置正确。

2. 不缺项、漏项、错项,有关技术数据正确,标记位置适当。

3. 各种图例、符号使用规范,标记清楚准确。

4. 需要文字说明时,应在适当位置标注。

5. 在规定时间内完成。

九、车站线路容车数的计算

(一)作业(操作)方法、步骤

1. 确定线路有效长

(1)线路有效长起止点的标志:

①警冲标;

②出站信号机或发车进路信号机、调车信号机;

③道岔尖轨尖端(无轨道电路时)或基本轨接头处轨道绝缘节(有轨道电路时);

④车挡或站台。

(2)直接查出工务部门提供的各线路有效长数据或根据工电部门提供的线路全长和计算点标志(信号机、轨道绝缘等)位置参数计算出线路有效长。

2. 计算线路容车数

(1)根据不同用途的线路,确定计算容车数时线路有效长的扣除量:

①到发线:1 台或几台机车长度和 30 m 附加制动距离。

②调车场分类线:有效长的 75%;调车场分类线不加扣除量算出的容车数为最大容车数。

③牵出线:1 台调车机车长度和 10 m 安全距离。

④货物装卸、加冰、洗刷消毒等线路,应按各线路实际可能利用的长度计算。尽头式装卸

线还应减去 10 m 的安全距离。

(2)计算方法:

①正线、到发线按线路有效长减去机车长度(一台或多台)和 30 m 安全距离后,分别除以 11 m 和 14.3 m(小数部分舍去,以下同)。

$$正线、到发线换算容车数\ N=\frac{L_{效}-L_{机}-30\ \mathrm{m}}{11\ \mathrm{m}\ 或\ 14.3\ \mathrm{m}}$$

②调车线、禁溜线按线路有效长的 75% 分别除以 11 m 和 14.3 m 计算。

$$调车线、禁溜线换算容车数\ N=\frac{L_{效}\times 75\%}{11\ \mathrm{m}\ 或\ 14.3\ \mathrm{m}}$$

③牵出线按线路有效长减去一台机车长度及 10 m 安全距离后,分别除以 11 m 和 14.3 m。

$$牵出线换算容车数\ N=\frac{L_{效}-L_{机}-10\ \mathrm{m}}{11\ \mathrm{m}\ 或\ 14.3\ \mathrm{m}}$$

④货物装卸线、洗刷消毒、专用线等,按线路实际能利用的长度分别除以 11 m 和 14.3 m。计算尽头线(牵出线除外)的容车数时,有效长应减去 10 m 安全距离(端部站台的货物线除外)。

⑤最大换算容车数计算方法:按车站线路有效长分别除以 11 m 和 14.3 m。

(二)质量标准

1. 分清线路类型,正确确定计算线路有效长的起止点,线路有效长数据正确。

2. 计算容车数时,线路扣除量要充分恰当,使计算出的换算容车数符合实际,能确保安全。

十、起复脱轨事故车辆

(一)作业(操作)方法、步骤

车辆脱轨后的状况是多种多样的,但在起复中仍然有一定的规律性,除车体与转向架已分离或条件限制外,一般以由哪里脱轨再拉回到哪里的方向起复最为有利。其具体方案则由现场指挥人员按实际情况而定。

1. 车辆脱轨后车轮在一侧的复轨方法

此种情况比较容易起复。如果向原脱轨方向起复,脱轨车轮轮缘距钢轨外侧的距离不大于复轨器有效跨度时,可在车轮前两根枕木上安放复轨器,然后以钢丝绳连接机车,牵引拉复即可复轨。

2. 车辆脱轨后车轮在轨道两侧的复轨方法

此种情况,可根据车轮轮缘距钢轨外侧的距离选定适当地点,安放一组人字形复轨器,用机车拉复可一次复轨。

3. 车辆车轮脱轨过远或偏斜时的复轨方法

当脱轨车轮离开轨道较远或车轮方向向轨道外方偏斜时,必须先用逼轨(导轮轨)或使用钢丝绳一端挂在偏斜车轮外侧轴箱上,用机车拉动,逼迫车轮向轨道方向调整,然后在拉复方向的适当地点安放人字形或海参形复轨器，拉动即可复轨。

4. 车辆脱轨在两钢轨之间的复轨方法

首先将脱轨车轮前方钢轨扶正，利用轨撑、轨距杆、道钉进行固定。在轨距小于1 633 mm处，先安放一个人字形复轨器，但不得小于1 526 mm，因为小于1 526 mm时，车轮又可能将钢轨挤翻。再在前一个枕木上安放另一个人字形复轨器，然后以钢丝绳连接机车牵引复轨。

5. 车辆脱轨后车轮成“骑马”状时的复轨方法

转向架轮对脱轨成“骑马”状是较难复轨的，特别是铸钢侧架，下部距轨面较低，车轮落地后，侧架下部低于钢轨高度，大大影响了转向架的灵活性，其复轨方法是用钢丝绳调整拉复，就是先将货物卸下，然后在脱轨车轮前方铺垫石砟或钢板等，用钢丝绳挂在脱轨车轮外侧轴箱上，在脱轨车轮前方的适当地点安放人字形复轨器或海参形复轨器，慢慢拉动，当脱轨车轮爬上复轨器后即停止拉动，将挂在轴箱上的钢丝绳摘下，再挂在脱轨车辆的车钩上，然后拉动脱轨车辆即可复轨。如果有两根长度相等的钢丝绳，可同时连挂在脱轨车辆转向架第一根轴的两侧轴箱上，再以机车连挂牵引，这样不必再改挂钢丝绳即可一次拉复。

6. 车辆在曲线上脱轨的起复方法

在曲线上进行复轨是比较困难的，如果脱轨在曲线头时，车轮斜度又不大，可将车辆拉入直线段进行复轨，如不可能，可将复轨器与脱轨车轮之间安设导轨加以诱导，并在空隙的地方大量填充石砟，这样就容易使脱轨车辆引上复轨器复轨。为使脱轨的车轮不走斜道应在内股钢轨侧加钉长2 m以上的护轮轨。如为混凝土轨枕线路，要在相邻轨枕中间穿入木枕捣实，并用道钉将其加固，然后把护轮轨钉到新穿入的木枕上。

7. 车辆在道岔上脱轨时的起复方法

(1)当脱线车轮落在尖轨根部与辙叉心之间时，可利用调车机车和道岔间隔铁起复脱线车辆，方法是：

①沿车轮复轨的径路，在两钢轨间填充石砟至尖轨中部。石砟的高度应略高于钢轨(压过后应与轨面相平)。

②将道岔置于四开状态(拆除两尖轨连接机构)。

③连挂牵引机车。根据脱线车辆脱线位置，道岔置于四开状态下，牵引机车可与脱线车辆直接连挂或使用钢丝绳连接。直接连挂时，须严防机车再次脱线。

④指挥机车缓缓前进，当脱线车辆车轮前进到道岔尖轨中部，便可逐渐过渡到两基本轨上，从而起到复轨目的。

(2)当脱线车轮落在单开道岔辙叉心后面线路内且较近时，可利用调车机车和道岔辙叉心起复脱线车辆，方法是：

①在脱轨车轮前方至护轮轨之间和辙叉心后部两钢轨之间的空隙处填充石砟，石砟的高度应略高于钢轨(压过后应与轨面相平)。

②将道岔置于四开状态(拆除两尖轨连接机构)。

③使用钢丝绳把脱轨车辆和机车连接起来。

④指挥机车缓缓向道岔方向移动拉车，脱轨车轮便可在辙叉心、护轮轨、翼轨的诱导下复轨。拉车时注意拉动距离，避免再次脱轨。当脱轨车轮不能进入护轮轨口时，可在护轮轨外侧垫一枕木，上面放上钢板，与护轮轨同高。车轮在翼轨的逼迫下，便可进入护轮轨轮缘槽内

复轨。

8. 人字形复轨器的安装使用方法及注意事项

(1)安装使用方法

①在复轨方向一端选择适当地点(拉动距离短,便于安装),按左“人”右“入”分别安装在同一枕木的两侧钢轨上,复轨器后端落在钢轨两侧的枕木上。人字形复轨器的安装方法如图1所示。

②复轨器头部与钢轨顶面接触处垫上木片或干棉纱防滑。尾部弯角处钉上防滑道钉。腰部底下两侧要用石砟填实,以防压翻。尾部有串销时,应装好串销拧紧螺丝(其他改进型的人字形复轨器,按使用说明安装使用)。

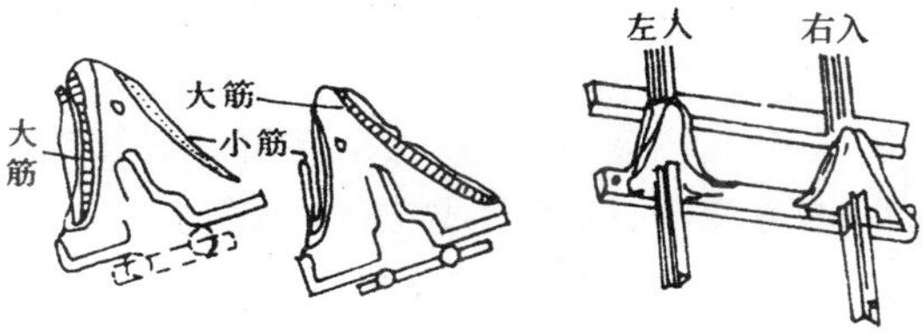

图1　人字形复轨器安装示意图

(2)安装注意事项

①复轨器不要安装在钢轨接头处及腐朽的枕木上,以免放不平和钉不牢。

②一副(两只)复轨器应安放于同一枕木的两侧钢轨上摆放一致,复轨时两车轮才能同时复轨。如遇钢筋混凝土枕时,应先穿入木枕捣实后再安装(改进型可直接安装)。

③因复轨器导轮棱边距钢轨240 mm,当车轮脱轨后距钢轨距离大于240 mm时,应先采取“逼轨”的方法,使脱轨车轮距钢轨的距离小于240 mm后,方可使用复轨器复轨。安装复轨器处钢轨有腰撑时,也须将腰撑拆除。

9. 海参形复轨器的安装使用方法和注意事项

(1)海参形复轨器的安装方法

①一副海参形复轨器分为内侧用和外侧用两个,使用时内侧用较矮的一只,外侧用较高的一只,根据车轮脱轨在线路内和线路外正确选用。

②车轮脱轨在两钢轨外侧的,紧靠钢轨外侧安放外侧复轨器;车轮脱轨在两钢轨内侧的,安放内侧复轨器并与钢轨内侧保持35~40 mm的距离,便于轮缘通过。

③将紧固螺栓从钢轨底下穿过;将紧固螺栓一端勾在此钢轨底边上。

④将紧固螺栓另一端从复轨器孔内穿出,拧紧螺母。

⑤使用道钉将复轨器钉固在枕木上。

⑥复轨器安装后,应在复轨器顶部涂油,减小车轮阻力。

海参形复轨器及安装方法如图2所示。

(2)海参形复轨器的安装注意事项

①内、外侧复轨器必须各放在两钢轨同一侧的两根枕木上,左右对齐,不得有靠前或错后。

②安放在两钢轨间的内侧复轨器,必须与钢轨内侧保持35~40 mm的足够距离,便于轮缘通过,否则车轮将有爬上钢轨面的危险。

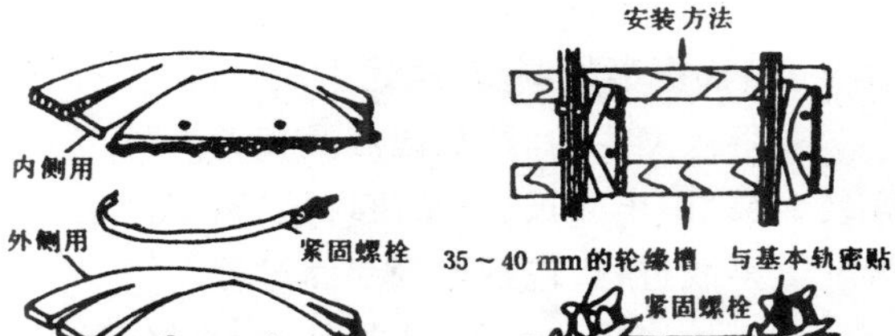

图2　海参形复轨器及安装方法示意图

③不要在钢轨接头处安装,因有连接夹板

不易安装和使外侧复轨器与钢轨密贴;有轨撑时应予拆除。

④不能在腐朽的枕木上安装,以免钉固不牢,复轨时压翻;遇钢筋混凝土轨枕时,可在两根轨枕间插入木枕,捣固后安装复轨器。

⑤当脱轨车轮离开钢轨大于150 mm时,应采取逼轨措施后,方可使用复轨器复轨。

⑥在车轮到复轨器间的经路上铺上石砟或钢板垫平,以减小车轮阻力,避免复轨时损坏轨枕和防止车轮转向,不能复轨。

⑦海参形复轨器只能在脱轨车轮均位于两钢轨同一侧时使用。

(二)质量标准

1. 充分利用现有设备工具,起复方法和操作方案符合快速、简便、安全的优选原则。

2. 按方案操作,一次成功;保证作业安全,无人员受伤。

3. 复轨器安装使用符合有关规定。

(三)救援起复的注意事项

1. 要有强烈的时间观念,保证救援列车在接到命令后30 min内出动。不能因救援工作迟缓不当,而使事故性质升级或扩大损失,设法减少行车中断的时间。

2. 发生机车车辆脱轨事故后,首先要考虑到事故现场的地形、线路状态、脱轨的情况和性质,根据脱轨机车车辆的位置,确立救援方法。如脱轨机车车辆距线路中心在0.5 m以上者,同时线路也被破坏,应立即请求救援,否则将会延长复轨的时间。

3. 起复工作开始前,应检查机车、车辆走行部分,制动和弹簧装置是否完整,尤其是心盘是否脱节,并消除线路障碍,以利安装脱轨器进行复轨工作。

4. 确立拉复方向时,在可能的情况下,大部分脱轨车辆都应向脱轨的反方向拉复,但不能生搬硬套。如在进站道岔处,警冲标外方脱轨时,影响正常行车,假如生搬硬套,向反方向拉复,拉不上来时,对正线的影响就会越来越大,若顺方向拉复,即使拉不上来,只要将车辆拉进警冲标,正线即可通车。

5. 曾经脱轨的车辆须得到车辆部门检查确认可以运行的方准编入列车,未经检查确认,不准擅自挂车,以防造成严重后果。

十一、调车事故分析

(一)作业(操作)方法、步骤

事故分析是事故调查、分析、处理过程的一个重要环节,它应在事故情况调查清楚的基础上进行。

1. 分析事故的原因

(1)根据事故调查,陈述事故情况。其内容主要包括:

①事故发生的时间、地点及相关人员。事故相关人员指与发生事故的有作业关人员,如调车组人员、调车区长、车站值班员、调车机车司机等。

②事故过程,包括追溯起因过程。

③事故造成的后果:人员伤亡、直接经济损失、影响行车等情况。事故后果应根据事故实际发生情况按《事规》规定进行界定。事故直接经济损失由事故相关单位统计、申报,经事故

调查组确认后在《铁路交通事故认定书》中认定。

(2)分析查找事故原因。

依据事故实际情况,对照有关法律、法规、规章规定,认真分析查找事故原因。驼峰调车作业是一项动态的多工种人员协作进行的复杂作业,使得调车事故往往由多种原因造成,作业人员违章作业、违反劳动纪律,业务水平低等是多数调车事故的主要原因。

①违章作业。一般调车事故多数由有关人员违章作业造成,调车作业中最突出的违章情况是不认真执行作业标准,作业程序简化或执行不彻底。

②违反劳动纪律。

③作业人员技能水平低,应变能力差。如遇突发情况,出现忙乱差错、设备错误操作等。

④设备原因:主要是设备故障。

⑤其他原因。如路外人员责任,不可控环境原因等造成的事故。

一起事故往往存在多种原因。如既有人员违章作业原因,又有作业人员技能水平低等原因。这时就应对多种原因分出主次。多种事故原因一般可分为主要原因、重要原因、次要原因。

2. 分析事故责任

《事规》规定:事故分为责任事故和非责任事故。事故责任分为全部责任、主要责任、重要责任、次要责任和同等责任。

一般调车事故的责任分析,主要依据对产生事故原因所负责任的大小,确定责任单位和责任人。

3. 总结教训及提出整改措施

(1)总结教训。一是要认识事故后果的严重性;二是要真正找出问题的关键点,提高安全生产的认识和执行规章制度的自觉性;三是由事故原因找到制度、设备和生产环境中的薄弱环节和安全隐患。

(2)整改措施。根据事故原因有针对性地提出措施。如对人员进行安全教育,业务培训;完善有关制度,包括对《站细》等有关规定进行必要的修改;改进设备;改善工作环境等。

(二)质量标准

1. 符合"以事实为依据,以法律、法规、规章为准绳"的事故调查分析处理原则。

2. 引用法律、法规、规章条文正确,分析事故原因深入细致,事故定责准确。

3. 总结教训深刻,有警示作用;整改措施具体有效。

十二、驼峰改编能力计算

(一)作业(操作)方法、步骤

车站改编能力应按驼峰或牵出线分别计算。当驼峰或牵出线只担当解体或编组作业时,多采用直接计算法;反之,既担当解体又担当编组作业时,多采用利用率计算法。

1. 计算步骤

(1)分析现有改编能力的资料,提出存在问题并找出薄弱环节。

(2)确定计算行车量及各调车区的作业分工方案。

(3)按照查定资料,确定各单项调车作业时间标准。

(4)能力计算。

2. 驼峰解体能力概述

(1)驼峰解体能力的定义

驼峰解体能力是指驼峰在现有技术设备、作业组织方法及调车机数量条件下,一昼夜能够解体的货物列车数或车数。

(2)计算驼峰解体能力的目的

①有效利用现有的技术设备,合理分配列车解编任务;

②查明车站工作组织和技术设备中的薄弱环节,采取相应措施,挖掘设备潜力,提高作业效率和加强车站能力;

③加强车站技术管理,为编制列车编组计划和列车运行图,以及为对现有技术设备进行改、扩建提供依据。

(3)影响驼峰解体能力的主要因素

①车站现有设备情况。如站场类型,调车设备类型和数量等。

②车站作业组织情况。如各种列车的技术作业过程,所采用的作业方法,各项作业占用设备的时间标准,线路固定用途等。

③车站办理各方向的列车种类和数量,计划行车量的分配方案等。

(4)计算驼峰解体能力时的固定作业

①旅客列车到、发、调移及其本务机车出入段等作业;

②向车辆段、机务段及货物装卸地点定时取送车辆的作业;

③摘挂列车的编组作业(仅限于列车运行图中规定的作业次数);

④调车组、机车乘务组交接班、吃饭及调车机车整备作业时间。

(5)计算方法

计算驼峰解体能力的方法有直接计算法和能力利用率计算法两种。当驼峰担当的调车作业比较单一时,多采用直接计算法;否则采用利用率计算法。

3. 驼峰解体能力计算

(1)主要担当解体作业的驼峰,其解体能力可根据不同的作业方案,采用直接计算法进行计算。

①使用一台调车机车实行单推单溜的解体能力($N'_{解}$):

$$N'_{解} = (1 - \alpha_{空})\frac{1440 - \sum t'_{固}}{t^{单单}_{解占}}\text{(列)}$$

$$B'_{解} = N'_{解}\, m_{解}\text{(辆)}$$

式中 1440 ——一昼夜的总时间,min。

$\sum t'_{固}$ ——1台调车机车单推单溜固定作业时间,其值为:

$$\sum t'_{固} = \sum t_{交接} + \sum t_{吃饭} + \sum t_{整备} + \sum t_{客妨} + \sum t^{占}_{取送}\ (\text{min})$$

其中　$\sum t_{交接}$、$\sum t_{吃饭}$、$\sum t_{整备}$——一昼夜调车组交接班、吃饭和一台调车机车整备时间，min；

$\sum t_{客妨}$——一昼夜旅客（通勤）列车横切峰前咽喉妨碍驼峰解体的时间，min；

$\sum t_{取送}^{占}$——列入固定作业的取送等调车作业占用或中断使用驼峰的时间，min。

$\alpha_{空}$——驼峰空费系数，一般采用 0.03～0.05。

$t_{解占}^{单单}$——采用单推单溜作业方案时解体一个车列平均占用或中断使用驼峰的时间(min)。

$m_{解}$——解体车列的平均编成辆数。

②使用 2 台调车机车实行双推单溜的解体能力（$N''_{解}$）：

$$N''_{解} = (1-\alpha_{空})\left(\frac{1440-\sum t''_{固}}{t_{解占}^{双单}} + \frac{2\sum t_{整备} + \sum t_{占送}^{未取}}{t_{解占}^{单单}}\right)\text{（列）}$$

$$B''_{解} = N''_{解}\, m_{解}\text{（辆）}$$

式中　$t_{解占}^{双单}$——采用双推单溜作业方案时，解体一个车列平均占用驼峰的时间，min；

$\sum t''_{固}$——2 台调车机车双推单溜固定作业时间，其值为：

$$\sum t''_{固} = \sum t_{交接} + \sum t_{吃饭} + 2\sum t_{整备} + \sum t_{客妨} + \sum t_{取送}^{占} + \sum t_{占送}^{未取}\ \text{(min)}$$

其中　$\sum t_{占送}^{未取}$——驼峰调车机车应担当的取送调车作业中未占用或未中断使用驼峰的时间，min。

③使用 3 台以上调车机车实行双推单溜解体能力（$N'''_{解}$）：

$$N'''_{解} = (1-\alpha_{空})\frac{1440-\sum t'''_{固}}{t_{解占}^{双单}}\text{（列）}$$

$$B'''_{解} = N'''_{解}\, m_{解}\text{（辆）}$$

式中　$\sum t'''_{固}$——3 台以上调车机车双推单溜固定作业时间，其值为：

$$\sum t'''_{固} = \sum t_{交接} + \sum t_{吃饭} + \sum t_{客妨} + \sum t_{取送}^{占}\ \text{(min)}$$

（2）调车场尾部牵出线编组能力

主要担当编组作业的调车场尾部牵出线，其编组能力可采用直接计算法或利用率计算法计算。

①直接计算法：

$$N_{编} = \frac{(1440M_{机} - \sum t_{固})(1-\alpha_{妨})}{t_{编}} + N_{摘}\text{（列）}$$

$$B_{编} = N_{编}\, m_{编}\text{（辆）}$$

式中　$M_{机}$——调车场尾部调车机车台数。

$\sum t_{固}$——尾部调车机车一昼夜固定作业总时间，其值为：

$$\sum t_{固} = \sum t_{交接} + \sum t_{吃饭} + \sum t_{整备} + \sum t_{取送} + \sum t_{摘挂}\ \text{(min)}$$

其中　$\sum t_{摘挂}$——一昼夜编组摘挂列车的总时间，min；

$\sum t_{取送}$——一昼夜担当取送调车作业的总时间，min。

$\alpha_{妨}$——妨碍系数，两台调机时取0.06～0.08，3台调车机车时取0.08～0.12。

$N_{摘}$——一昼夜编组摘挂列车数（列）。

$t_{编}$——平均编组一个车列的时间，min，其值为：

$$t_{编} = t_{空程} + t_{连挂} + t_{选编} + t_{转线} + t_{整场}$$

其中　$m_{编}$——列车平均编成辆数。

②利用率计算法：

$$N_{编} = \frac{n_{编}}{K} + N_{摘}(列)$$

$$B_{编} = N_{编} m_{编}(辆)$$

式中　$n_{编}$——列入计算的每昼夜编组货物列车（不包括摘挂列车）及交换车总列车数；

K——编组能力利用率，按下式计算：

$$K = \frac{T_{总} - \sum t_{固}}{(1440M_{机} - \sum t_{固})(1 - \alpha_{妨})}$$

其中　$T_{总}$——一昼夜占用尾部牵出线作业总时间，min。

(3)既担当解体又担当编组作业的简易驼峰的改编能力，可采用利用率计算法。其计算步骤和方法如下：

①计算一昼夜全部作业占用简易驼峰的总时间（$T_{总}$）：

$$T_{总} = n_{解}t_{解} + n_{编}t_{编} + n_{调}t_{调} + \sum t_{整场} + \sum t_{固}(min)$$

②计算能力利用率：

$$K = \frac{T_{总} - \sum t_{固}}{(1440M_{机} - \sum t_{固})(1 - a_{妨})}$$

③计算该项设备的能力：

$$N_{解} = \frac{n解}{K}(列)$$

$$B_{解} = N_{解} m_{解}(辆)$$

$$N_{编} = \frac{n编}{K} + N_{摘}(列)$$

$$B_{编} = N_{编} m_{编}(辆)$$

4. 确定车站改编能力

(1)纵列式编组站驼峰担当解体、峰尾牵出线担当编组作业时，经过合理调整峰上、峰尾作业负担后，按其中较小的解编能力的2倍确定车站的改编能力。

(2)车站驼峰和牵出线既编又解时，按其解体和编组能力之和确定车站的改编能力。

(3)担当重复解体转场车的驼峰，应分别按含转场车和不含转场车两种情况表示其解体能力。

（二）质量标准

1. 写实采点数据客观、全面，定标准确。特别是解体或编组一个列车的时间标准的准确性，对计算结果影响很大，不能有偏差。

2. 选取的车流情况符合车站的一般作业流程，去除特别影响的原因（如设备施工、检修，某一去向车流过度集中到达等）。

3. 计算公式符合设备分工实际，各种系数取值合理。

十三、调车工作技术总结

（一）作业方法、步骤

1. 确定总结的目的，根据总结的类型，列出总结提纲

（1）确定总结的目的

技术总结的目的一般有：通过对一段时期的生产、技术工作或对某一专项技术工作进行分析、评价，找出技术方面成功之处，需要改进的地方或存在的问题，从而得出一些有价值的经验结果。这些经验（包括成功与失败）根据其价值大小并结合其他客观条件，可能通过一定的组织形式得到推广，也可能成为某项技术革新的起因或验证，更多的是能促进总结单位或个人今后工作的改进和工作质量的提高。作为个人总结，它还可以使总结人的观察事物和分析问题的能力得到提高。

（2）明确总结类型，列出总结提纲。

技术总结是一种带有一定研究性质的工作总结，它一般分为综合性总结和专题总结两种。综合性总结如某班某月调车工作总结，某站某期间军运中的调车工作总结；专题总结如某站试验改进溜放调车车辆制动，提高牵出线调车作业效率的工作总结，某站某次调车技术练兵活动总结等。

技术总结的内容与生产总结有相同的地方也有较明显的区别。技术总结侧重于对技术方法、手段的分析、评价，生产结果是技术方法、手段应用成败的重要佐证。而生产总结则集中在生产的经济指标（安全、效益）分析，以及生产组织、管理、生产投入及技术应用等方面的成绩、问题及其对生产经济指标的影响。因此，技术总结应把有关技术方法、措施实施效果的内容和能说明这些效果的其他内容列为重点。

2. 收集整理资料信息

资料信息是写总结的根本依据，技术工作总结主要需要活动（总结对象）的写实资料和作为分析评价的参照资料两方面的资料信息。

（1）活动的写实资料。

①活动的时间、地点、参与人员。

②活动的基本情况。包括：活动计划的执行情况，特别是计划目标的达成度；实现的各有关技术指标；生产（实验）采用的技术方法、手段，使用的设备、工具；出现的问题，重点是技术问题，或间接反映技术问题的其他问题等。

（2）分析评价的参照资料（背景材料）。

①活动的计划，特别是计划目标，如某次调车技术练兵活动计划。

②有关规章制度、技术标准的有关内容。如《调标》《站细》有关规定，包括如车站调车作业时间标准等技术指标。

③活动前或技术改进前具有可比性的技术应用效果资料。如去年同期相关资料、上月相关资料。

④作业条件基本相同的其他技术应用效果资料。

参照资料根据需要选取。

3. 撰写总结

总结正文一般由以下四部分组成。

(1)简要概述活动情况:时间、地点、背景、过程以及取得的主要成绩和效果等。

铁路调车工作本身就是一项生产活动,或者说是铁路运输生产中的一个重要环节。除专门的某项技术实验外,一般情况下调车技术工作都是与生产紧密结合在一起的,所以不可避免要陈述生产活动概况,但应注意的是要将技术方面的情况明确地加以说明。

(2)成绩经验。调车工作技术方面的成绩与经验主要体现在生产的安全和效率上。

①保证作业安全和人身安全方面的成绩经验,并进行分析评价。原因方面要突出技术原因,如:人员技术水平较高;采用了安全性能好的设备;技术措施合理;紧密结合设备情况和作业环境准确运用有关制度和采用合理的作业方法等。

②提高生产效率和质量方面的成绩和经验,并进行分析评价。原因方面同样要突出技术原因,如:设备性能良好,操作熟练;在某些作业环节,缩短了规定的作业时间,缩短多少,什么因素使然;解体与编组、解体与送车如何紧密结合,从而提高调车作业的总体效率和质量等。

③其他经验。主要指与安全生产相关但非技术性方面的经验。如:改善调车组人员间及与联劳人员间的人际关系,达到主动预想互提、强化联劳协作的效果;关心作业人员精神和身体的健康状态,防止作业中的意外等。

(3)存在的问题和教训。

简明清楚地陈述问题和教训,避免含混不清,更不能似是而非。分析技术原因必须科学有据,这是技术工作总结特别应注意的地方。

(4)改进措施。

①提出针对问题和教训方面的改进措施,这是重点。技术方面的措施主要有:人员业务技术水平的提高;设备的改善;作业方法的改进;安全措施的修改意见等。

②提出针对成绩提升空间的改进措施。虽然取得较好成绩,但在如人的技术、设备潜力运用、作业方法进一步改进等方面,还有提高工作效率和质量的较大空间。

(二)质量标准

1. 详尽地选用材料,具有高度的客观性。

2. 对成绩和问题的总结准确而重点突出。

3. 运用参照资料和业务知识对成绩和问题进行评价,取得成绩和出现问题的主客观原因要根据充分、陈述清楚,分析评价具有一定的理论高度。改进措施要具有针对性和可行性。

4. 文字表达要准确、简明。

十四、编写调车专业岗位培训讲义

(一)作业方法、步骤

1. 明确培训目标、培训对象、培训时间和培训内容

参阅相应的调车专业岗位培训计划和相应课程或模块的培训教学大纲,明确培训目标、培训对象、培训时间和培训内容。

(1)分课程的调车岗位系统培训,各课程或模块讲义的编写,应同时参阅培训计划和相应的课程培训(教学)大纲。分析计划的各项要求,课程的培训目标和分章节的具体培训内容。

(2)短期的调车在岗培训,应阅看培训计划的各项要求,仔细分析各模块或章节的具体培训教学内容及要求。

2. 选取资料

(1)选择相近的有关教材及其他材料作为编写资料或参考资料。

①选用合适的培训教材。

岗位培训需要编写讲义的,可能没有完全适用或大部分适用的教材,但可选择部分适用的培训教材作为编写资料,如调车岗位的各种系列培训教材,铁路各级培训部门组织编写的调车岗位专项培训教材等。

②具有参考作用的相近教材。

主要指各类专业学校、专门培训机构进行学历教育和系统培训使用的专门教材。如《行车组织》、《调车工作》、《〈铁路技术管理规程〉条文说明》等。

③其他参考资料。

主要指铁路调车相关的文章、读本、调车设备操作技术资料等。如铁路报章杂志与调车专业相关的文章资料、铁路调车方面的学习资料(如《调车人员业务知识问答》、《铁路安全知识读本》等)、车站调车设备操作技术资料。

(2)选摘有关规章、作业标准、文电等资料。

对《技规》、《行规》、《站细》、《调标》、《铁路车站行车作业人身安全标准》、现行的涉及调车工作各种文电等进行选摘与教学要求有关的内容作为基本资料。

3. 编写讲义

(1)列出编写大纲。

根据培训计划列出讲义编写大纲,主要包括:

①章节的划分及顺序。

②章节的培训内容要点。

③复习思考题。

(2)编写培训讲义。

按照编写大纲划分的章节编写培训讲义,其格式一般与正式教材类似。

站段在岗短期培训一般更适合采用模块式培训,有的还可辅以案例讨论分析教学,其培训讲义一般不宜按理论性教材以纯章节分点方式编写,而应按技术操作的自然模块分段编写,例如制动员技能培训,人力制动机制动、铁鞋制动、上下车技能等为编写分段。在岗短期培训讲

义的格式可较灵活安排,但应包含以下内容:

①学员通过训练应掌握的主要内容;

②技能操作要领和作业程序;

③相关理论知识;

④案例和一般事例。

(3)安全教育则适合选用一些案例作为讨论分析的材料。案例选择应注意以下几点:

①事件真实性。案例不应是人为编造,而应是真实事件,为了教学需要,内容可作适当增删,但不能改变基本事实。

②教学实用性。选择案例应充分考虑教学的实用性,如讲调车作业安全,举接发列车安全案例则不合适。选择案例还应尽可能考虑正反两种案例的结合,如事故案例与事故防范案例的结合等。

(二)质量标准

1. 培训内容以规章为准。

2. 内容符合岗位实际,具有针对性、实效性。

3. 理论与操作相结合,突出技能培训。

4. 文字表达准确,图表简明无误。

十五、典型案例分析

(一)驼峰调车长掌握推峰速度不当,造成车组相撞而使车辆脱轨

1. 事故概况

1985 年 1 月 24 日 3 时 10 分,某站运转车间丁班北峰解体 3466 次时,计划 14 - 20、18 - 20、5 - 1、8 - 1,由于驼峰调车长掌握推峰速度不当,造成 18 - 20 溜入 14 线与停留车相撞而使车辆脱轨,构成调车冲突的一般事故。

2. 原因分析

(1)峰上驼峰调车长掌握推峰速度不当,造成推峰速度过高,致使溜放的车组速度过高。

(2)峰下制动掌握不好,造成溜放车组进入停留线速度过高。

(二)车辆堵门盲目指挥、错误操纵,车辆脱轨

1. 事故概况

2000 年 4 月 8 日 17 时 15 分,某站下行到达车间四班一调解体 24 号票 8501 次,第 2 钩 18 - 10 辆后,测长显示 20 m,解体到 18 - 6 辆时,因堵门驼峰调车长 × × × 使用Ⅱ部位三线束减速器进行了手动调速作业,在制动后按压缓解按钮时,误动 4 级制动按钮,造成 18 - 6 中第三辆 1 位台车脱轨,构成调车脱轨的一般事故。

2. 原因分析

(1)驼峰调车长 × × × 严重违反《技规》的规定,在测长不足容纳溜放车辆的前提下,仍然盲目指挥作业进行溜放,并使用了减速器调速,误用制动按钮是造成这起事故的主要原因。

(2)驼峰调车长 × × × 未认真执行有关联控制度,互控作用发挥不好,导致堵门车溜放没有相互确认,应急措施采取不当,负有防止责任。

(3)峰上调车长在解体之前,指挥 18 道推车作业时,推车不到位,产生 10 辆车溜放后,线

路容纳不下后续的6辆车，给这起事故的发生埋下隐患，负有一定的责任。

（三）驼峰调车长与作业员擅自换岗，错排进路道岔途中转换

1. 事故概况

1988年9月17日14时37分，某站驼峰车间二班驼峰调车长在调三机车东场4道拉19辆解体5282次作业中，与作业员擅自换岗。其违反规定排列进路，造成溜放作业中311号道岔在宿营车辆转向架内侧中途转换，车辆进四股脱线，构成调车脱轨的一般事故。

2. 原因分析

（1）驼峰调车长与作业员擅自换岗。

（2）担当作业员的驼峰调车长业务不熟，违反有关规定，对不能自动溜放的车辆未按手动作业，造成道岔中途转换。

（四）变更作业未确认，错办进路造成冲突

1. 事故概况

1987年4月23日19时50分，某站调车车间一班驼峰解体1315次，当溜放到第22钩14－8，没有进入警冲标内方，机车带5辆下峰14道顶车，出来13－2、10－2、31－1，由于14道顶车时，使用手动柄，作业员没及时恢复原位，驼峰调车长在顶车后，继续溜放，但没确认进路是否自动状态，造成13道错入14道，与停留车相撞而使车辆破损，构成调车冲突的一般事故。

2. 原因分析

（1）变更作业下峰，返峰继续作业时，作业员未确认手柄位置，仍按手动方式，即按原上峰进路办理，没有准备进路。

（2）驼峰调车长返峰后继续溜放前，未确认进路是否处于自动状态，盲目办理溜放作业。

（3）驼峰调车长与作业员联系失控，负有监督和领导责任。

（五）手动控制忘记缓解，造成先夹停后冲突

1. 事故概况

2003年2月23日8时48分，某站驼峰4调计划20243次车列解体，到达场6线＋54辆，溜放23钩。9时01分，溜放至18栏18－1（G_{11}0129183），在Ⅱ部位车辆减速器J25、J26夹停，造成第19栏20－1（G_{11}0129219）与前钩在J25、J26车辆减速器上相撞，造成G_{11}0129183的2位（南端）3轴脱离2位走行转向架侧架。事发后调查，作业员拒不承认手动干预，经过站长组织事故委员会成员认真地对事故进行分析、调查，查看驼峰微机自动控制系统信息单和作业情况屏幕回放分析，第16栏17－7辆，由于打靶距离不够，于8时59分52秒在Ⅱ部位手动控制速度，忘记缓解，造成第18栏18－1溜下后在Ⅱ部位夹停，作业员发现后于9时01分26秒采取手动干预，为时已晚，第19栏溜下车辆与前车相撞，致使18栏溜下的罐车三轴脱线。

2. 原因分析

（1）班组长安全意识不强，安全第一思想不牢，重点作业、重点注意事项布置不周、不清，盲目求快。

（2）作业员作业精力不集中，手动干预后不能及时缓解车辆减速器。

（3）班组自控、互控制度落实不到位，重点作业项目不能相互提醒控制。

（六）车辆减速器致车辆高速冲出，与停留车相撞

1. 事故概况

2003 年 6 月 1 日 4 时 8 分，某站 4 调驼峰解体 45452 次列车时，当溜放至第 18 栏 27 道给 2 辆时，Ⅲ部位车辆减速器 $v_{自}$5.2 km/h，$v_{出}$21.3 km/h 高速冲出。此时驼峰已摘解二钩。第 19 栏 23 道给 1 辆（车号 C_{64}4917269、品名：焦炭），车辆减速器Ⅰ部位 $v_{自}$20.8 km/h，$v_{出}$21.8 km/h。Ⅲ部位车辆减速器 $v_{自}$6.7 km/h，$v_{出}$24.1 km/h 高速冲出与停留车相撞。

2. 原因分析

(1)职工习惯性做法仍然存在，认为没出什么大事就没事，没能真正吸取“2.23”驼峰解体事故教训。

(2)信息渠道梗塞，“2·23”驼峰解体事故发生后，驼峰值班员、值班主任未能及时将信息反馈，造成信息梗塞，反馈渠道不畅通。

(3)各级五定干部、值班主任、班组长对驼峰解体作业控制力度不够，特别是对驼峰溜放超速问题重视程度不够。没有引起高度重视，安全分析预测不到位，流于形式，没有把问题控制在发生之前。

(4)车站安全管理落实不到位，造成信息不能上情下达、下情上传，从而使各种安全信息隐患不能充分暴露出来，没能真正做到利用信息控制安全。

（七）设备故障，人工干预不当，造成车辆冲突

1. 事故概况

2006 年 5 月 27 日 0 时 58 分，某站北峰 4 调解体 31005 次列车。1 时 20 分，当溜放至第 23 栏 15 道 2 辆（车号分别为：3461810 和 3305252）时，Ⅱ部位车辆减速器发生高速冲出（$v_{入}$23.4 km/h，$v_{自}$16.0 km/h，$v_{出}$22.5 km/h；该车辆在Ⅰ部位车辆减速器各项速度为 $v_{入}$21.6 km/h，$v_{自}$20.8 km/h，$v_{出}$22 km/h），当车辆运行至Ⅲ部位车辆减速器时，Ⅲ部位车辆减速器再次发生高速冲出（$v_{入}$23.4 km/h，$v_{自}$6.0 km/h，$v_{出}$18.5 km/h）。驼峰值班员发现高速冲出后，及时通知了电务值班人员，并在《行车设备检查登记簿》登记。同时，通知车站、车间值班干部。经车辆部门鉴定该车无异状；2006 年 5 月 27 日 1 时 28 分，北峰 2 调解体 18011 次列车。1 时 35 分，当溜放至第 4 栏 10 道 1 辆（车号为：3328018）时，Ⅱ部位车辆减速器发生高速冲出（$v_{入}$23.4 km/h，$v_{自}$16.1 km/h，$v_{出}$23.5 km/h；该车辆Ⅰ部位车辆减速器各项速度分别为 $v_{入}$22.1 km/h，$v_{自}$20.8 km/h，$v_{出}$22.2 km/h）。当车辆继续运行至Ⅲ部位车辆减速器时，Ⅲ部位车辆减速器再次发生高速冲出现象（$v_{入}$23.4 km/h，$v_{自}$6.5 km/h，$v_{出}$20.0 km/h），与当时停留在编组 10 道的车辆发生相撞（车号为 3328018）。驼峰值班员发现高速冲出后，及时通知了电务值班人员，并在《行车设备检查登记簿》登记。同时，通知车站、车间值班干部。经车辆部门鉴定，该车前台后冲板铆钉全部折断，二位前台冲击座变形。

2. 原因分析

虽然事故定责暂定电务段，但从自身作业环节分析，我们也有许多教训可以吸取，主要表现在以下几方面。

(1)计划变更时机掌握不当。

按照该站《站细》70 条第 4 项中的规定：对解体车列未开始溜放前，调车作业计划的修改由调车区长在现车系统上进行，并通知驼峰值班员，删除原调车作业计划后，再次传输给 PCS 系统。从作业过程分析，第一起编组 15 线车辆高速冲出发生的时间是 1 时 20 分，1 时 21 分，电务人员已经将编组 15 线封锁，而 18011 次列车 1 时 28 分才开始解体作业，调车区长理应知道

第 5 栏的编组 15 线根本不能溜放，没有在作业前及时修改计划，造成第 4 栏溜放后才利用微机进行修改，这种违反《站细》规定的作业方式本身就为安全埋下了隐患。同时，按照《技规》第 226 条规定：一批调车作业变更股道时，必须停车传达。由于 TW—2 型驼峰自动控制系统设备本身存在缺陷，但作为作业人员对此不了解、不清楚，虽然执行了停车变更计划的要求，但没有等待第 4 栏的溜放车辆完全进入股道内就开始修改计划，也为设备的不稳定构成了影响。

(2)驼峰 2 号作业员对突发问题处理不当。

《TW—2 型驼峰自动控制系统操作手册》中第 2.4.3 条规定：Ⅲ部位车辆减速器在以下情况需人工应急干预处理：事先可预测到车辆减速器对该钩车制动吃力（如薄、大、油轮车，或上级车辆减速器出口速度过高的钩车），将车辆减速器预置于制动位，强迫车辆减速器停止放头拦尾控制的情况。而从第二起编组 10 线车辆高速冲出问题分析，第Ⅱ部位车辆减速器已经高速冲出，据驼峰 2 号作业人员反映，其已经发现超速的问题，而从电务部门提供的资料分析，从第Ⅱ部位车辆减速器到第Ⅲ部位车辆减速器，车辆大概运行 30 s，作为驼峰 2 号作业人员没有及时处理，错过了防止扩大后果的最佳时机。

(3)大局意识不强，思维仅停留在事故定则、处理的怪圈内。

从这两起车辆高速冲出的调查过程看，多数职工思想就是停留在如何推脱干系、如何逃脱责任上，没有意识到如果不能分析出该起事故的真正原因，这种安全隐患就不能消除，我们就无法采取行之有效的控制措施，因此，有意避开关键环节不谈，或者说不能真实地反映作业过程，这种思想认识的偏差，有可能会酿成更大的作业事故。

(4)职工业务素质低，对日常的作业规定掌握不细。

从事故调查过程中暴露出来的问题是，部分职工对《站细》等规章内涉及自己作业的有关内容掌握不全面，甚至是不知道部分规定，如对于 TW—2 型驼峰自动化解体设备允许手动干预进行防护的 7 种情况，作业人员却掌握不准，因此，以这种方式进行作业，驼峰解体作业安全根本得不到保证。

(八)人工干预不当，造成车辆冲突

1. 事故概况

2007 年 4 月 29 日 14 时 25 分，某站驼峰计划解体 C19008 次列车。14 时 38 分开始溜放作业。14 时 46 分，当溜放至第 10 栏编组 30 道 1 钩 2 辆时，因该两辆车后一辆为油轮车，主提连结员采取了越峰提钩的方式，一号作业员在第Ⅰ、Ⅱ部位车辆减速器分别采取了手动干预，但该两辆车在第Ⅱ部位车辆减速器上手动干预长达 20 s（从电务部门查看溜放车辆回放记录分析，从 14 时 46 分 31 秒至 14 时 46 分 50 秒，第Ⅱ部位车辆减速器始终处于制动状态），使该车辆第Ⅱ部位车辆减速器出口速度过低，仅为 4.9 km/h，虽然当时驼峰值班员对后钩车采取了紧急停车措施，将驼峰主体信号切断，而此时第 11 栏 31 道 1 钩 7 辆已与推峰车辆脱钩，但驼峰值班员、一号作业员对该钩车辆处理不当，在 30 道 1 钩 2 辆没有进入编组 30、31 道警冲标内方的情况下，臆测行事，不但没有及时将该 1 钩 7 辆手动干预夹停在第Ⅰ部位车辆减速器，也没有使其在第Ⅱ部位车辆减速器夹停，造成两钩车在 368 号道岔处发生侧面冲突的严重后果。

2. 原因分析

(1)驼峰值班员安全第一思想偏差，安全意识淡薄，责任意识差，在 30 道 1 钩 2 辆第Ⅱ部

位车辆减速器出口速度过低的情况下，没有意识到后一钩7辆车不及时手动干预使其夹停在Ⅰ部位车辆减速器上可能产生严重后果，仅凭主观臆测，盲目认为前一钩车在向前运动，因此后一钩车不会与其发生冲撞，是造成该起事故发生的主要原因。

(2)驼峰值班员安全与效率之间的关系没有摆正，特别是在突发问题上，完全忽视了安全这个关键环节，是造成该起事故题发生的重要原因。从对该事故组织的交班分析，驼峰值班员当时根本没有意识到自己的作业方式会对安全构成何种后果，而思想上恰恰担心将后一钩车夹停在车辆减速器上或拉大溜放车组的间隔距离就会影响到整个解体作业进度，影响到作业效率。正是这种错误的思想，才导致了可怕的后果。

(3)一号作业员对采取手动干预的作业方式运用不得当，是该起问题发生的又一原因。按照该站《站细》第70条15项中规定："驼峰值班员根据调车作业通知单的标记，对新制造出厂车辆、油轮车(包括有新制造出厂车辆的车组)，应采取越峰提钩作业方法。必要时，一号作业员对已溜车组手动防护。"从事后调查和对驼峰设备试验，在手动干预后，一号作业员没有及时将第Ⅱ部位车辆减速器缓解，尽管按压了"缓解"按钮(但事后试验发现，短时间接触"缓解"按钮根本不能使车辆减速器进行缓解动作，也就是按钮触点没有接触上，必须始终按压"缓解"按钮后，车辆减速器才进行缓解动作)，但几次快速地按压缓解按钮没有使其动作(从电务部门提供的数据分析，从14时46分31～50秒Ⅱ部位车辆减速器始终没有动作，同时，在交班调查过程中，经过核实，一号作业员确实数次按压过缓解按钮)，造成第10栏30道1钩两辆车在Ⅱ部位车辆减速器制动时间过长，为后面的溜放作业埋下了安全隐患。

(4)一号作业员互控意识差，没有及时提醒、督促驼峰值班员采取正确的处理方式，扩大了安全隐患的严重性。本身已经发现前一钩车出口速度低，也向驼峰值班员进行了汇报，但在驼峰值班员采用错误的作业方式时，不是提醒驼峰值班员手动干预使后钩车夹停在Ⅰ部位车辆减速器上，甚至在发现后一钩车在Ⅰ部位车辆减速器没有夹停的情况下，也没有立即制止其行为，一方面，反映出一号作业员的敏感性不强。另一方面，也突出表现了作业人员的互控作用差。

(5)驼峰值班员、一号作业员对现有驼峰设备不熟悉，突发问题时，处理经验欠缺。需要始终或长时间按压缓解按钮后，车辆减速器才进行缓解动作的方法是在事后的试验时才清楚的，由于当时一号作业员发现这种突发情况，心里更是着急，也想尽快使车辆减速器缓解，但越是短时间地接触"缓解"按钮，车辆减速器越是没有动作，暴露出职工在日常对驼峰自动化设备研究不细，设备状况掌握不扎实，因此，在处理突发问题时，也就无法正确、及时、果断地采取处理方法。

复习思考题答案

第一章

1. 答：铁路线路分为正线、站线、段管线、岔线及特别用途线。

2. 答：车站配置的线路主要有到发线、调车线、牵出线、货物线及站内指定用途的其他线路。

3. 答：(1)单线区段内的车站，从靠近站舍(信号楼)的线路起，向远离站舍(信号楼)方向顺序编号(包括正线在内)；位于站舍(信号楼)左右或后方的股道，在站舍前的股道编完后，再由正线一侧向外顺序编号。

(2)双线区段内的车站，从正线起按列车运行方向分别向外顺序编号，上行为双号，下行为单号。

(3)尽头式车站，站舍(信号楼)位于线路终点处时，向终点方向由左侧开始顺序编号，如站舍(信号楼)位于线路一侧时，从靠近站舍的线路起，向远离站舍方向顺序编号。

(4)有数个车场的车站，应分别车场从靠近站舍(信号楼)的线路起，向远离站舍(信号楼)方向顺序编号。股道编号用阿拉伯数字，在股道号码前冠以罗马数字表示车场，如二场五道，则为"II_5"。对无站舍(信号楼)的车场，顺公里标方向从左向右编号。

4. 答：(1)线路有效长是指在线路全长范围内可以停放列车或机车车辆而不影响信号显示、道岔转换(压中间道岔除外)或邻线列车及调车车列安全运行的最大长度。

(2)线路有效长的起止范围由下列各项因素确定：①警冲标；②出站信号机、进路信号机或调车信号机；③道岔尖轨尖端(无轨道电路时)或基本轨接头处的轨道绝缘节(有轨道电路时)；④车挡。

5. 答：(1)牵出线换算容车数按线路有效长减去一台机车长度及 10 m 安全距离后，分别除以 11 m 和 14.3 m。牵出线换算容车数：$N=\dfrac{L_{效}-L_{机}-10\ \text{m}}{11\ \text{m 或 } 14.3\ \text{m}}$

(2)调车线、禁溜线换算容车数，按线路有效长的 75% 分别除以 11 m 和 14.3 m。调车线、禁溜线换算容车数：$N=\dfrac{L_{效}\times 75\%}{11\ \text{m 或 } 14.3\ \text{m}}$

6. 答：道岔是铁路线路间连接和交叉设备的总称，是使机车车辆及列车由一条线路转往另一条线路，或越过与其交叉线路的线路连接设备。道岔按其构造和用途不同分为：普通单开道岔、单式对称道岔、三开道岔、交分道岔等。

7. 答：道岔编号原则：

(1)从列车到达方向起顺序编号，上行为双号，下行为单号；同一渡线或梯线上的道岔应编连续单号或双号。

(2)车站一端衔接两个及其以上方向，既有上行又有下行时，道岔应按主要方向编号。

上、下行方向划分:车站值班员室(信号楼)位于站中心附近时,以值班员室(信号楼)中心线为界;值班员室(信号楼)距站中心较远时,以车站(车场)中心线为界。

(3)尽头线上,向线路终点方向顺序编号。

(4)车站划分车场时,每个车场的道岔单独编号。一个车站不准有相同的编号。

8. 答:(1)单线车站正线进站道岔,为由车站两端向不同线路的开通位置 。

(2)双线车站正线进站道岔,为各该正线开通的位置。

(3)区间内正线道岔及站内正线上的其他道岔(引向安全线、避难线的道岔除外),为正线的开通位置。

(4)引向安全线、避难线的道岔,为安全线、避难线开通的位置。

(5)其他由车站负责管理的道岔,由车站规定。

(6)集中操纵的道岔(引向安全线、避难线的除外),可不保持定位。

9. 答:车站是铁路线上设有配线的分界点。

10. 答:(1)车站按技术作业划分为编组站、区段站和中间站。

(2)按业务性质划分为客运站、货运站和客货运站。

(3)按等级划分为特、一、二、三、四、五等站。

11. 答:(1)为了确保机车车辆在铁路线路上运行的安全,防止机车车辆撞击邻近建筑物和其他设备,规定铁路建筑物、设备及机车车辆均不得超过一定的轮廓尺寸线称为限界。

(2)铁路上的限界有建筑限界和机车车辆限界两种。

12. 答:铁路信号是指示列车运行及调车工作的命令,有关行车人员必须严格执行。

13. 答:(1)为了指挥调车机车在驼峰的作业,驼峰的峰顶均设有驼峰色灯信号机。

(2)驼峰色灯信号机显示下列信号:①一个绿色灯光——准许机车车辆按规定速度向驼峰推进;②一个绿色闪光灯光——指示机车车辆加速向驼峰推进;③一个黄色闪光灯光——指示机车车辆减速向驼峰推进;④一个红色灯光——不准机车车辆越过该信号机或指示机车车辆停止作业;⑤一个红色闪光灯光——指示机车车辆自驼峰退回;⑥一个月白色灯光——指示机车到峰下;⑦一个月白色闪光灯光——指示机车车辆去禁溜线。

14. 答:机车按原动力分为内燃机车和电力机车。

15. 答:货车按用途分为两类。(1)通用货车:其特点是能装载多种货物,具有通用性。(2)专用货车:它是专供运送某种货物的货车,不具有通用性。

16. 答:车辆标记的作用是:便于人们认识车辆种类、型别及其主要性能;易于区别同一类型的车辆;便于使用、检修和统计。所以,每辆车都必须涂刷部颁规定的各种标记。特殊标记有:

(MC)表示可用于参加国际联运的车辆;

(人)表示该车可以代替客车运送人员;

(⎍)表示禁止通过机械化驼峰的车辆;

(特)表示可以装运坦克及特殊货物的车辆;

(卷)表示侧梁上装有卷扬机的挂钩,便于用机械设备移动的车辆;

(关)表示活动墙板及其他活动部分翻下时超过机车车辆限界,必须关闭后方准运行;

㊄表示在指定部位吊装作业。

另外还有装运指定货物品种的罐车专用标记，如“轻油罐车”、“粘油罐车”、“润滑油罐车”及“硫酸罐车”等。

环形色带——装运危险货物的罐车，在罐体两侧纵向中部涂一条宽 300 mm 表示货物主要特性的环形色带，红色表示易燃性，绿色表示氧化性，黄色表示毒性，黑色表示腐蚀性。

白色横线——在车体两侧墙中央涂以宽 200 mm 的白色横线，表示救援列车的车辆。

17. 答：车辆方位规定以制动缸活塞伸出的方向为第一位，另一端为第二位（对于多制动缸的车辆以装有人力制动机的一端为一位端）。在称呼左右对称的零件时应站在第一位车端面向第二位车端，从左到右依次由第一位车端数到第二位车端。非左右对称两侧的配件由第一位车端开始，依次数到第二位车端。

18. 答：车辆一般均由车体、走行部、车钩缓冲装置、制动装置和车内设备五部分组成。

19. 答：动车组是指由动力车和拖车或全部由动力车长期固定地连挂在一起组成的车组。

20. 答：牵引供电系统主要由牵引变电所和接触网两部分组成。

21. 答：驼峰由推送部分、溜放部分和峰顶平台三部分组成。

22. 答：驼峰按技术设备分为简易驼峰、非机械化驼峰、机械化驼峰、半自动化驼峰和自动化驼峰。

23. 答：凡装设车辆减速器的驼峰调车场，其每条推送线距峰顶 80 ~ 100 m 处设车辆限界检查器。

24. 答：驼峰道岔自动集中预先储存各车组的溜放进路命令，溜放时再依次输出和传递进路命令，自动控制分路道岔的转换，为各溜放车组逐段排列溜放进路。采用驼峰道岔自动集中后，不再临时为车组准备溜放进路，可清除人为差错，显著提高作业效率，改善作业人员的劳动条件。

25. 答：驼峰一般有以下测量设备：(1)测速设备；(2)测重设备；(3)测阻设备；(4)测长设备。

26. 答：半自动化调速系统由车辆减速器、半自动控制机、雷达测速器、音频测长器、半自动控制台和轨道电路等组成。

27. 答：驼峰作业员根据编组线的空闲长度、车组的装载情况与走行性能、线路状况（坡度）和气象条件（风向、风速、气温）等因素，并结合自己的实践经验选定出口速度。然后，通过半自动控制台上的定速按钮将选定的出口速度输入到半自动控制机。这个被选定的出口速度，称为定速。

28. 答：半自动控制机的主要作用有：①将驼峰作业员给出的定速值变换成相应的模拟电压，并根据车组在车辆减速器上的实际减速情况和调速系统的延迟时间，对定速进行修正，以保证调速精度。②车组进入车辆减速器区段后，能对车辆减速器进行“比较控制”，实现半自动调速。

29. 答：自动化驼峰的控制设备主要有：(1)驼峰机车推峰速度自动控制设备；(2)车辆溜放进路自动控制设备；(3)车辆溜放速度自动控制设备。

30. 答：自动化驼峰目的制动的调速方式主要有三种：①全车辆减速器方式（又称为点式或“打靶式”）；②全减速顶方式（又称连续式）；③车辆减速器—减速顶方式（又称点连式）。

31. 答:TW—2 型驼峰自动控制系统功能主要有:

(1)办理与到发场的场间联系;

(2)办理峰上及峰下机车走行进路的联锁;

(3)调车作业计划的自动接收或人工输入及计划的临时改变,按作业需要顺序调用计划;

(4)调用计划同时建立推送进路,自动或人工控制驼峰信号机;

(5)自动按计划执行包括溜放进路、上下峰进路、禁溜及迂回进路等内容的作业要求;

(6)自动控制间隔制动位车辆减速器(Ⅰ、Ⅱ部位),调整钩车间隔及保障Ⅲ部位车辆减速器入口速度;

(7)自动控制目的制动位车辆减速器(Ⅲ部位),调整钩车速度与股道内的停留车安全连挂;

(8)办理股道满线封锁及编发线发车锁闭。

32. 答:TW—2 型驼峰自动控制系统的设备主要有:①调车长工作站;②调速工作站;③区长工作站;④手动盘。

第二章

1. 答:列车编组计划是全路车流组织计划。列车中车组的编挂,须根据铁道部和铁路局的列车编组计划进行。列车编组计划的编制,应在加强货流组织的基础上,最大限度地组织成组、直达运输,合理分配各编组站、区段站的中转工作,减少列车改编次数。

2. 答:违反列车编组计划的情况有以下几种:

(1)技术直达列车和全部组织的始发直达列车的车流,编入直通、区段、摘挂和小运转列车;直通列车的车流编入区段、摘挂和小运转列车;区段列车的车流编入摘挂和小运转列车(但装载限速的车辆,虽属直达、直通、区段车流,亦可利用摘挂列车挂运)。

(2)直通、区段、摘挂和小运转列车的车流,编入直达列车;区段、摘挂和小运转列车的车流,编入直通列车;摘挂和小运转列车的车流,编入区段列车(但到达中间站或由中间站挂出的仔牲畜、鱼种、薯秧及其他需快运的易腐货物的车辆,可优先用直达、直通、区段列车甩挂)。

(3)未按规定选分车组或未执行指定的编挂顺序(由于执行隔离限制,确实难以兼顾时除外)。

(4)未按补轴、超轴规定编组列车。

(5)违反车流径路,将车辆编入异方向列车。

(6)未达到编组计划规定的基本组重量、长度。

(7)其他违反列车编组计划的列车。

3. 答:列车运行图是列车在车站到达、出发和区间运行时刻的图解。

4. 答:我国的列车运行图以纵轴表示距离,以横轴表示时间,以斜直线段和规定符号表示各种列车的运行线。左起上斜线表示上行列车,下斜线表示下行列车。列车运行线与车站中心线的交点表示列车在该车站的到发或通过时刻。

5. 答:(1)列车运行,原则上以开往北京方向为上行。全国各线的列车运行方向,以铁道部的规定为准,但枢纽地区的列车运行方向,由铁路局规定。

(2)列车须按有关规定编定车次。上行列车编为双数,下行列车编为单数。在个别区间,使用直通车次时,可与规定方向不符。

6. 答:列车在始发站、终到站及途中经过的技术站的到发线上所办理的各项作业称为列车技术作业。

7. 答:货车自到达车站时起,至由车站发出时止,在车站上所办理的各项作业称为货车技术作业。

8. 答:货车按其在车站所办理的技术作业分为中转车和本站货物作业车两种。

9. 答:①车辆技术检修作业(包括摘挂机车及试风);②货运检查及整理;③车号员检查、核对现车;④摘挂列尾装置;⑤车列和票据交接;⑥准备发车及发车。

10. 答:有调中转车随同列车到站后,经过到达、解体、集结(包括转场)、编组、出发作业后,从车站出发。

11. 答:车站作业计划是车站为保证完成铁路局日(班)计划,实现列车运行图、列车编组计划、月度货物运输计划和运输生产经营计划的行动计划。主要包括车站班计划、阶段计划和调车作业计划。

12. 答:调车作业计划的编制,应根据阶段计划和现车分布状况、到达列车编组确报、驼峰(牵出线)利用情况及调车场线路固定用途和存车情况、各装卸点作业进度及调车机车工作动态等实际情况,按照《站细》及有关规定进行编制。

13. 答:编组列车,就是按列车种类、用途和运输性质,根据《技规》、列车编组计划和列车运行图规定的编挂条件、车组、重量或长度编组,将车辆或车组选编成车列。

14. 答:(1)列车的重量标准(又称列车牵引定数),是根据机车牵引力、区段内限制坡度、运行速度要求等因素,按《牵引计算规程》的规定进行计算并试运转,考虑各种类型机车牵引重量的平衡,最后取整确定的。

(2)列车的长度标准是根据运行区段内各站到发线有效长,并预留 30 m 的附加制动距离确定的。

15. 答:(1)数量的限制:当编入列车的关门车数不超过现车总辆数的 6%(尾数不足一辆按四舍五入计算)时,可不计算每百吨列车重量的换算闸瓦压力,不填发制动效能证明书;超过 6% 时,按《技规》第 201 条的规定计算闸瓦压力,并填发制动效能证明书交与司机。

(2)编挂位置的限制:关门车不得挂于机车后部三辆之内;在列车中连续连挂不得超过两辆;列车最后一辆不得为关门车;列车最后第二、三辆不得连续关门。

第三章

1. 答:除列车在车站的到达、出发、通过及在区间内运行外,凡机车车辆进行一切有目的的移动(包括在站内或区间)统称为调车。

2. 答:车站的调车工作,应按车站的技术作业过程及调车作业计划进行。参加调车工作的人员应做到以下几点:

(1)及时编组、解体列车,保证按列车运行图规定的时刻发车,不影响接车。

(2)及时取送客货作业和检修的车辆。

(3)充分运用调车机车及一切技术设备,采用先进的工作方法,用最少的时间完成调车任务。

(4)认真执行作业标准,保证调车有关人员的人身安全及行车安全。

3. 答:(1)车站的调车工作,由车站调度员(未设车站调度员的,由车站值班员)统一领导。各场(区)的调车工作,由负责该场(区)的车站调度员或该场(区)的调车区长领导。

(2)调车作业由调车长单一指挥。利用本务机车进行调车作业时,可由车站值班员或助理值班员担任指挥工作。遇特殊情况,可由有任免权限的单位鉴定、考试合格的连结员代替。

4. 答:调车工作要固定作业区域、线路使用、调车机车、人员、班次、交接班时间、交接班地点、工具数量及其存放地点。

5. 答:①休息、着装制;②点名预想制;③包线检查制;④交班总结制。

6. 答:①解体调车;②编组调车;③摘挂调车;④取送调车;⑤其他调车。

7. 答:调车领导人应正确及时地编制、布置调车作业计划。布置调车作业计划,应使用调车作业通知单。使用无线调车灯显设备的车站,调车作业计划布置方法由铁路局规定。一批作业(指一张调车通知单)不超过三钩时,可用口头方式布置(中间站利用本务机车调车除外),有关人员必须复诵。中间站利用本务机车调车,应使用附有示意图的调车作业通知单。调车领导人与调车指挥人必须亲自交接计划。由于设备原因亲自交接计划确有困难以及设有调车作业通知单传输装置的车站,交接办法在《站细》中规定。调车指挥人应根据调车作业计划制定具体作业方法,连同注意事项,亲自向司机交递和传达;对其他有关人员,应亲自或指派连接员进行传达。具体传达办法在《站细》内规定。调车指挥人确认有关人员均已了解调车作业计划后,方可开始作业。

8. 答:调车作业计划的变更:

(1)一批作业(指一张调车作业通知单)变更计划不超过三钩时,可以口头方式布置(中间站利用本务机车调车除外),有关人员必须复诵。变更股道时,必须停车传达。仅变更作业方法或辆数时,不受口头传达三钩的限制,但调车指挥人必须向有关人员传达清楚,有关人员必须复诵。

(2)驼峰解散车辆,只变更钩数、辆数、股道时,可不通知司机,但调车机车变更为下峰作业或向禁溜线送车前,须通知司机。

(3)作业中变更计划,影响编组顺序、股道停留车顺序和车数时,调车指挥人要取得调车领导人的同意。变更正线、到发线的调车作业计划时,须事先取得车站(场)值班员同意。

(4)岔线、段管线、货物线内的作业计划与实际情况不符,调车指挥人与调车领导人联系有困难时,可自行制定计划,并传达清楚。作业完了及时向调车领导人汇报。

9. 答:调车作业必须做好下列准备:

(1)提前排风、摘管,核对计划,确认进路,检查线路、道岔、停留车及车辆防溜等情况;

(2)人力制动机的选闸、试闸,系好安全带;

(3)准备足够的良好铁鞋;

(4)无线调车灯显设备试验良好。

10. 答:(1)装有禁止溜放货物的车辆;

(2)非工作机车、动车、轨道起重机、大型养路机械、机械冷藏车、大型凹型车、落下孔车、客车和特种用途车(如试验车、发电车、轨道检查车、检修车、除雪车等);

(3)乘坐旅客的车辆。

11. 答：禁止溜放的线路：

(1)停有乘坐旅客车辆的线路；

(2)超过2.5‰坡度的线路(为溜放调车而设的驼峰和牵出线除外)；

(3)停有正在进行技术检查、修理、装卸作业车辆及无人看守道口的线路；

(4)停有装载爆炸品、压缩气体、液化气体车辆的线路；

(5)停留车辆距警冲标的长度，容纳不下溜放车辆(应附加安全制动距离)的线路；

(6)中间站正线、到发线及与其衔接而未设隔开设备的线路。

12. 答：具体规定如下：

(1)客车(21、22型除外)、动车组及D_{17}及D_{19g}落下孔车禁止通过驼峰。

(2)客车(21和22型)、凹型车、其他落下孔车及装载活鱼(包括鱼苗)、跨装货物的车辆(跨及两平车的汽车除外)等，是否可以通过驼峰，由车站会同车辆段等有关单位做出具体规定，并纳入《站细》。

(3)涂有禁止上驼峰标记的车辆，禁止通过设有车辆减速器(顶)的驼峰。

(4)机械冷藏车，如因迂回线故障等原因，必须通过设有车辆减速器(顶)的驼峰时，以不得超过7 km/h的速度推送过峰。不得附挂机械冷藏车溜放其他车辆(推峰除外)。

13. 答：调车速度规定：

(1)在空线上牵引运行时，不准超过40 km/h；推进运行时，不准超过30 km/h。

(2)调动乘坐旅客或装载爆炸品、压缩气体、液化气体、超限货物的车辆时，不准超过15 km/h。

(3)接近被连挂的车辆时，不准超过5 km/h。

(4)推上驼峰解散车辆时的速度和装有加、减速顶的线路上的调车速度，在《站细》内规定。经过道岔侧向运行的速度，由工务部门根据道岔具体条件规定，并纳入《站细》。

(5)在尽头线上调车时，距线路终端应有10 m的安全距离；遇有特殊情况，必须近于10 m时，要严格控制速度。

(6)电力机车在有接触网终点的线路上调车时，应控制速度，机车距接触网终点标应有10 m的安全距离。

(7)遇天气不良等非正常情况，应适当降低速度。

14. 答：(1)注有“△W”的车辆调车作业时不允许溜放，设有调车指导的车站应在调车指导监督下进行作业，未设有调车指导的车站应派业务熟练的干部监督作业，严防违章调车。

(2)编组和编挂注有“△W”的车辆时，机车与编挂的车辆应连结软管，连结软管的车数与所牵引车数的比例不少于1∶5，即五辆车内至少有一辆结软管。

(3)在接近、连挂注有“△W”的车辆以及带有这种车辆连挂其他车辆时，要在10车处一度停车后，再行连挂作业。

(4)其他车辆向停有注“△W”车辆的线路溜放或送车时，应与“△W”车辆(组)留有10 m安全距离，不允许溜放连挂。

15. 答：(1)越区作业，是指调车机车或带有车辆越出本调车机车固定的作业区域，进入其他调车区作业；转场作业，是指调车机车或带有车辆由一个调车场去到发场或另一个调车场的作业。

(2)越区和转场要做好以下工作:①越区、转场作业前,调车领导人先将越区(转场)的时间、地点、辆数及有关事项与进入区、场的调车领导人联系,取得同意后,再向本区有关人员布置。②越出、进入或经由场、区的扳道人员,应按本区、场的调车领导人的布置,停止相抵触的作业,确认线路空闲,并准备进路。③越出区的扳道人员,在接到进入区进路准备妥当或同意转场的通知后,方可通知本区调车指挥人指挥越区(转场)作业。④划区(场)的车站,不论有无固定信号设备,均应制定越区(转场)的联系办法,并纳入《站细》。作业时必须按《站细》中的有关规定办理。⑤越区、转场时,为保证调车车列的制动力,10 辆以下是否连结软管及连结软管的数量,11 辆以上必须连结软管的数量由车站及机务段共同确定,并纳入《站细》。

16. 答:(1)使用无线调车灯显设备作业时,取消手信号显示,对灯显以外的作业指令采用通话方式。调车人员应正确及时发出信号指令和用语,做到用语标准、吐字清晰(作业用语由铁路局规定)。遇无线调车灯显设备发生故障时,应及时改用手信号作业。

(2)使用无线调车灯显设备指挥调车作业时,应执行单一指挥的原则,指挥机车的调车信令和用语,只能由调车长发出。当发现危及人身和行车安全时,其他调车人员应及时发出停车信号或用语,司机接收到停车信令后应立即停车。

(3)使用无线调车灯显设备作业时,不允许发出与工作无关的用语;其他无关人员不允许使用;不允许私自变更频率;调车长不允许向连结(制动)员放权使用;调车作业人员不到位,不允许指挥动车或作业;不允许简化调车作业程序。

(4)调车长于交接班或作业前要认真组织调车人员、司机对无线调车灯显设备检查试机。

17. 答:列车及机车车辆必须停在警冲标内方。调车作业中,车辆临时停在警冲标外方时,一批作业完了后,应立即送入警冲标内方。因特殊情况需在警冲标外方进行装卸作业时,须经车站值班员、调车区长准许,在不影响列车到发及调车作业的情况下方可进行,装卸完后,应立即送入警冲标内方。

18. 答:装载爆炸品、压缩气体、液化气体的车辆及救援列车,必须停放在固定的线路上,两端道岔应扳向不能进入该线的位置并加锁;临时停留公务车线路上的道岔也应扳向不能进入该线的位置并加锁;集中操纵的道岔可在控制台上进行锁闭。

19. 答:(1)编组站、区段站在到发线、调车线以外的线路上停留车辆,不进行调车作业时,应连挂在一起,并须拧紧两端车辆的人力制动机,或以铁鞋(止轮器、防溜枕木等)牢靠固定。因装卸车对货位等情况不能连挂在一起时,应分组做好防溜措施。

(2)编组站和区段站的到发线、调车线是否需要防溜以及作业量较大中间站执行上述规定有困难时,由铁路局规定。

20. 答:利用驼峰分解车列的调车作业通常都要经过连挂车列、推送车列(牵出车列)、解散车列和下峰作业等作业程序。

21. 答:驼峰调车作业方法主要有单推单溜、双推单溜和双推双溜三种。

(1)单推单溜作业方法:这种方法的特点是驼峰只有一条推送线和一条溜放线,使用一台调车机车担当解体,并负责下峰整理。驼峰调车机车没有等待时间,机车效能可以充分发挥,但驼峰设备的利用率比较低,改编能力较小。

(2)双推单溜作业方法:它的特点是两台驼峰调车机车可以轮流在峰上分解车列。采用这种方法,虽然驼峰调车机车有一部分等待时间,但能大大提高驼峰利用率,相应提高驼峰的改编能力;如编组站衔接的方向较多,还可避免交换转场车的重复改编作业。

(3)双推双溜作业方法:这种方法的主要特点是将调车场和到达场按纵向划分为两个作业区,各区各成一个独立系统。驼峰调车机分区平行作业,互不干扰;基本上是两个单推单溜作业法的合并。但当车站衔接方向较多时,两作业区之间难免产生大量的交换车,大大增加重复分解的调车作业。

22. 答:影响车辆溜放速度的因素主要有:①车辆或车组的走行性能;②溜入线路的阻力;③车组大小;④气温、风向和风力;⑤车组的溜行距离。

23. 答:如经过道岔、曲线较多或溜行方向为上坡道的线路,阻力较大,称为难行线;反之,经过道岔、曲线较少或溜行方向为下坡道的线路,阻力较小,称为易行线。

24. 答:满载重质货物的车辆相对单位运行阻力较小、走行较快,称为易行车;空车和装载轻浮货物的车辆相对单位运行阻力较大、走行较慢,称为难行车。

25. 答:(1)脱钩点:车组在峰上脱离车列开始溜行的地点,称为脱钩点。(2)车组在峰顶脱钩的规律是:小组车在越峰1/2左右,大组车在越峰1/3左右脱钩;当车组内重、空车排列顺序为前重后空时,按长度确定的脱钩点将提前;反之,则推后。

26. 答:(1)连挂车列:①准备进路;②单机走行;③挂车试拉。(2)推送车列:①允许预推;②监视预推。(3)解散车列:①准备进路;②开放信号;③分解车列;④制动作业;⑤禁溜线送车。(4)下峰作业:①准备进路;②下峰作业;③返峰作业。

27. 答:(1)驼峰调车长在接收计划后,要认真确认"调车作业通知单"上的各种标记符号,于每次作业前与驼峰作业员及有关人员进行逐项核对,并将作业方法通知有关人员。驼峰调车长要对控制台面进行认真检查。

(2)指示作业楼作业员对所管辖的道岔、车辆减速器、表示器要进行试验,检查各个按钮是否灵活,风压表是否达到规定的标准等,保证设备良好。

(3)驼峰调车长加强与有关场(区)值班员联系好作业股道、调车时机、作业方法;去到达场作业时,通知到达场值班员车次、股道、辆数、经由、推送线等。

(4)驼峰调车长接到调车作业通知单后,即可按照调车作业通知单的计划任务进行预排进路工作。

28. 答:采用道岔自动集中设备后,对峰下分路道岔的控制方式可分为:自动、半自动和手动三种作业方式。

29. 答:正确及时地排列进路,应严格执行"一看、二储、三核对、四开始"的作业程序。

30. 答:(1)定速推峰方法:半自动化驼峰由于平纵断面比较合理,难易行线的阻力相差不大,峰下又设有车辆减速器,因此,基本上可以采用5~7 km/h的定速推峰方法,这既有利于推峰速度的调节,又能在保证安全的基础上提高作业效率。

(2)变速推峰方法:①对位于小组车后面的长大车组应加速推峰。因为长大车组由峰顶溜下时,一般要在车组长度的1/3左右越过峰顶时才脱钩,再加上大组车前后相互牵制,加速较慢,如采用定速推峰会使前后车组间隔拉大,降低驼峰作业效率。因此,需要适当提高推峰速度。②对于溜入同一线束并位于大车组后面的小车组,应适当减速,使其与前行大车组之间有必要的间隔,以防止追尾冲突。③如遇车组排列顺序为前难后易,前远后近时,变速推峰的方法是,对前行车组应加速,对后行车组应减速。当车组排列顺序为前易后难、前近后远时,应以较低的速度溜出前行车组后暂停推峰，增大峰顶间隔，然后再以较高的速度溜放后行车组。

31. 答：影响车辆减速器作用的因素：①夹板开口尺寸超过允许限度；②夹板、车轮有油垢；③风压调整阀未调到规定压力；④风压不足或管道漏风达不到规定压力；⑤观速误差较大，采用制动等级不当；⑥制动或缓解的时机不当；⑦冰雪、严寒等气候变化的影响。

32. 答：驼峰作业人员操纵车辆减速器的技术要求：

(1)按规定使用间隔制动位车辆减速器，随时确认按钮缓解状态，执行逐钩抹消制度。

(2)根据溜放车组、空重、停留车位置、气候条件等情况，监视车组走行，正确调速，保证溜放车组间隔距离。

(3)按规定掌握好出口速度，做到不追尾、不途停。

(4)发现车辆夹停、堵门、设备故障等情况，及时报告驼峰调车长，危及安全时立即按下切断信号按钮，关闭驼峰信号，停车处理。

33. 答：办理调车进路时，首先用道岔手柄将进路上的道岔扳至所需位置，然后按下调车信号按钮，即可锁闭进路开放信号。由于不设自动选路的电路，所以长调车进路需按各基本进路逐段办理。

34. 答：应执行：一清、二看、三听、四调、五监、六喊、七锁的作业程序。

35. 答：(1)机车上、下峰作业时，第Ⅲ制动位车辆减速器要处于缓解状态；对长大车组，若入口速度较低，作业员可在车组进入车辆减速器后的适当时机再给定出口速度。

(2)测长故障时，要通知电务人员进行维修；驼峰作业员对测长发生故障的股道定速或手动控制时，停留车的位置由人工判断。

(3)维修人员需要检修车辆减速器时，应先与驼峰作业员联系。经驼峰作业员同意后，按下车辆减速器的允许检修按钮(检修表示灯白灯亮)，此时，车辆减速器转由液压室控制，设备进入检修工作状态。检修试验结束时，维修人员将选速开关恢复，断开试验开关并通知驼峰作业员，设备恢复使用。

36. 答：半自动化驼峰目的制动效果的好坏，一是决定于设备的控制误差和设备的稳定性、可靠性，二是决定于驼峰作业员的判断力和操作水平。驼峰作业员确定的速度正确与否，直接影响溜放车组连挂效果。如驼峰作业员所确定的速度正确，就能使溜放车组与停留车安全连挂。否则，不是超速，就是"天窗"过大。所以，驼峰作业员必须对半自动控制设备的性能及操作方法精通熟练，并有较强的观速、观距基本功。

37. 答：(1)场别：根据编组场的情况，可以是 BZ、SD、SF、XD、XF、J、U、Ⅰ、Ⅱ等符号，无标记表明为驼峰场。其中 BZ、J、U 表示本场，对于去往禁溜线的钩计划，股道必须是禁溜线股道，场别必须是 J；对于去往迂回线的钩计划，股道必须是迂回线股道，场别必须是 U，使用绿色字体显示。

(2)方式：作业方式包括 -、+、S、X、#共 5 种。方式栏缺省或为" - "号时为溜放钩，按溜放进路控制；方式栏 为" + "号为挂车钩，按先下峰后上峰控制；方式栏为"#"号表明该钩为禁溜车，由机车送入股道，按先下峰后上峰控制；方式栏为"X"号表明该钩为机车下峰，按机车下峰进路控制；方式栏为"S"号表明该钩为机车上峰，按机车上峰进路控制。

(3)状态：钩车状态包括 Z、K、H、X 共 4 种情况。状态栏无标记或"Z"表示该钩车是重车，按重车调速控制；状态栏为"K"表示该钩车是空车，按空车调速控制；状态栏为"H"表示该钩车是空重混编车，按中间级别处理；状态栏为“X”表示该钩车是注意溜放车，按低连挂速度调速控制。

38. 答：在调车单窗口首先建立新计划，在该窗口的车次列表区人工输入解体车次号，然后自动进入储存状态（光标进入计划窗口），等待输入。每钩计划内容包括钩序、场别、股道、方式、辆数、状态、注释等栏目。在输入过程中，将按照“添表”方式引导操作员按规定的格式输入作业计划，钩序自动生成。手工输入可以每一钩逐项输入，也可以使用“钩编辑”菜单中的“自动填充数据”，自动填充默认方式、辆数、状态、然后在此基础上进行修改和填充。该计划输入完毕，可选择“计划保存”结束。

39. 答：白色表示在手动或检修状态，红色表示被占用，绿色表示机车上下峰时车辆减速器自动锁闭在缓解状态或手操车辆减速器单锁，蓝色表示手动盘上手操制动或缓解，黄色表示通过计算机单操制动或缓解，橘红色表示命令传递下来，其他颜色随区段颜色而变化。

40. 答：TW—2 自动化驼峰系统在开始溜放前必须检查以下条件：①溜放处于自动状态，且第一分路道岔无车占用；②分路道岔手柄位于中间位置（被封锁道岔除外）；③未建立与溜放作业冲突的敌对进路；④推送进路建立条件具备。

41. 答：分路道岔通常放在自动位置，无需手动操作，只有以下情况需人工应急处理：①操作人员观察到前后钩车距离太近，速度又前慢后快，有必要采取顺道处理，以防止侧面冲突时；②操作人员观察到在道岔区至Ⅲ部位前有钩车行走速度太慢或停车，后面钩车已提开钩，有必要并且有时间采取紧急改道避让处理，以防止正面超速相撞或侧面冲突时；③对于计划中遇特殊情况（例如超长车辆）需手动溜放作业要事先对道时。

42. 答：在调速过程中偶然有以下情况发生，虽然出现的几率很小，但若处理不当，有可能发生车辆损失，作业人员应重点防护：①打靶距离不够（股道空闲长度的存车数少于即将进入钩车的辆数）；②满线（Ⅲ部位车辆减速器前有途停车或速度过低）；③堵门（警冲标区段上有途停车或速度过低）；④途停（在道岔区域有途停车或速度过低）。

43. 答：编组站综合自动化一般由作业控制自动化和数据处理自动化两个系统组成。

44. 答：有编组站综合集成自动化系统（Computer Integrated Process System，简称 CIPS 系统）和编组站综合自动化系统（Synthetic Automation of Marshalling Yard，简称 SAM 系统）两类。

第四章

1. 答：①班前禁止饮酒，班中按规定着装，佩带防护用品。②顺线路走时，应走两线路中间，并注意邻线的机车车辆和货物装载状态；严禁在道心、枕木头上行走；不准脚踏钢轨面、道岔连接杆、尖轨等。③横越线路时，应一站、二看、三通过，注意左右机车车辆的动态及脚下有无障碍物。④横越停有机车车辆的线路时，先确认机车车辆暂不移动，然后在该机车、车辆较远处通过。严禁在运行中的机车车辆前面通过、抢越。⑤必须横越列车、车列时，应先确认列车、车列暂不移动，然后由通过台或两车车钩上越过，勿碰开钩销，要注意邻线有无机车车辆运行，严禁钻车。⑥不准在钢轨上、车底下、枕木头、道心里坐卧或站立。⑦严禁扒乘机车车辆，以车代步。

2. 答：调车作业上下车时必须遵守以下规定：①上车时，车速不得超过 15 km/h；下车时，车速不得超过 20 km/h。②在站台上上下车时，车速不得超过 10 km/h。③在路肩窄、路基高的线路上和高度超过 1.1 m 的高站台上作业时,必须停车上下。④登乘内燃、电力机车作业时,必须在机车停稳时再上下车(设有便于上下车脚蹬的调车机车除外)。⑤上车前应注意脚蹬、车梯、扶手,平车、砂石车的侧板和机车脚踏板的牢固状态。⑥不准迎面上车。⑦不准反面上下车(牵出时最后一辆除外)。⑧上下车时要选好地点,注意地面障碍物。

3. 答:调车作业在车列、车辆走行中,禁止下列行为:①在车钩上及在平车、砂石车的边端或端板支架上坐立。②在棚车顶或装载超出车帮的货物上站立或行走。③手抓篷布或捆绑货物的绳索,脚登轴箱或平车鱼腹形侧梁。④在车梯上探身过远,或经站台时站在低于站台的车梯上。⑤在装载易于窜动货物的车辆间或货物空隙间站立或坐卧。⑥骑坐车帮。⑦跨越车辆(使用对口闸除外)。⑧两人及以上站在同一闸台、车梯及机车一侧脚踏板上。⑨进入线路提钩、摘管或调整钩位。

4. 答:为了保证调车人员与接触网带电部分保持 2 m 的安全距离,《电气化铁路有关人员电气安全规则》规定:在带电的接触网的线路上进行调车作业时,禁止登上棚车(在区间和中间站禁止登上敞车和棚车)行走或使用人力制动机制动;敞车、平板车使用人力制动机时,不准踏在高于人力制动机脚踏板台的车帮上或货物上。

5. 答:保证调车作业安全的规定:

(1)除专业人员按规定作业外,任何人员所携带的物件(包括长杆、导线等)与接触网设备的带电部分需保持 2 m 以上的距离。

(2)禁止直接或间接地(通过任何物件,如棒条、导线、水流等)与接触网的各导线及其相连部件接触。

(3)电气化铁路上的各种车辆,当接触网停电并接地以前,禁止进行下列作业:①攀登到车顶上,或在车顶上进行任何作业(如检查车顶设备、上水、上冰等);②开闭罐车和机械冷藏车的注口(盖),或在这些注口处进行任何工作;③使用胶皮管冲刷机车车辆上部。

6. 答:(1)变速:推峰的速度变化虽然是依风向、天气、线别、车组等因素来确定,但在冬季作业须特别注意天气、冷轴、凝轴等情况。一般原则是加大溜放速度(比非冬季时的溜放速度要高),避免车辆中途停车和尾追。遇刮风天气,顺风时推峰速度要降低,而逆风时,应采用较高的推峰速度,遇轨面有雪或有隔钩车组时,溜放间隔要拉大。

(2)解体冷轴、凝轴列车,应运用调整远牵出,推峰要快,减速要猛下闸的方法,这样可使冷轴、凝轴变活轴。

(3)解体空车、难行车以及轨面存有积雪时,可采用峰上单钩溜放第一钩的方法,以防止车辆(组)途中自然停车。

7. 答:驼峰解散车列作业上的特殊要求:①要适当降低速度,掌握好车组间隔。②除了峰上峰下应进行彻底联系外,只采用单钩溜放(自动化驼峰除外);可在道岔区(分歧道岔)设专人瞭望车组间隔距离及车辆(组)的走行速度,瞭望人员应将掌握的情况及时向驼峰调车长和驼峰作业员通报。

8. 答:铁路机车车辆在运行过程中发生冲突、脱轨、火灾、爆炸等影响铁路正常行车的事故,包括影响铁路正常行车的相关作业过程中发生的事故;或者铁路机车车辆在运行过程中与行人、机动车、非机动车、牲畜及其他障碍物相撞的事故,均为铁路交通事故。

9. 答:四不放过原则:①事故原因分析不清不放过;②事故责任者未受到处理不放过;

③群众没有受到教育不放过;④没有防范措施不放过。

10. 答:(1)按照事故的性质、损失及对行车造成的影响,铁路交通事故分为特别重大事故、重大事故、较大事故和一般事故。

(2)按事故发生对象,铁路交通事故分为列车事故和调车事故。

11. 答:与调车作业有关的 D 类一般事故:D1. 调车冲突。D2. 调车脱轨。D3. 挤道岔。D4. 调车相撞。D7. 调车作业碰轧脱轨器、防护信号,或未撤防护信号动车。D13. 列车拉铁鞋开车。

12. 答:在调车事故中,以冲突、脱轨、挤道岔三项事故件数最多,通称调车惯性事故。

13. 答:造成调车冲突事故的主要原因有:(1)超速挂车或连挂;(2)车辆追尾;(3)进入异线;(4)侧面冲突。

14. 答:造成调车脱轨事故的主要原因有:(1)抢扳或错扳道岔造成途中转换;(2)忘撤铁鞋或压鞋后未按规定取出,挂车时又不检查即盲目牵出或推进运行;(3)使用铁鞋不当,造成卡鞋或跳鞋后脱轨;(4)货物堆放距钢轨头部外侧距离不足 1.5 m(距站台边缘不足 1 m)时,调车前又未认真检查;未检查确认防护牌或脱轨器是否撤除即进行调车等;(5)操纵车辆减速器不当,制动级别过高;(6)线路上有障碍物,未认真检查即盲目牵出或推进;(7)未检查货物装载情况,车列起动后由于振动致使货物坠落并进入道心。

15. 答:造成挤道岔事故的主要原因有:(1)作业员(扳道员)未认真执行作业程序,关键是未加强确认即盲目办理作业;(2)自动集中的道岔溜放车辆时,由于速度高、保护区段不足,作业人员未加确认盲目转换道岔;(3)变更计划时,未彻底传达清楚,特别是已开放的调车信号,临时变更关闭时联系脱节等;(4)停留车止轮不彻底,车辆溜逸。

16. 答:防止调车事故的主要措施:

(1)调车计划内容必须正确、齐全、清楚。没有计划、计划不清、口头传达未复诵,不准作业。变更计划必须按规定传达清楚。

(2)作业前,必须彻底预检线路、道岔和停留车状况,未经预检,不得作业。

(3)作业中,必须按规定显示信号,通话用标准用语。没有信号,不准动车;信号不清,立即停车。没有十、五、三车距离信号不准挂车(单机除外)。严禁臆测作业。

(4)越区、转场必须联系好。两台机车同时接近一个进路道岔,要先防护一台,敌对进路未消除,不得撤除防护。

(5)推送车辆必须试拉。前部领车人员必须有人领车,不准间断瞭望、超速运行、超速连挂、以撞代顶、提活钩。使用无线调车灯显设备,不准离岗指挥。

(6)溜放前必须选闸试闸,试闸未回示、溜放车组间隔距离不够或前慢后快有侧面冲突危险时,不准提钩、不准扳道。铁鞋制动必须做好检查、准备,严格执行一车三鞋制。驼峰解散、牵出线溜放,未得到准备妥当的汇报,不准动车。

(7)车辆停留必须按规定采取防溜措施。严格执行防溜措施的交接班检查及室内提示板揭示制度。

(8)调车作业必须实行单一指挥,少于 2 人不许作业,不足 3 人不准溜放。调车人员必须熟悉调车设备、周围环境和规章制度,未经考试定职人员不准单独作业。

(9)扳动道岔(操纵按钮)必须执行“四程序”,未确认道岔开通位置,不准还道。未确认机车车辆越过联动道岔联动区时，不准扳动（操纵）道岔。集中联锁车站，未通知调车人员前，不准擅自取消已准备好的调车进路。

（10）加强调车人员的培训工作，大练基本功，努力提高观距、观速、制动技能，加强基本业务知识和有关规章、办法的学习，并组织定期的竞赛评比活动。